Ruth Kinet

Israel
Ein Länderporträt

Ruth Kinet

Israel
Ein Länderporträt

Ch. Links Verlag, Berlin

Die Deutsche Nationalbibliothek verzeichnet
diese Publikation in der Deutschen Nationalbibliografie;
detaillierte bibliografische Daten sind im Internet über
www.dnb.de abrufbar.

4., aktualisierte Auflage, März 2017
© Christoph Links Verlag GmbH, 2013
Schönhauser Allee 36, 10435 Berlin, Tel.: (030) 44 02 32-0
www.christoph-links-verlag.de; mail@christoph-links-verlag.de
Umschlagentwurf: Stephanie Raubach, Berlin
Karte: Christopher Volle, Freiburg
Satz: Andrea Päch, Berlin
Lektorat: Günther Wessel, Berlin
Druck und Bindung: Druckerei F. Pustet, Regensburg

ISBN 978-3-86153-714-4

Inhalt

Vorwort 7

Leben im Kollektiv 15

Die Familie 28
Konformistisch: Heiraten und eins, zwei,
  drei Kinder 33
Avantgardistisch: Die »neue Familie«
  und der Primat der Fortpflanzung 46

Das »Wir«-Gefühl 56
Narrativ vom Kollektiv: Von Pessach bis zum
  Unabhängigkeitstag 60
Zionistische Initiation: Die Vermittlung
  von Geschichte und Tradition in Kindergarten
  und Schule 76
Von der Pflicht zu siegen: Die Armee 89

Die »Anderen« 115
Vom Staat privilegiert: Ultraorthodoxe 119
Im Schatten: Menschen mit Behinderungen 138
Ohne Rechte: Fremdarbeiter und Flüchtlinge 151

Die ultimativ »Anderen«: Arabische Israelis 159

Lebensentwürfe 169
Visionäre Kraft: Pioniere und Idealisten 170
Immerwährender Neuanfang: Einwanderer,
  Umsteiger und Selbsterfinder 179

Lebensrhythmus   190
Erster bis fünfter Tag: Tempo, *Tachles* und Telefon   190
Sechster Tag: Betriebsamkeit und Müßiggang   197
Schabbat: Ruhen und ruhen lassen   199

Schluss   202

Anhang   205
Glossar   205
Literatur   210
Danke!   213
Basisdaten   214
Übersichtskarte Israel   216

Vorwort

»Hier brauchst du Ellbogen«, belehrte mich meine Hebräisch-
lehrerin Rachel im Tel Aviver Ulpan Gordon, der populärsten
Sprachschule der Stadt, kurz nachdem ich in Israel angekommen
war. Im Laufe meiner Jahre in Tel Aviv wurde mir bewusst, dass
ich die Ellbogen nicht erst entwickeln musste, sondern dass sie
zu meiner Grundausstattung gehörten. Ich entdeckte überrascht
einen Körperteil, der schon seit meiner Geburt Teil meiner selbst
war, über dessen Einsatzmöglichkeiten mich allerdings zuvor
niemand aufgeklärt hatte. Jetzt kann ich sagen, dass ich mich
nach dieser Entdeckung in gewisser Weise vollständiger fühle.

Denn eines lernte ich in Tel Aviv schnell: Israelis verstoßen
mit größter Natürlichkeit gegen das in Europa gängige comme
il faut. An diesem Nonkonformismus kann man Israelis an vielen Orten auf der Welt schnell erkennen. Mir scheint es mitunter, als kosteten Israelis ihre Unangepasstheit in vollen Zügen
aus. Aber das ist möglicherweise eine Projektion meiner eigenen
verkappten Sehnsucht nach Nonkonformismus. Meiner Sehnsucht danach, einfach mal ganz unverstellt unverschämt zu
sein. Vermutlich genießen Israelis ihn gar nicht, diesen Aspekt
ihres Nonkonformismus. Sie atmen tief ein und Chuzpe aus.
Ganz ohne Anstrengung. Vollkommen natürlich. Den Zwang,
den mitteleuropäischen Umgangsformen entsprechen zu müssen, den kennen sie nicht.

Die Chuzpe hinterlässt nach ersten oberflächlichen Begegnungen mit Israelis einen unauslöschlichen Eindruck. Meist ist
es eine Mischung aus Schock und Staunen, die bleibt. Das hebräische Wort *chuzpa* kann am treffendsten mit Dreistigkeit
übersetzt werden.

Israelis fühlen sich auch ganz und gar frei, anspruchsvoll zu
sein. Zum Beispiel im Café, wenn sie der Bedienung ihre per-

sönlichen Vorlieben anvertrauen: »Ich möchte einen Milchkaffee im Glas, bloß nicht in der Tasse. Der Kaffee muss kurz und stark sein mit einem bisschen Milchschaum obendrauf. Daneben will ich noch ein extra Glas mit warmer Milch. Ungeschäumt. Und einen langen Löffel dazu.«

Kundzutun, was man will und was nicht, wird nicht als Egoismus moralisch gebrandmarkt und als kapriziös verurteilt. Die Bestellung einer Tasse Kaffee darf deshalb gerne eine Minute in Anspruch nehmen. Tel Aviver Kellner irritiert das nicht. Die Obsessionen ihrer Gäste sind ihr Geschäft.

So schmeckt sie, die Freiheit, Israeli zu sein. Israelis sind frei vom Zwang zu einer Höflichkeit und Rücksichtnahme, die im raffiniert zivilisierten Westeuropa in der erstbesten Miniaturkrise, in der Warteschlange vor einem Münchner Lufthansa-Schalter beim Fluglotsen-Streik zum Beispiel, zerbröseln kann und plötzlich den Blick auf das in Wahrheit geltende Jeder-gegen-Jeden freilegt.

In Israel ist es umgekehrt: Im alltäglichen Spiel der Kräfte gilt das Recht des Stärkeren. Autos schneiden Fahrradfahrern und Kinderwagen beim Rechtsabbiegen mit größter Selbstverständlichkeit den Weg ab. Aber wenn einer von einem solchen Auto fast niedergemäht wird, sind von allen Seiten Hände da, die den Geschockten auffangen, ihm frisches Wasser reichen, Menschen, die beruhigende und tröstende Worte zusprechen, die fragen, ob sie einen Krankenwagen rufen oder den Verstörten nach Hause begleiten sollen.

Im Oktober 2012 traf ich den 36-jährigen Schriftsteller Nir Baram in Tel Aviv zu einem Interview für dieses Buch und fragte ihn zum Schluss unseres Gesprächs, welches Missverständnis ihm bei seinen Reisen ins Ausland am häufigsten begegnet sei und den Blick auf Israel am nachhaltigsten verstelle. Nach längerem Nachdenken sagte Nir Baram: »Alle denken immer, dass wir uns hier nur mit einem Thema beschäftigen: dem Konflikt mit den Palästinensern. Solange die Menschen nicht selbst in Israel waren, verstehen sie nicht, wie normal das Leben hier an der Oberfläche ist. Mein neues Buch *Gute Leute* spielt im Deutschland des Nationalsozialismus und im stalinistischen Russland. Ich werde oft gefragt: Warum hast du dieses Buch geschrieben und nicht ein Buch über Israel? Die Leute denken,

Palästinenser und Juden leben hier in einer Wüste und jagen sich in einem fort gegenseitig. Sie denken, wir leben in einem permanenten Bürgerkrieg, wachen morgens auf und denken als Erstes an die Besatzung. Das ist so falsch. Vermutlich unterschätzen die Menschen, die nicht in Israel leben, den Grad an Verdrängung, den es hier gibt.«

In Tel Aviv fällt diese Verdrängung besonders leicht. Ich habe fünf Jahre im Zentrum von Tel Aviv gewohnt. Ich habe diese Jahre sehr und je länger ich dort war, desto mehr genossen. Dabei konnte ich den Israelis als Deutsche belgischer Herkunft vermutlich unbelasteter und freier begegnen als Deutsche deutscher Herkunft. Die unzähligen Alltagsbegegnungen mit Verkäufern beim Bäcker, im Bioladen und am Saftstand, die von dieser unverwechselbaren Vertrautheit lebten, die entsteht, wenn man sich jeden zweiten Morgen im immer gleichen Kontext sieht, vor allem aber die Intensität und Spontaneität des Zusammenlebens mit meinen Freunden, die alle in der Nähe wohnten, all dies hat mir nach einer Weile das Gefühl gegeben, in Israel zu Hause zu sein. Hier, an diesem Ort der vielschichtigen Identitäten, fühlte ich mich als belgische Deutsche und deutsche Belgierin wunderbar aufgehoben.

Zum Beispiel wusste Lior, der bei meinem Lieblingsbäcker die Brötchen verkauft, genau, was ich wollte, wenn ich einen Espresso macchiato zum Mitnehmen bestellte: den Kaffee kurz und ölig, den Milchschaum üppig. Oder Orli, die in der Saftbar *Tamara* unter den Ficus-Bäumen auf dem Mittelstreifen des Ben-Gurion-Boulevards frische Früchte und frisches Gemüse in Shakes und Säfte verwandelte. Als ich nach einem Monat Urlaub in Europa wieder vor ihr stand und meinen Lieblingsshake aus Açaí-Beeren bestellte, sagte sie zu meiner Überraschung: »Hey, Ruth, wo warst du so lange? Ich habe dich vermisst!« Und das, obwohl sie täglich geschätzt 500 Leute bediente.

Zwischen dem angenehmen Alltag in Tel Aviv und der Entwürdigung palästinensischer Kinder, Frauen und Männer an den Checkpoints, der Obszönität der Mauer oder der Gefangenschaft der Bewohner des Gaza-Streifens gab es keine Berührungspunkte.

Als offiziell beim Presseamt der israelischen Regierung akkreditierte ausländische Journalistin hatte ich immerhin die

Möglichkeit, in den Gaza-Streifen zu fahren. Im Gegensatz zu meinen israelischen Freunden und Kollegen.

Einmal, es war mehr als ein Jahr nach dem Ende des Gaza-Kriegs im Januar 2009, brach ich morgens aus Tel Aviv auf, fuhr die etwa 60 Kilometer auf gut ausgebauten Straßen nach Süden, zum Grenzposten Erez. Ich parkte mein Auto, zeigte israelischen Soldaten an zwei aufeinanderfolgenden Kontrollposten meinen Pass und meine Akkreditierung, durchquerte zu Fuß einen etwa einen Kilometer langen Drahtkäfig, passierte die Hamas-Kontrolle und war »drüben«. Auf der anderen Seite war ein Großteil der Straßen ungeteert. Eselskarren zuckelten über unebene Sandpisten. Noch ein Jahr nach dem israelischen Bombardement vom Dezember 2008 und Januar 2009 fuhren im Gaza-Streifen viele Autos ohne Windschutzscheiben und Fenster, und das mitten im Winter. Eine Stunde Autofahrt und 15 Minuten fußläufig von meiner Wohnung im Zentrum von Tel Aviv entfernt lebten Menschen in Häuserruinen und waren auf Lebensmittellieferungen des UN-Flüchtlingshilfswerks für die Palästinenser (UNWRA) angewiesen.

Ich war in den Gaza-Streifen gekommen, um Material für eine Reportage über häusliche Gewalt gegen Frauen zu recherchieren. Von Ahmed Jounis, meinem dortigen Informanten und Übersetzer, der als praktizierender Internist intime Einblicke in die Lebensgeschichten von Menschen bekommt, hatte ich erfahren, dass viele Männer seit dem Krieg ihre Verzweiflung und Ohnmacht in gewalttätige Attacken gegen ihre Frauen übersetzten. In Deir-el-Balah, einem Vorort von Gaza-Stadt, traf ich zwölf schwarz verschleierte Frauen, die mir zuerst zögerlich, schließlich aber erstaunlich offen von entwürdigenden Misshandlungen durch ihre Ehemänner erzählten.

Auf dem Weg zurück nach Tel Aviv musste ich 19 israelische Sicherheitsschleusen und einen Nacktscanner durchlaufen, bevor ich wieder israelischen Boden betreten durfte. Ich passierte den Checkpoint kurz vor Schließung zwischen halb vier und vier Uhr nachmittags, stieg in mein Auto auf dem Parkplatz in Erez, und anderthalb Stunden später sang ich mit meinem Sohn hebräische Kinderlieder zur Gitarrenbegleitung von Merav in einem eleganten Veranstaltungszentrum für Kinder und Eltern am Tel Aviver Ben-Gurion-Boulevard.

Das ist die nur schwer fassbare Gleichzeitigkeit zweier Welten, die nicht unterschiedlicher sein könnten. Das menschliche Bewusstsein kann diese beiden Welten nicht auf Dauer gleichzeitig gewärtigen. Das übersteigt das emotionale und mentale menschliche Vermögen. Die Verdrängung, von der Nir Baram sprach, ist eine Überlebenstechnik, ohne die das Leben in Israel zu den gegenwärtigen politischen Bedingungen nicht möglich wäre.

Gegenstand dieses Buches ist das *Leben* in Israel. Der Begriff Leben zieht sich daher wie ein roter Faden durch alle Kapitel. Im Mittelpunkt dieses Buches steht die Frage, was das Leben der Menschen in diesem Land ausmacht. Was bewegt sie? Was hält die Israelis zusammen? Was hoffen und was fürchten sie, worauf gründen sie ihre Hoffnungen und Ängste? Wie gestalten sie ihr Leben? Nach welchem Rhythmus leben sie?

Das Leben in Israel hat unzählige Facetten. Schlichte Schablonen, die aus der Ferne das Fremde so komfortabel zu ordnen scheinen wie die Begriffe *säkular* und *ultra-orthodox*, politisch *links* oder *rechts*, bleiben an der Oberfläche; ebenso die Festlegung Israels auf Beschreibungen wie »Land im permanenten Ausnahmezustand«, »Land am Rande des Nervenzusammenbruchs« oder »Land der Extreme«. Auf derlei Gemeinplätze werden Israel und das Lebensgefühl in Israel oft reduziert.

Israel ist das Land, das alle Deutschen bis zum Überdruss aus den Nachrichten kennen, das mit Schlagworten wie »Konflikt«, »Kassam-Raketen« und »Mauer« verbunden wird. Dabei bleibt im Dunkeln, wer die Israelis eigentlich sind.

Außerdem ist Israel eines der unpopulärsten Länder der Welt, wie eine jährliche Umfrage des BBC World Service in 27 Ländern immer wieder ergibt. Im Jahr 2013 rangierten nur Nordkorea, Pakistan und Iran noch hinter Israel.

Zugleich aber wächst die Zahl der Touristen, die Israel besuchen, beständig. Im Jahr 2013 waren es 3,54 Millionen Menschen, ein halbes Prozent mehr als im Vorjahr. Der Tourismus spülte 2013 insgesamt 8,3 Milliarden Euro in die Kassen des Landes. Der Fremdenverkehr ist ein wichtiger Motor des wirtschaftlichen Wachstums. Er generiert Tausende Jobs, vor allem in der Peripherie des Landes.

Dabei haben die Touristen, die den Felsendom, die Klagemauer und die Grabeskirche in Jerusalem, das Tote Meer und den See Genezareth besuchen, meistens keine Gelegenheit, Israelis kennenzulernen. Sie erleben vielleicht die Grobheit der israelischen Sicherheitskräfte am Flughafen oder sind verstört angesichts des lebensmüden Fahrstils ihres Tourbus-Fahrers. Vermutlich kann auch jeder Israel-Reisende nach seiner Rückkehr mindestens eine Geschichte von einem unverschämten Postkartenverkäufer oder Kellner zum Besten geben. Damit aber wären die Israelis unzureichend beschrieben.

Die Menschen, die hier leben, kommen aus allen Erdteilen und Schichten. Sie sind erschütternd selbstbezogen und pflegen zugleich eine hochentwickelte Kultur der Selbstironie.

»What's the purpose of your visit?«, fragen die israelischen Grenzbeamten jeden Einreisenden bei der Passkontrolle am Flughafen Ben Gurion. »Was ist der Zweck Ihres Besuchs?« Eigentlich eine zu komplexe Frage, um sie mal eben im Stehen gegenüber einem unbekannten Soldaten im Glaskasten zu beantworten. Und überhaupt lässt sich der Zweck einer Reise ohnehin meist erst aus der Rückschau benennen. Was also kann man schon bei der Einreise ehrlicherweise darüber zu Protokoll geben?

Mit diesem Buch möchte ich Sie auf Ideen bringen, wie Sie diese erste Frage, die Ihnen auf israelischem Boden gestellt werden wird, für sich selbst beantworten könnten.

Ich möchte versuchen, etwas von dem weiterzugeben, was ich bei meiner Arbeit als Journalistin und in meinem Alltag als Frau, Mutter und Ausländerin von Israel und den Israelis verstanden habe.

Den Großteil meiner persönlichen Beobachtungen habe ich im säkularen Teil der israelischen Gesellschaft gemacht. Ich habe fünf Jahre im Stadtzentrum von Tel Aviv gelebt, von Ende 2007 bis Ende 2012. Die Erfahrungen, die ich dort gewonnen habe, prägen meinen Blick auf die israelische Gesellschaft.

Zweieinhalb Jahre wohne ich nun wieder in Berlin. Aber im Geiste und im Herzen lebe ich weiter in Israel. Morgens beginne ich den Tag mit dem israelischen Radiomoderator Razi Barkai, ich lese *Yedioth Achronoth* und *Haaretz* online, reise nach Israel so oft ich kann und berichte von dort für den öffentlich-rechtlichen Rundfunk in Deutschland. Geschichten, von denen einige auch in diese neue Auflage eingeflossen sind. Wie die über den arabischen Israeli Muawia Kabha, der 15 Jahre lang als Rettungssanitäter gearbeitet hat. Nach Attentaten in Israel und der Westbank war er oft als einer der ersten am Ort des Anschlags. Heute arbeitet der charismatische Vater von zwei kleinen Kindern im Gesundheitsministerium in Jerusalem. Er ist ein loyaler Bürger seines Landes, verweigert den Hass und sucht die Begegnung.

Hinzugekommen ist auch die Geschichte über den Kibbuz Kishorit im Norden Israels, einer Gemeinschaft von Menschen mit »besonderen Bedürfnissen«. Oder die über einen Streifzug durch Bnei Brak, die israelische Haupstadt der streng religiösen Juden, in deren Straßen Eli Raful aufgewachsen ist, ein früherer Student der Elite-Yeshiva »Ponovezh«. Mit Elis Hilfe konnte ich mich den Gesichtern der Armut in der Welt der *Charedim* nähern. Mit Maoz Kahana, dem chassidischen Hochschullehrer für Geschichte des Judentums an der Universität Tel Aviv, durfte ich intensive Gespräche über die religiöse Praxis der *Charedim* und über die universelle Botschaft des jüdischen Neujahrsfestes »Rosh haShana« führen. Meir Azari von der Tel Aviver reformjüdischen Gemeinde Beit Daniel und Anat Hoffmann, die Aktivistin von »Women of the Wall«, haben mir von dem Ringen der konservativen und liberalen jüdischen Bewegungen um Gleichstellung mit dem orthodoxen Judentum erzählt. Ich sprach mit dem Schriftsteller Aharon Appelfeld über das Suchen eines 13jährigen überlebenden Einwanderers nach einer Sprache, in der er sich verwurzeln könnte. Das Deutsche seiner Mutter war nurmehr Erinnerung, das Rumänische aus seinem Geburtsort bei Czernowitz war während der sieben Jahre in den Wäldern, der sieben Jahre des Fliehens vor der Vernichtung, zu Bruchstücken zerfallen, ein bisschen Ukrainisch und ein wenig Russisch waren hinzugekommen und dann, mit 13, mit einem Mal Ivrit. »Ich vermochte nur zu stammeln«, flüsterte mir der von einer Krankheit schwache Schriftsteller auf seinem Sofa in Mevasseret Zion bei Jerusalem zu. Für ein Feature über die Begegnungen zwischen Israelis und Deutschen zwischen 1945 und 1965 sprach ich nicht nur mit

Aharon Appelfeld, sondern auch mit dem seit über 40 Jahren in Jerusalem lebenden deutschen Judaisten und evangelischen Theologen Michael Krupp über seinen Weg nach Israel am Ende der 1950er Jahre, als es noch keine Billigflüge nach Tel Aviv gab und kaum ein Deutscher nach Israel zu reisen wagte. Krupp erzählte von einem frommen Fahrgast, der 1959 mit ihm im selben Minibus von Jerusalem nach Tel Aviv fuhr und ihn nach einiger Zeit als Deutschen erkannte. Der fromme Israeli bat daraufhin den Fahrer, sofort aussteigen zu dürfen. Er wolle lieber laufen. Michael Krupp sagte: »Nein, ich steige aus« und setzte seinen Weg nach Tel Aviv zu Fuß fort. Oder Amos Oz. Wenige Tage bevor er den Siegfried-Lenz-Preis in Hamburg bekam, rezitierte er für mich am Ende eines langen Gesprächs über sein neues Buch *Judas* und sein Verhältnis zu Deutschland und der deutschen Literatur das Gedicht »Sachqi, Sachqi« von Saul Tschernichowski. Das und noch einiges mehr steht inzwischen hinter dem Doppelpunkt, den ich ans Ende der ersten Auflage dieses Buches gesetzt hatte. Der da immer noch steht. Denn die Geschichte geht immer weiter.

Auch dieses Buch kommt nicht ohne Verallgemeinerungen aus. Es ist darin viel die Rede von »den Israelis«. Derlei Generalisierungen sind oft ungenau und problematisch, zugleich sind sie aber auch ein notwendiges Mittel der Beschreibung. Ich habe versucht, die israelische Gesellschaft als eine lebendige und vielfältige Gesellschaft zu beschreiben. Meine Darstellung ist selbstverständlich lückenhaft und subjektiv. Deshalb bitte ich Sie: Fahren Sie nach Israel und machen Sie sich selbst ein Bild. Machen Sie es sich nicht so bequem wie Jakob Augstein, der 2013 in einem *Spiegel*-Streitgespräch mit Dieter Graumann bekannte, er sei noch nie in Israel gewesen, weil er sich nicht mit der Politik der israelischen Regierung gemeinmachen wolle. Versuchen Sie nicht, Ihre Israel betreffenden politischen Überzeugungen vor einer Konfrontation mit der Realität zu bewahren.

Fahren Sie nach Israel! Fahren Sie mit offenen Augen und einem offenen Herzen. Wenn Sie dazu bereit sind, dann wird diese Reise ihren Blick auf viele Dinge verändern. Das kann ich Ihnen versprechen.

Berlin, im Februar 2017
Ruth Kinet

Leben im Kollektiv

Eine *machzelet* ist Teil der Grundausstattung jedes israelischen Haushalts. Eine *machzelet* ist eine Matte, manchmal aus Stroh, meist aus widerstandsfähigem Plastik, mindestens drei mal drei Meter groß, die Israelis immer im Kofferraum ihres Autos mit sich führen. Und wer kein Auto hat, lagert seine *machzelet* zu Hause. Denn auf der *machzelet* kann man sich jederzeit spontan niederlassen, auf Teer, Sand oder Staub, in einem lichten Pinienwäldchen oder an einem unbewirtschafteten Strand. Eine kleine *machzelet* bietet Platz für mindestens sieben bis zehn Leute. Sie ist ein Insignium des Volkes Israel im 21. Jahrhundert, sie ist das tribalistische Accessoire einer Stammesgemeinschaft mit nomadischer Vergangenheit. Verabredet man sich mit Israelis im Park, wird als Erstes die *machzelet* ausgebreitet, dann werden sämtliche mitgebrachten Tupperschüsseln darauf verteilt, und schon fühlen sich alle angekommen.

Bejachadness ist eine neue hebräische Wortschöpfung. Shaul Zaban, ein Freund und dynamischer Unternehmer, der immer gerade irgendeine neue erfolgversprechende Idee für ein Business entwickelt, verwendet dieses Wort gerne. Vielleicht hat er es sich ausgedacht. Wer weiß das schon. Ich kenne es jedenfalls von ihm. Das Wort *bejachadness* also kommt von *bejachad*, und das bedeutet auf Hebräisch »zusammen« oder »gemeinsam«. Es bezeichnet das Zusammengehörigkeitsgefühl der Israelis, das große »Wir«, das die ganze Heterogenität und Gegensätzlichkeit der Herkunft überspannt, die sich zwischen streng orthodoxen, nationalreligiösen, traditionellen und säkularen Juden, zwischen Mizrachim und Aschkenasim, den orientalischen Juden also und denen mittel- und osteuropäischer Herkunft auftut.

Es gibt etwas sehr Grundlegendes, das alle jüdischen Israelis über die Differenzen von Hautfarbe und Herkunft hinweg verbindet. Und dieser kleinste gemeinsame Nenner ist bedeutend: Es ist die Zugehörigkeit zum jüdischen Volk, *Ha Am Hayehudi,* die – verstärkt durch die ausgrenzende Erfahrung des »Othering«, die alle, die einmal von irgendwoher eingewandert sind, außerhalb der Grenzen Israels gemacht haben und alle, die gerne reisen, immer wieder machen – das israelische Kollektiv und die israelische Identität begründet.

Dieser kleinste gemeinsame Nenner, der, um ein ethnisches Klischee zu bedienen, den mizrachischen Taxifahrer und die aschkenasische Universitätsdozentin zum Kollektiv verschmelzen lässt, wird zum Beispiel am Schabbat oder an den Feiertagen, den *Chagim,* in der Ähnlichkeit ihrer Verhaltensweisen deutlich: Beide machen am *Jom Schischi,* am Freitag, vor Beginn des Schabbat, ihre letzten Besorgungen. Der Großeinkauf ist meist erledigt, es stehen nur noch *Sidurim* an, kleine Erledigungen. Blumen werden gekauft und eine *Challa,* ein Schabbatbrot. Es liegt eine freudige Erwartung in der Luft. Sie ist mit Händen zu greifen.

Und sobald die Sonne untergeht, pünktlich zum Beginn des Schabbat, kommen alle zusammen. Je nach Alter finden sie sich bei ihren Eltern ein oder versammeln ihre Kinder und Kindeskinder um ihren eigenen Esstisch.

Außerdem sind zum Schabbat-Essen auch oft Freunde oder Bekannte aus der Gemeinde eingeladen. Spätestens wenn man einmal während eines ausgiebigen und üppigen Schabbat-Essens vier oder fünf Stunden zusammen gesessen und viel Gelegenheit zum Gespräch gehabt hat, weiß man ganz gut übereinander Bescheid. Das festliche Essen am Freitagabend ist also nicht nur Ausdruck des Kollektivs, sondern auch ein Moment, in dem das Kollektiv gebildet und konsolidiert wird.

Der Zug zum Kollektiv ist im Judentum selbst verankert. Der Einzelne braucht das Kollektiv allein schon für die Lesung der Thora. Voraussetzung für eine Lesung von Texten aus der Thora in der Synagoge ist der *Minjan,* womit das Zusammenkommen von mindestens zehn Männern zum Gebet gemeint ist.

Neugeborene erhalten ihren Namen erst während eines kollektiven Rituals: Jeder neugeborene Junge wird am achten Tag nach seiner Geburt in das Kollektiv eingeführt: Mit einem großen Fest feiert die Familie die Beschneidung des Neugeborenen und lädt dazu die gesamte Großfamilie und viele Freunde ein. Erst bei der Beschneidungszeremonie erhält der Junge seinen Namen. Ein Mädchen erhält seinen Namen dagegen, wenn der Vater in der Synagoge zur Thora-Lesung aufgerufen wird. Dann spricht die Gemeinde ein Gebet für die Wöchnerin und den Säugling. Davon unabhängig muss die Wöchnerin, die einen Sohn geboren hat, spätestens 40 Tage nach der Entbindung und die, die eine Tochter geboren hat, spätestens 80 Tage danach für die überstandene Geburt in der Synagoge Dank sagen. Es versammelt sich ein *Minjan* von mindestens zehn Männern, in deren Anwesenheit die Wöchnerin den *Gomel*-Segen aus Psalm 107 spricht: »Danket dem Herrn, denn er ist gütig, denn seine Huld währt ewig. Halleluja!« Die Frauen, die mit der Wöchnerin auf der Frauengalerie sitzen, antworten ihr mit dem entsprechenden Segensspruch.

Aber auch jeder andere jüdische Ritus, der den Übergang von der einen zur anderen Lebensphase markiert, ist ohne das Kollektiv nicht denkbar: angefangen von der *Brit Mila*, der Beschneidung, über die *Bar Mitzwa* und die *Bat Mitzwa*, die Feier der religiösen Mündigkeit eines Jungen oder eines Mädchens, die Hochzeit unter der *Chupa*, dem festlichen Hochzeitsbaldachin, bis zur *Schiva*, der Trauerwoche, wo alle Menschen, die den Verstorbenen oder einen seiner Angehörigen kannten, sieben Tage lang eingeladen sind, in die Wohnung des oder der Verstorbenen zu kommen und Anteil zu nehmen.

Diese kollektivistischen Traditionen des Judentums bestimmen in Israel die Alltagskultur. Auf die Zeit des *Chazal*, der wegweisenden Religionsgelehrten aus der Zeit von 200 v. Chr. bis etwa 600 n. Chr., geht zum Beispiel das rabbinische Gebot *Kol Israel Arevim Ze La Ze* zurück. Es bedeutet nichts weniger, als dass im Volk Israel ein jeder für den anderen verantwortlich ist. Dieses Gebot ist bis heute tief im kollektiven Bewusstsein verankert.

Die Relevanz dieses Gebots erklärt sich aus der historischen Erfahrung der Juden in der Diaspora, wonach letztlich oft nur auf das soziale Netz und das Verantwortungsgefühl innerhalb der jüdischen Community Verlass ist.

Vielleicht ist es also als Überlebenstechnik zu verstehen, dass

Israelis rund um die Uhr miteinander kommunizieren und pausenlos aufeinanderbezogen sind. Wenn sie sich voneinander verabschieden, rufen sie sich zu: »Nihije be kesher!« »Wir werden in Verbindung sein!« Oder: »Nedaber!« »Wir sprechen!« Sie gehen auseinander und versichern sich zugleich, dass der Gesprächsfaden zwischen ihnen nicht abreißen wird. Und das meinen sie ernst: Sie sind dauernd per Telefon, SMS, Facebook, Twitter, Skype, Video-Livestream oder einfach per E-Mail in Verbindung – mit ihren Liebsten, ihrer Familie, ihren Freunden und Kollegen, aber auch mit denen, die sie nicht leiden können, und mit jenen, denen sie misstrauen. Nicht zufällig sind das Instant Messaging ICQ, mit dem man über das Internet in Echtzeit Text-, Bild- und Filmnachrichten verschicken kann, und die Mobilbox, die Präsenz auch im Augenblick der Absenz ermöglicht, von Israelis erfunden worden.

Situationen, in denen das Mobiltelefon ausgeschaltet wird, gibt es in Israel nur wenige. Selbst beim Symphoniekonzert bleibt der Vibrationsalarm an. Nur wenn es gar nicht anders geht – während einer Krebsuntersuchung im Kernspintomografen oder beim Panzereinsatz im Gaza-Streifen zum Beispiel – trennen sich Israelis vorübergehend von ihrem Telefon. Allerdings nicht freiwillig, sondern weil es Praxisordnung und Militärgesetz so vorschreiben. Ausnahmen sind der Schabbat und hohe Feiertage wie der Jom Kippur, das Versöhnungsfest.

Manchmal kann das pausenlose In-Verbindung-Sein auch obsessive Züge annehmen. Zum Beispiel, wenn Eltern von ihrem Arbeitsplatz aus per Videokamera verfolgen, wie das Kindermädchen ihrem Baby zu Hause Lieder vorsingt. In jedem Raum der Wohnung sind Kameras installiert, und auf dem Bildschirm am Arbeitsplatz der Eltern überträgt ein kleines Fenster direkt Livebilder von Zuhause.

Vor kurzem wurden auch mir die Segnungen dieses Anspruchs an die Lückenlosigkeit von Kommunikation bewusst – als ich mich nämlich im Tel Aviver Assuta-Krankenhaus einer kleinen Operation unterziehen musste. Mein Mann erhielt im Abstand weniger Minuten SMS-Nachrichten auf sein Handy, die von einem Barcode-System generiert wurden, mit dem genauen Stand der Dinge: »Ruth ist in der Operationsvorbereitung«, »Ruth ist im Operationssaal angekommen«, »Ruth ist narkotisiert worden«, »Ruth ist im Aufwachraum« und schließlich »Ruth ist auf der Station Gimel, 5. Stock, Zimmer 8«. Als dann alles überstanden und ich wieder zu Hause war, rief mich Gad, mein Chirurg, persönlich an, um mich zu fragen, wie ich mich fühle.

Hierarchien sind flach in Israel. Die Menschen duzen sich und sprechen sich beim Vornamen an. Telefongespräche werden meist sofort mit dem eigentlichen Thema eröffnet, nicht etwa mit einer umständlichen Einleitung wie »Guten Tag, hier spricht …« Höflichkeit ist in Israel verschrien. Sie gilt als *jeckisch*. Und über die hölzernen, formverliebten *Jeckes*, die jüdischen Einwanderer aus Deutschland, und ihren Mangel an orientalischer Beweglichkeit wird bis heute viel gespottet. Ein klassischer *Jeckes*-Witz geht so: »Kommen Sie aus Deutschland oder aus Überzeugung?« Die *Jeckes* standen in dem Ruf, nicht aus zionistischer Verve, sondern aus Not nach Palästina eingewandert zu sein und krampfhaft an ihrer Pünktlichkeit, ihren Jacketts und guten Manieren festzuhalten.

Aber so wie es Witze über *jeckische* Stereotype gibt, gibt es auch Vorurteile über jede andere Einwanderer-Gruppe. Die Vielfalt und Heterogenität der Herkunft verschmilzt nur sehr, sehr langsam zu einem neuen Ganzen. Einstweilen sind Rassismus und soziale Segregation weit verbreitet.

Zum Beispiel an den Schulen. Freunde von mir haben dafür gekämpft, ihren Sohn schon nach wenigen Wochen in der ersten Klasse einer Grundschule im Tel Aviver Zentrum in eine andere Schule schicken zu dürfen. Der sechsjährige Jakir war von seinen aschkenasisch aussehenden hellhäutigeren Klassenkameraden von Kindergeburtstagen ausgeschlossen worden, weil er einen dunklen Teint hat und mizrachischer Herkunft zu sein scheint. Seine polnische Großmutter sieht man ihm nicht an, nur seine irakische. Als die Nord-Tel-Aviver Eltern auch noch erfuhren, dass Jakir Fußball spielt, waren sie sich sicher, dieser Junge mit seinem mizrachischen Aussehen und seinen plebejischen Hobbys könne nur ein schlechter Umgang für ihre Sprösslinge sein.

Doch trotz der vehementen sozialen, kulturellen, ideologischen und religiösen Unterschiede und Konflikte, die die israelische Gesellschaft in einem dauernden Zustand höchster Angespanntheit halten, lebt das israelische Kollektiv.

Als die Hamas den 23-jährigen israelischen Soldaten Gilad Shalit nach fünf Jahren und vier Monaten aus der Gefangenschaft im Gaza-Streifen entließ, habe ich erlebt, wie geschlossen das israelische Kollektiv sein kann: An jenem 18. Oktober 2011 war ich in der Stadt unterwegs. Ich fuhr am Morgen Taxi, führte ein Interview, nahm den Bus, machte Besorgungen in verschiedenen Geschäften, holte meinen Sohn aus dem Kindergarten ab, und überall in Tel Aviv liefen die Radios und Fernseher, die nur ein Thema kannten. Alle, die ich traf an diesem Tag, waren in Echtzeit informiert über den Stand der Auslieferung Gilad Shalits. Wo auch immer ich mich aufhielt sprachen alle über das, was genau in diesem Moment mit Gilad Shalit geschah. Es war, als seien alle Israelis an diesem Tag in ein und denselben Gesprächsfaden verwoben. Als Gilad endlich seinen Vater umarmen konnte, habe ich viele Menschen vor Freude weinen sehen. »Er ist unser aller Sohn«, hörte ich oft. Und als wäre Gilad tatsächlich der Sohn aller, hat ein großer Teil der israelischen Bevölkerung während der gesamten Zeit seiner Gefangenschaft die Erinnerung an ihn wachgehalten. Aktivisten eröffneten mit www.gilad.org eine Internetseite, über die sämtliche Solidaritätsaktionen koordiniert wurden. Zehntausende Israelis beteiligten sich über die Jahre an Demonstrationen, um die Regierung zu einem Kompromiss mit der Hamas zu bewegen. Am 28. August 2009, dem Abend von Gilads 23. Geburtstag, versammelten sich Tausende Israelis zu einer Nachtwache an der Klagemauer in Jerusalem. Aviva und Noam Shalit, Gilads Eltern, organisierten Ende Juni 2010 einen Pilgermarsch von ihrem Wohnort in West-Galiläa bis zur Residenz des Ministerpräsidenten in Jerusalem, an dem sich 10 000 Israelis beteiligten. Fünfeinhalb Jahre lang wurden überall im Land Aufkleber und Fähnchen mit Gilads Konterfei verteilt. Sprayer sprühten eine blaue Schablone mit dem Gesicht Gilad Shalits an Hauswände und auf Fußgängerwege. Gilad Shalit war während der fünf Jahre und vier Monate seiner Gefangenschaft jeden Tag auf den Straßen und Plätzen, in den Zeitungen, Magazinen, Radio- und Fernsehsendungen präsent. Jeder einzelne Tag seiner Gefangenschaft wurde gezählt. 1941 waren es, als er freigelassen wurde.

Die Lebendigkeit des israelischen Kollektivs zeigt sich auch an hohen Feiertagen wie Pessach, dem Neujahrsfest Rosh Hashana oder am Jom Kippur. Am Jom Kippur, dem Versöhnungstag, zum Beispiel steht der gesamte Verkehr im Land für 24 Stunden still. Die sonst geltenden Verkehrsregeln werden außer Kraft gesetzt: Am Jom Kippur ist es verboten, Auto zu fahren. Es fährt auch kein Bus, kein Zug, keine Straßenbahn. Sämtliche Flugzeuge bleiben am Boden. Fahrradfahrer und Inline-Skater nehmen die am meisten befahrenen Autobahnen des Landes in Besitz. Die religiösen und traditionell orientierten Juden, aber auch viele säkulare Juden fasten an diesem Tag. Sie essen nicht und trinken nicht. 24 Stunden lang. Sie gehen in die Synagoge und versuchen sich mit Gott und den Menschen auszusöhnen. Auch am *Jom Haschoa*, dem Holocaust-Gedenktag zum Beispiel, wird das Kollektiv erfahrbar, wenn um zehn Uhr morgens im ganzen Land die Gedenksirene für zwei Minuten das Leben anhält. Kassiererinnen im Supermarkt lassen sinken, was sie in der Hand halten, Lehrer halten in ihrem Unterricht inne, Autofahrer stoppen ihre Fahrzeuge mitten auf der Kreuzung, steigen aus und gedenken der Opfer der Schoa.

Für das kollektive Zusammensein in ihrem eigenen Land nehmen alle Juden, die in Israel leben, viel in Kauf. Sie halten die feindselige Umgebung ihrer libanesischen und syrischen Nachbarn im Norden und ihrer etwas weniger feindseligen Nachbarn Jordanien und Ägypten im Osten und Süden aus, die das kleine Land mit dem siebenarmigen Leuchter im Wappen bestenfalls widerwillig dulden, am liebsten aber wieder von der Landkarte wegfegen würden. Sie ordnen ihre persönlichen Interessen denen ihres Landes unter und sind bereit, in der Armee ihr Leben und – was meist noch schmerzhafter ist – das Leben ihrer Kinder zu geben. Denn hier, in Israel, sind sie keine religiöse Minderheit. Hier können sie unbehelligt als Juden leben, ob als atheistische, säkulare, traditionelle, nationalreligiöse oder streng religiöse. Dennoch ist das Leben der Israelis ein Kampf. Nicht nur in der Armee.

Die Preise sind hoch, die Einkommen niedrig. Regionalen Handel gibt es nicht, und was aus Übersee importiert wird, ist teuer, denn es muss per Flugzeug oder Schiff transportiert werden und den Zoll passieren. Aber auch was nicht importiert und in Israel selbst produziert wird ist teuer, denn israelische

Produkte müssen den Vorgaben der jüdischen Speisegesetze, der *Kaschrut*, genügen. Die Einhaltung der *Kaschrut*-Standards und die damit verbundenen Prüfverfahren kosten viel Geld.

Auch das Leben im Kollektiv kann sehr anstrengend sein. Vor allem dann, wenn es kaum Orte gibt, an denen man mal allein und für sich sein kann. Israel ist ein Land, in dem es wenig Platz gibt. Überall ist etwas. Überall ist jemand. Überall ist schon einmal jemand gewesen. Überall ist schon einmal etwas gewesen. Daniel, der Protagonist der Kurzgeschichte »Journey«, die in der Anthologie *Pipelines* des Schriftstellers Etgar Keret erschien, versucht, sich zu verirren. Er will einen Ort finden, an dem noch niemand vor ihm war. Seine Suche führt ihn bis in die Regenwälder Südamerikas. Es gelingt ihm nicht. Die Sehnsucht nach einem unberührten, einsamen Ort ist ein israelischer Topos. Der Journalist Nir Hasson versuchte in den Fußspuren Daniels einen solchen Ort zu finden. Die Geschichte seiner Suche publizierte er am 4. Mai 2012 in der Tageszeitung *Haaretz*. Seine Motivation erklärte er so: »Ich möchte einfach das Gefühl loswerden zu ersticken. Ich möchte das Gefühl loswerden, von Antennen umgeben zu sein. Es gibt nichts Unwiderruflicheres als die Intervention der Menschen in der Landschaft. Eine geteerte Straße verschwindet nicht einfach wieder. Ein Hochspannungsmast auch nicht.« Nir Hasson klettert auf Berge, durchkämmt die Lachisch-Region im Südwesten von Jerusalem, die Gilboa-Region an der Grenze zum Jesreel-Tal, Obergaliläa, den Golan und den Negev und – findet ihn nicht, den unberührten Ort, den er sucht. Israel ist ein kleines Land, und fast überall, die Wüste ausgenommen, ist es voll und eng.

Dort, wo die Flächen knapp und Wohnraum atemberaubend teuer sind, wo die Häuser sich eng aneinanderschmiegen und es auch im späten Oktober nachts noch schwül ist, im Zentrum von Tel Aviv zum Beispiel, dort lebt das Kollektiv auf ganz bemerkenswerte Weise: Bis vor wenigen Monaten noch sah ich immer morgens, wenn ich das Küchenfenster öffnete und meinen Tee aufsetzte, wie auch Fania den neuen Tag begann. Ich sah, wie sie die Milch aus dem Kühlschrank nahm und sich einen Kaffee aufsetzte. Ich vermute, dass sie mich auch sah. Dass sie wahrnahm, wie ich das Radio anschaltete, um die ersten Nachrichten des Tages zu hören.

Fania lebte im Haus nebenan, in einer Zwei-Zimmer-Wohnung im dritten Stock. Sie war über 70 Jahre alt und allein. Zwischen meinem Spülbecken und ihrem Kühlschrank lagen kaum mehr als zehn Meter Luftlinie. Aber in diesem intimen Moment der morgendlichen Rituale sahen wir uns nie direkt ins Gesicht, grüßten uns nicht.

Dann, um viertel vor sieben, zerriss ein ohrenbetäubender Klingelton die frühmorgendliche Ruhe. Fania brauchte immer eine Weile, um aus der Küche ins Wohnzimmer zu laufen, wo das Telefon stand. Ich atmete auf, wenn ich sie endlich »Ken?« rufen hörte. »Ja?« Jeden Morgen aufs Neue nahm Fania diesen ersten Anruf des Tages mit gespannter Neugier entgegen. So als wüsste sie nicht, dass – wie auch an jedem anderen der 364 übrigen Morgen im Jahr – ihre Tochter aus Netanja sich nach ihrem Befinden erkundigen wollte. Es entwickelte sich ein kurzes, noch bettschweres Gespräch über das Wetter und darüber, ob Fania ihre Tabletten schon genommen hatte. Einmal in der Woche empfing Fania drei Freundinnen zum Bridge. Sie setzten sich dann auf den Balkon, tranken Kaffee und sprachen Ladino, die traditionelle Sprache der sephardischen Juden. Manchmal saß ich auch gerade auf dem Balkon und trank Kaffee. Ich winkte dann hinüber, und Fania fragte: »Wie geht es dir, meine Süße?« Ihre Freundinnen winkten zurück und riefen »Shalom! Wie geht es dir?«, und wir klagten gemeinsam über die feuchte Hitze.

Im vergangenen Winter dann begann es Fania schlecht und immer schlechter zu gehen. Sie ging kaum noch vor die Tür, eine philippinische Betreuerin zog in ihre Wohnung ein, und ab und zu sah ich, wie ein Arzt sie untersuchte. Irgendwann begann sie zu stöhnen vor Schmerzen. Tag und Nacht, im Minutentakt. Das war eine schwere Zeit. Nicht nur für Fania. Auch für uns und ihre anderen Nachbarn. Wenige Monate später dann, um Pessach herum, ist sie gestorben. Ihre Kinder treffen sich noch manchmal in der Wohnung, sortieren Fanias Habseligkeiten und beraten, was nun mit ihrer Wohnung geschehen soll.

All dies weiß ich nicht etwa, weil es mir jemand erzählt hätte, sondern weil ich im dritten Stock des Nachbarhauses wohnte und es miterlebt habe.

Es gibt aber auch impertinente Ausdrucksformen der kollektiven Anteilnahme: Neulich nahm ich in unserem Supermarkt um die Ecke den Schafsjoghurt aus dem Regal, den ich seit Jahren zum Frühstück esse. Fünf Prozent Fett hat er und schmeckt köstlich. »Bist du verrückt?«, fragte mich plötzlich eine Stimme von hinten. Ich drehte mich um, und vor mir stand ein ungefähr gleichaltriger Mann mit Glatze und Jogginganzug. »Weißt du nicht, dass dieser Joghurt ganz schlecht ist für deine Cholesterol-Werte? Kauf den bloß nicht!« Völlig überrumpelt konnte ich diese Art der Zuwendung nur mit einem schwachen »Aha. Aber er schmeckt doch so gut!« parieren. Ich legte den Joghurt trotzdem in meinen Einkaufswagen. Aber erst nachdem sich mein Ernährungsberater zum Gehen gewandt hatte.

Besonders schön ist auch eine Geschichte, die meine Freundin Lysbeth neulich erlebt hat. Lysbeth ist Pariserin, lebt in Washington D.C. und managt ein amerikanisch-israelisches Kulturprojekt. Deshalb kommt sie ab und an für ein paar Wochen nach Tel Aviv. Sie mietet sich dann eine möblierte Zwei-Zimmer-Wohnung. Lysbeth spricht nur wenig Hebräisch. Sie ist kurzsichtig und trägt Kontaktlinsen. Als sie vor kurzem für ein paar Monate in Tel Aviv war, entzündeten sich plötzlich ihre beiden Augen. Sie begannen zu brennen und zu tränen. Lysbeth fürchtete eine Ablösung der Netzhaut und fuhr mit letzter Sehkraft zur augenärztlichen Notaufnahme im Ichilov-Krankenhaus, dem größten Krankenhaus im Tel Aviver Stadtzentrum. Sie fuhr mit dem Taxi.

Wer glaubt, dass es Verwaltung und Ärzten in einer israelischen Notaufnahme um eine schnelle Versorgung der Patienten geht, der hat noch nie ein israelisches Großkrankenhaus von innen gesehen. Als Lysbeth sich bei der Sprechstundenhilfe anmeldet, drängen sich schon zwölf Patienten auf den Stühlen vor dem Behandlungszimmer des einzigen Augenarztes, der an diesem Tag in der Notaufnahme Dienst tut. Lysbeth setzt sich, schließt die Augen und versucht angestrengt an nichts zu denken. Nicht an ihre Netzhaut, nicht an die schlechte Luft, die hier im Wartezimmer steht, und nicht an die endlos lange Wartezeit, die vor ihr liegt. Als ihr stummgeschaltetes Telefon brummt und ihr mitteilt, dass sie eine SMS bekommen hat, öffnet sie die Augen, tastet nach ihrem Smartphone und versucht den Text zu entziffern. Sie muss passen. Durch den brennenden Schleier vor ihren Augen kann sie die Buchstaben nicht entziffern. Neben ihr sitzt eine ältere Frau und blättert in einer Zeitschrift. Lysbeth bittet sie, ihr die SMS vorzulesen, und reicht ihr das Telefon. Die Frau schaut auf das Display des Smartphones, schüttelt den Kopf und sagt: »Was ist denn das?« Ohne Lysbeth zu fragen, gibt sie das Telefon kurzerhand dem jungen Mann mit Basecap und Flip-Flops in die Hand, der neben ihr sitzt, und sagt: »Lies mal vor!« Nach einem kurzen Blick auf das Display schüttelt auch der den Kopf, zuckt mit den Schultern, und etwas düpiert fragt er: »Was soll das für eine Sprache sein?« Er reicht das Telefon an seinen Nachbarn weiter, einen etwa 80-jährigen Mann mit Brillengläsern so dick wie Colaflaschenböden. Das Telefon wandert von Hand zu Hand. Einer nach dem andern beugen sich die wartenden Patienten über das Display von Lysbeths Smartphone wie ein Team von Ägyptologen, denen eine Tonscherbe mit rätselhaften Keilschrift-Zeichen in die Hände gefallen ist. Schließlich ruft ein alter Herr triumphierend: »Ich hab's! Das ist Französisch!« Seine Eltern waren Ende der 1950er Jahre zu Fuß mit ihm aus dem marrokanischen Fez nach Israel eingewandert. »Hier steht«, sagt er mit dem Tremolo des Überbringers einer wichtigen Botschaft, »Ma douce« und er verliest die gesamte SMS auf Französisch. Lysbeth schnappt nach Luft. Jetzt schreien die anderen Patienten laut durcheinander: »Was steht da?« und »Nu mach' schon! Übersetz' die SMS!« Lysbeth schlägt die Hände vors Gesicht und fügt sich ins Unabänderliche. Der alte Herr trägt die SMS im staatstragenden Ton eines Nachrichtensprechers von *Reschet Bet* laut und vernehmlich noch einmal auf Hebräisch vor: »Meine Süße. Habe gestern einen Wahnsinns-Typen kennengelernt. Er war unglaublich im Bett. Wir haben gerade gefrühstückt, und jetzt ist er gegangen. Ich bin völlig durcheinander. Was soll ich tun? Küsse, Sophie.« Kurze Stille. Alle schauen auf Lysbeth. Dann beginnen die zwölf wartenden Patienten lautstark durcheinanderzuschreien: »Erst mal abwarten«, sagen die einen. »Sie soll das Glück festhalten!«, finden die anderen. Eine Frau von ungefähr 65 Jahren springt von ihrem Stuhl auf, geht zu Lysbeth und redet auf sie ein: »Wie alt ist sie?« Lysbeth antwortet willenlos »39«. »Aha, 39«, sagt die Frau. »Und sie ist noch nicht verheiratet?« Lysbeth schüttelt den Kopf. Die Frau entwirft einen detaillierten Schlachtplan vom nächsten Treffen über die Vorstellung des Wahnsinns-Typen bei Sophies Eltern bis zur Hochzeit. Lysbeth ist baff. Als sie mir die Geschichte erzählt, sagt sie abschließend: »Das ist Israel.«

Ja, das ist Israel. Man ist nie lange allein. Nicht dann, wenn man es eigentlich wollen würde, aber auch nicht dann, wenn man es nicht will. Die Menschen mischen sich in alles ein. Vor allem in das, was sie nichts angeht. Denn sie denken eben, es ginge sie etwas an. Die anderen gehen sie etwas an. Es ist ein bisschen so, als würde man sich in einer großen Familie bewegen und jeder noch so entfernte Urgroßonkel habe ein Mitspracherecht bei der Frage, ob man jetzt im Café lieber ein Sandwich aus Dinkelbrot oder Weizenbrot bestellen sollte.

In den israelischen Großstädten ist der Geräuschpegel enorm hoch, der Stresspegel auch. Die Nerven liegen hier oft blank. Emotionen brausen schnell auf. Nichts ist hier gemäßigt, alles intensiv. Das Licht, die Farben. Der Mangel auch: Es mangelt an Regen, es mangelt an Parkplätzen, an Geduld und Umgangsformen.

Die Idee des Kibbuz ist lange Zeit eines der weltweit bekanntesten israelischen Erzeugnisse gewesen. Es war dies die Idee vom geteilten Hab und Gut und gelebter Gerechtigkeit, die Idee von der Gleichbehandlung aller ohne Ansehen der Person und Herkunft. Die Kibbuzim übersetzten die Idee vom Volk Israel als Kollektiv in eine sozialistisch verfasste Praxis. Zwar ist der sozialistisch organisierte Kibbuz ein Auslaufmodell, und kaum ein Kibbuz funktioniert heute noch nach den ursprünglichen Gleichheits- und Gerechtigkeitsprinzipien. Aber plötzlich, im Sommer 2011, erlebte das Wort von der sozialen Gerechtigkeit einen neuen Frühling. Der Kampfruf der landesweiten Protestbewegung, die die wichtigsten Boulevards von Tel Aviv in Zeltcamps verwandelte und die Bevölkerung im ganzen Land zu Hunderttausenden motivieren konnte, ihre Wut über die überhöhten Lebenshaltungskosten, Mieten und öffentlichen Gebühren auf die Straßen und Plätze zu tragen, hieß: »Das Volk fordert soziale Gerechtigkeit.«

Die soziale Protestbewegung vom Sommer 2011 hat den Begriff der sozialen Gerechtigkeit mit einem Mal aus der ideologischen Mottenkiste geholt und ihn wieder auf die Titelseiten der Zeitungen und in die Diskussionsrunden in Hörfunk und Fernsehen gehoben.

Allerdings hielt diese Protestbewegung den Manipulationen der Regierung Netanjahu nicht stand. Bis auf einen harten Kern ließ sie sich von vagen Reform-Ankündigungen einlullen.

Der Nukleus des israelischen Kollektivs, der Kern, der das große Ganze im innersten zusammenhält, ist die Familie. Auf der Familie baut die ganze Gesellschaft auf. Die Familie ist der Dreh- und Angelpunkt für alle Israelis. Sie begründet das Kollektiv und ist zugleich eine Miniatur desselben.

Die Familie

»Mischpoke – was ist das?«, fragt der kleine Itai neugierig. »Ist das was zu Essen?« »Nein«, antwortet sein Vater. »Das ist was zum Kotzen!«

Ob zum Essen oder zum Kotzen, wie in diesem Klassiker des israelischen Witze-Repertoires, an der Mischpoke kommt in Israel niemand vorbei. Das Wort Mischpoke kommt aus dem Jiddischen, und die *mischpacha*, wie die Familie im Hebräischen heißt, ist das, was Israel im Innersten zusammenhält.

Die Zugehörigkeit zu einer Familie ist keine Angelegenheit des freien Willens, sie ist eine Tatsache und so unabänderlich wie das Wetter. Das gilt natürlich überall auf der Welt. Aber die Familienbande verbinden die Menschen in den meisten westlichen Ländern eher auf lockere Weise. Wahlverwandtschaften haben für Erwachsene oft mehr Gewicht als Blutsbande. In Israel ist das anders. Hier definiert die Zugehörigkeit zu einer Familie, zu ihrer Geschichte und ihrer Herkunft vor der Einwanderung nach Israel die Identität eines jeden, sie hat Einfluss auf den gesellschaftlichen Status, die beruflichen Perspektiven und die Heiratsaussichten.

Die israelische Gesellschaft ist dynamisch und innovationsbegeistert. Aber zugleich ist sie traditionell. Wie traditionell, das zeigt sich vor allem an der Bedeutung der Familie für jeden Einzelnen und die Gesellschaft als Ganzes.

Die israelische Soziologin Sylvia Fogel-Bijawi hat dieses Phänomen untersucht und belegt. Fogel-Bijawi lehrt Familienstudien am Fachbereich Verhaltenswissenschaften des Management College in Rischon Lezion, der mit etwa 230 000 Einwohnern viertgrößten Stadt Israels, zehn Kilometer südlich von Tel Aviv. Fogel-Bijawi beschreibt Israel als eine Gesellschaft, die von einer »familistischen Ideologie« gekennzeichnet ist.

Angelegt ist der israelische Familismus, die *mishpachtiut*, schon in der *Halacha*, dem jüdischen Religionsrecht. Nach der Halacha ist jüdisch, wer eine jüdische Mutter hat oder formell zum Judentum konvertiert ist. Es reicht nicht aus, nur an den Gott Israels zu glauben.

Es sind die Blutsbande, die die Zugehörigkeit zum Volk Gottes begründen, nicht das Bekenntnis. Zumindest nach dem Buchstaben des Gesetzes. Aber auch die Halacha hat ihre Geschichte. Die halachische Engführung der Zugehörigkeit zum jüdischen Volk auf den Ethnos hat sich vor allem in der Zeit des babylonischen Exils im 6. Jahrhundert vor Christus herausgebildet. Diese Sichtweise hat sich durchgesetzt und wurde zum Grundstein der Definition jüdischer Identität.

Die Knesset verabschiedete im Jahr 1950 das sogenannte Rückkehrgesetz, das *Choq Hashvut*. Es berechtigt jeden Juden auf der ganzen Welt zur *Alija*, der Einwanderung nach Israel. Für den israelischen Staat ist jeder Jude, dessen Mutter oder Großmutter, Urgroßmutter oder Ururgroßmutter mütterlicherseits Jüdin war oder der nach den Regeln des orthodoxen oder reformierten Judentums konvertiert ist. Dabei dürfen jüdische Einwanderer nicht gleichzeitig einer anderen Religion als dem Judentum angehören.

Das Judentum betont die Heiligkeit der Familie sehr. Die Familie gilt in Israel heute als zentrale religiöse und nationale Institution, in der die jüdischen Traditionen gelebt und von einer Generation zur nächsten weitergegeben werden.

Für religiöse Juden ist es eine *Mitzvah*, ein religiöses Gebot, Kinder zu haben. Aber auch für die israelischen Juden, die zwar an Gott glauben, aber sich als säkular bezeichnen, weil sie nicht regelmäßig in die Synagoge gehen und auch nicht alle Gebote befolgen, ist es ein tief verankertes ethisches Gebot, Kinder zu haben. Die in Israel lebenden religiösen und säkularen Juden, Männer wie Frauen, haben dieses Gebot zutiefst verinnerlicht.

Dabei ist jede israelische Familie nicht nur sie selbst, sondern zugleich Nukleus des Volkes Israel. Das Volk Israel ist seinerseits ein Abbild der Familie und damit selbst Familie. So kommt es, dass die israelische Gesellschaft auch viel inneren Druck und heftige Grundsatzkonflikte aushalten kann wie zum Beispiel die vielschichtige Konfrontation zwischen dem säkularen Lebenskonzept und dem sogenannten ultraorthodoxen, das den Dienst in der Armee ebenso ausschließt wie reguläre Erwerbsarbeit. Selbst wenn der israelische Staat sich in einen säkularen und einen religiösen Teil aufspalten würde, wie das zum Beispiel im Kleinen in dem Städtchen Bet Schemesch in den judäischen Bergen diskutiert wird, würde das Volk Israel dennoch nicht auseinanderbrechen. Denn schließlich kann selbst der fundamentalste Konflikt die Zugehörigkeit zu einer Familie nicht aufheben. Die jüdisch-israelische Identität ist eine existentielle Größe, keine kulturelle Variable.

Am 5. Oktober 2011 verkündete das Nobelpreiskomitee in Stockholm den Preisträger in der Kategorie Chemie. Daniel Shechtman, Physikprofessor am Technion, der Technischen Universität Haifa, sollte für seine Entdeckung und Erforschung der Quasikristalle ausgezeichnet werden. Sobald die Nachricht in Israel bekannt wurde, gab die Uni Haifa eine Pressekonferenz. Während dieser offiziellen Veranstaltung nahm der Ausgezeichnete seinen jüngsten Enkel auf den Schoß und küsste ihn stolz im Angesicht der Fernsehkameras. Ganz so, als wollte er sagen »Danke für den Nobelpreis, aber was wäre er ohne dieses Kind hier. Es ist noch viel kostbarer als die höchste Auszeichnung!« Und auf dem Titel der meistverkauften Tageszeitung Israels, *Jedioth Achronoth*, war tags darauf ein Foto abgedruckt, das einen strahlend stolzen Dan Shechtman gemeinsam mit seiner Frau und seinen Enkelkindern auf dem heimischen Ledersofa zeigt. Kinder und Enkelkinder sind in Israel das, was am meisten zählt. Überall sonst auf der Welt käme vermutlich kaum ein Nobelpreisträger auf die Idee, sich am Tag seines größten beruflichen Erfolgs mit seinen Enkeln vor die Fernsehkameras zu stellen.

An Shechtmans Auftritt mit seinen Enkelkindern wird auch noch ein anderes spezifisch israelisches Phänomen deutlich: In Israel huldigen die Erwachsenen den Kindern, huldigt die Gesellschaft ihrer Jugend. Mir ist in den fünf Jahren, die ich in Israel gelebt habe, nicht ein einziges Mal zu Ohren gekommen, dass Eltern oder Großeltern von Freunden ihren 70., 80. oder 90. Geburtstag gefeiert hätten, wie das in Deutschland üblich ist. Vielmehr sind es die Geburtstage der Kinder, die familiäre und gesellschaftliche Großereignisse sind. Zu einem Kindergeburtstag werden für gewöhnlich sämtliche Kinder aus der Kindergartengruppe oder der Schulklasse eingeladen, also zwischen 25 und 40 Kinder. In der Regel begleiten die Eltern und Geschwister die Eingeladenen, so dass 100 bis 120 Gäste bei einem Kindergeburtstag nichts Außergewöhnliches sind. Meistens wird ein Clown, ein Zauberer oder ein Musiker angeheuert, der die Kinder bespaßt. Es werden riesenhafte Hüpfburgen und Wasserrutschen gemietet, Popcornmaschinen und Zuckerwattestationen. Für die Kinder werden üppige Süßigkeitenbüffets aufgebaut, und für die Erwachsenen gibt es ein Büffet mit aus Europa importiertem Käse, einer Auswahl an Salaten und Wein in Hülle und Fülle.

In Israel wird nicht dem Alter gehuldigt, sondern der Jugend. Und indem die Alten die Jungen feiern, feiern sie zugleich die Kontinuität der Generationen. In einem Land, in das viele Angehörige der heutigen Großelterngeneration allein eingewandert sind, weil sie alle Familienangehörigen in der Schoa verloren haben, hat die Freude über den großen Familienzusammenhang – über das Miteinander von Großeltern und Enkeln, von Onkels und Tanten, Nichten und Neffen, Cousinen und Cousins, das die Zeiten überdauert – eine nur schwer zu vermessende Tiefe.

Die Familie ist in Israel eine allgegenwärtige Größe, und zugleich ist der Zugriff der Familie auf den Einzelnen direkt und absolut. Während sich Familienmitglieder in Deutschland manchmal viele Monate nicht sehen, weil die Kinder in Greifswald studieren und die Eltern in Regensburg leben, muss man in Israel mindestens 40 Grad Fieber haben, um das allwöchentliche Schabbat-Essen am Freitagabend ausfallen lassen zu dürfen.

Jeden Freitagabend kommen die Familien in Israel zusammen, sitzen gemeinsam um einen reich gedeckten Tisch. Die Frommen entzünden bei Einbruch der Dunkelheit gemeinsam die beiden Schabbatkerzen, sie danken Gott für das »Brot aus dem Land (Israel)«, brechen es, dippen es in Salz und reichen es an ihre Familienmitglieder weiter. Sie danken Gott auch für die »Frucht des Weinstocks aus dem Land (Israel)«, reichen einen Kelch mit Wein herum und nehmen einen Schluck.

Aber auch die weniger und gar nicht Frommen kommen an

jedem Freitag bei ihren Eltern zusammen, lassen die Woche hinter sich, schalten für ein paar Stunden die Telefone aus und sind ganz da. So festigen die Israelis jeden Woche aufs Neue das Netz, das sie zusammenhält und trägt.

Das Zusammensein von Eltern und Kindern, Großeltern und Enkeln steht für Israelis am Freitagabend an erster Stelle. Das gleiche gilt für die *Chagim*, die Feste. Am *Erev chag*, dem Abend, an dem ein religiöses Fest wie Rosh Hashana, das Neujahrsfest, oder Sukkot, das Laubhüttenfest, oder Pessach beginnt, sitzen oft auch weiter entfernte Familienmitglieder mit am Tisch: Onkels, Tanten, Cousins und Cousinen. Währenddessen wird es still auf den Straßen und Plätzen der israelischen Städte. Eine unwirkliche Ruhe breitet sich aus, und für ein paar Stunden verblassen Wirrsal und alles Ungemach des Alltags.

In Israel ist die Familie heilig. Ihr ist sogar ein Gedenk- und Ehrentag gewidmet: der *Jom Hamishpacha*. Der international übliche Muttertag wurde hier durch den Familientag ersetzt, einen Tag, an dem die Familien sich selbst feiern. Im Kindergarten werden Briefe an die Großeltern vorbereitet und verschickt, überall im Land werden Aktivitäten für die ganze Familie angeboten.

Die Heiligkeit der Familie lässt aber zugleich alle Möglichkeiten für familiäre Neu- und Umordnungen offen. Die Scheidungsrate liegt in Israel zwar nur bei etwa zwei Prozent, aber die Tendenz ist steigend. Vielfalt und Dynamik der Familienmodelle sind beeindruckend. Es gibt kaum eine Familienkonstellation, die es nicht gibt: alleinerziehende Mütter, zwei Mütter, eine Mutter und ein Transsexueller, homosexueller Vater und transsexueller Vater, homosexueller Vater und heterosexuelle Mutter, zwei homosexuelle Väter, heterosexuelle Mutter und heterosexueller Vater, die allerdings nur freundschaftlich verbunden und kein Paar sind. Der Kreativität sind keine Grenzen gesetzt.

Allerdings wird diese vielfältige Wirklichkeit immer noch an einem Ideal und Vorbild gemessen, das die Maßstäbe vorgibt.

Konformistisch: Heiraten und eins, zwei, drei Kinder

»Was, du bist schon 30 und noch nicht verheiratet?«, wird meine Freundin Inbar immer wieder gefragt. Vor allem von Leuten, die sie nicht kennen. Ihre Eltern und Geschwister machen keinen Druck. Sie kennen Inbars Geschichte und wissen um ihre geplatzte Verlobung von vor drei Jahren. Sie waren dabei, als Inbar sich nach der Trennung von ihrem Partner langsam wieder zusammensetzen musste. Inzwischen ist sie 31 Jahre alt und muss sich dauernd rechtfertigen, warum sie noch nicht verheiratet ist. Im Supermarkt, beim Zahnarzt und im Sportstudio. Sie hat genug davon und geht jetzt erst mal zum Studieren nach Hawaii.

Heiraten ist eine existenzielle Angelegenheit in Israel. Verheiratet zu sein ist für Menschen jenseits der 30 gewissermaßen der einzig denkbare Aggregatszustand. Für das Jahr 2009 liegt die Quote der verheirateten Paare nach Angaben des Zentralen Statistikbüros der israelischen Regierung bei 96 Prozent. Nur vier Prozent der Paare leben in »wilder Ehe« zusammen. Idealerweise in einer Hetero-Ehe. Aber auch gleichgeschlechtliche Ehen sind akzeptiert. Jedenfalls in großen und liberalen Städten wie Tel Aviv oder Haifa. Hauptsache verheiratet. Inbar sagt: »Was den Deutschen das Auto, ist den Israelis die Heirat.«

Als der frühere Finanzminister Juval Steinitz und der Vorsitzende der Gewerkschaft Histadrut, Ofer Eini, sich im Februar 2012 nach einem einwöchigen Generalstreik auf bessere Arbeitsbedingungen und höhere Mindestlöhne für Zeitarbeiter einigten, ließ Steinitz die Öffentlichkeit am Ausmaß seiner Erleichterung teilhaben: »Wenn wir noch zwei Wochen weitergemacht hätten, hätte Ofer seine eigene Hochzeit verpasst, und meine Frau hätte sich von mir scheiden lassen.« Der Minister schien sich sicher zu sein, dass das ganze Land diese Motivationsgrundlage für die Einigung mit der Gewerkschaft anerkennen würde und um Himmels willen nicht schuld daran sein wollte, dass einer auf ewig Junggeselle bleibt und der andere von seiner Frau aus dem Stand der Ehe entlassen wird. Wenn das mal keine Negativbilanz wäre: zwei Unverheiratete mehr! Was gelten daneben schon Überlebensfragen von Zeitarbeitern wie der Anspruch auf Rente und Sozialversicherung?

Der ideale Lebenslauf eines säkularen Israelis oder einer säkularen Israelin über 30 weist also unter Familienstand »verheiratet« aus. Für orthodoxe Israelis gilt dasselbe, nur zehn Jahre früher. Aber erst einmal muss man jemanden finden, der infrage kommt. Und die Suche nach dem richtigen Partner steht für säkulare Israelis im Lebensjahrzehnt, das nach der Armeezeit beginnt, also zwischen 20 und 30, über allem anderen. Letztlich auch über Ausbildung und Studium.

Alles dreht sich um die Frage, wie und wo man den oder die Richtige kennenlernen kann. In Tel Aviv sind die Cafés, Bars und Clubs voll von jungen Leuten, die auf der Suche nach einem Partner sind. Aber wer im heiratsfähigen Alter ist, der sucht auch im Supermarkt, im Yoga-Zentrum und an der Tankstelle, dessen gesamtes Leben und Streben ist der Suche nach einem Partner untergeordnet. So erzählt es die Foto- und Videokünstlerin Nur Lunski. Nur hat ihr Studium an der Kunsthochschule Minshar in Tel Aviv mit einem Video-Projekt zum Thema Dating abgeschlossen. Innerhalb weniger Wochen hat sie sich mit über 40 Männern getroffen und die Treffen mit versteckter Kamera aufgezeichnet. Ihre Dates hat sie vor allem über Facebook-Kontakte aufgetan. Nur ist über Facebook mit mehr als 1200 Leuten befreundet. Sie hat sich aber auch auf der größten Dating-Seite Israels J-Date getummelt, ein Profil eröffnet und eine Weile lang mitgemacht beim virtuellen Partner-Roulette. Acht bis neun Kontakte pro Tag haben sich bei ihr über J-Date ergeben. Aber bei der Vorauswahl wird nicht viel Zeit verplempert. Schon nach der ersten Antwort auf eine Kontaktanfrage brach der Chatfaden oft wieder ab. Nurs Abschlussarbeit zeichnet ein buntes Patchwork aktivistischer Singles, die in jedem Augenblick des Gesprächs einerseits sich selbst beobachten und inszenieren und andererseits das Gegenüber und seine Performance taxieren, wägen, billigen oder verwerfen. All diese Begegnungen werden unausgesprochen überspannt von den Erwartungen der beiden Anwesenden und ihrer jeweiligen Eltern, Großeltern, Tanten, Onkels, Cousins und Cousinen, einen Partner zum Heiraten und Kinderkriegen zu finden.

»Ich habe mich gefühlt wie eine Maschine, die jeden Tag das Gleiche über sich erzählt«, sagt Nur. »Oft waren die Gespräche schnell sehr langweilig, und beiden war klar, dass das nichts gibt.

Dann gab es meistens nicht mal mehr eine SMS, in der man übereinkommt, dass es eben nichts ist. Das ist ein Tel-Aviv-typisches Phänomen«, sagt Nur. »Die Männer verschwinden einfach wieder in der Anonymität.« Nur Lunski hat den Richtigen noch nicht gefunden. Nicht durch ihr Projekt, nicht durch ihre Ausstellung und auch nicht im Leben jenseits der Kunst.

Aber wer den Richtigen gefunden hat und im richtigen Alter ist, plant ohne großen Verzug die Hochzeit. Nach den Erhebungen des Zentralen Statistikbüros der israelischen Regierung gibt knapp die Hälfte der jüdischen Bevölkerung an, eine Frau sollte, wenn sie zwischen 25 und 29 Jahre alt ist, eine eigene Familie gründen. Nur sieben Prozent sagen, eine Frau sollte mindestens 30 oder älter sein. Unter streng religiösen *Charedim* wird das ideale Heiratsalter von Frauen mit 20 bis 24 Jahren angegeben. Ein Drittel der Ultraorthodoxen sagen, eine Frau sollte schon mit 19 Jahren heiraten und eine Familie gründen.

Allerdings sind in Israel viele Nebenklauseln mit dem Heiraten verbunden. Denn alle Familienstandsfragen, Eheschließungen, Scheidungen und Erbfragen unterstehen den religiösen Institutionen der staatlich anerkannten Religionsgemeinschaften. Staatlich anerkannte Religionsgemeinschaften sind das Judentum, der Islam, die drusische Gemeinschaft, die Bahai und zwölf christliche Kirchen. Diese Regelung basiert auf dem sogenannten Millet-System aus der Zeit der 400 Jahre währenden osmanischen Herrschaft in Palästina, die 1517 begann und 1917 endete.

1953 hat das israelische Parlament, die Knesset, per Gesetz das orthodoxe Oberrabbinat als für die in Israel lebenden Juden zuständige religiöse Instanz eingesetzt.

Ein ziviles Standesamt gibt es bis heute nicht in Israel. Säkulare, konservative und reformorientierte Juden haben keine Wahl, wenn sie eine Ehe in Israel schließen wollen. Sie können nur vor dem orthodoxen Rabbinat heiraten. Und eine orthodoxe jüdische Hochzeit muss die Regeln der *Halacha*, des jüdischen Religionsrechts, strikt befolgen.

Nach der *Halacha* ist die Braut bei einer Trauung Objekt, nicht Subjekt des Geschehens.

Der Bräutigam »erwirbt« seine Frau mit Geld. Er und zwei Zeugen, nicht aber die Braut, unterzeichnen die *Ktuba*, den

Ehevertrag. Der Bräutigam steckt seiner Braut einen Ring an, nicht umgekehrt. Einzige Alternative zur orthodoxen Hochzeit ist eine Heirat im Ausland, die dann nachträglich bei den israelischen Behörden anerkannt werden kann.

Als Lilach und Naftali Steg heiraten wollten, suchten sie nach einer Form, mit der sie selbst und ihre Familien sich identifizieren konnten. Dieser Anspruch barg reichlich Stoff für Konflikte mit dem orthodoxen Rabbinat. Zum Beispiel, als es um den Rabbiner ging, den sie sich aussuchten. Er gehörte der Organisation Zohar an. Zohar versucht, eine Brücke des Verständnisses zu schlagen zwischen den orthodoxen Traditionen und der säkularen Lebenswirklichkeit der israelischen Mehrheitsgesellschaft. Umständlich und widerwillig prüfte das orthodoxe Rabbinat, ob der von Lilach und Naftali ausgesuchte Rabbiner überhaupt den Kriterien der Orthodoxie genügte. Am Ende gab es grünes Licht. Aber da wartete schon die nächste Hürde: Das Rabbinat hatte auch etwas gegen den Ort einzuwenden, den sich die beiden Verlobten für ihren Hochzeitstag ausgesucht hatten. Sie wollten am Strand des Kibbuz Palmachim heiraten, der 30 Kilometer südlich von Tel Aviv liegt. Lilach ist dort aufgewachsen. Der Rabbiner sagte, der Ort sei nicht koscher, weil dort am Schabbat manchmal Partys stattfinden. Lilach war außer sich. »Für mich als säkulare Jüdin ist diese ganze religiöse Institution so weit weg von meinem Leben. Und als ich heiraten wollte, musste ich mich plötzlich den Regeln dieser Institution unterwerfen«, erinnert sie sich. »Ich habe dem Rabbiner gesagt, wenn er uns nicht erlauben würde, am Strand von Palmachim zu heiraten, würden wir eben nach Zypern gehen und auf einem zivilen Standesamt heiraten, und dann wäre er schuld daran, dass zwei Juden nicht in ihrer Heimat hätten heiraten können.« Lilach setzte sich durch. Orthodoxie ist also durchaus auch Verhandlungssache.

Die Regularien des orthodoxen Rabbinats sind komplex und ausdifferenziert. Es gibt eine Vielzahl von Gründen, die eine Eheschließung zwischen zwei Juden verbieten. Einer besteht zum Bespiel darin, dass Abkömmlinge einer Priesterfamilie keine Geschiedenen heiraten dürfen.

Galia Sadan ist Rabbinerin in der Tel Aviver Reformgemeinde Beit Daniel und kritisiert, dass das orthodoxe Rabbinat die *Ha-*

lacha immer rigider und strenger auslegt. »Immer mehr Heiratswillige erfüllen die Kriterien des orthodoxen Rabbinats nicht«, sagt Sadan. Deshalb entscheiden sich jedes Jahr ungefähr 20 Prozent der jüdischen Israelis, ihre Ehe zivilrechtlich im Ausland zu schließen und sie danach in Israel amtlich anerkennen zu lassen.

Die Gruppe der »Religionslosen« wird vom Rabbinat überhaupt nicht zur Eheschließung zugelassen. 300 000 Israelis werden vom Staat als »religionslos« eingestuft. Meist sind sie Zuwanderer aus der ehemaligen Sowjetunion. Da die Zugehörigkeit zum Judentum in ihren Herkunftsländern für gewöhnlich über den Vater definiert wurde, erfüllen sie oft nicht die Kriterien der *Halacha*, denen zufolge nur jüdisch ist, wer eine jüdische Mutter hat. Aber wer der *Halacha* nach nicht jüdisch ist, darf keinen jüdischen Partner heiraten, denn das orthodoxe Judentum verbietet sogenannte Mischehen.

Die Ablehnung von Mischehen hat im Judentum eine Tradition, die bis ins 6. vorchristliche Jahrhundert zurückreicht, in die Zeit des babylonischen Exils. Nach der Eroberung Jerusalems durch Nebukadnezar II. im Jahr 587 verlor das Königreich Juda seine Eigenstaatlichkeit und wurde Teil des neubabylonischen Reiches. In der Zeit der Bedrängnis und der Bedrohung der eigenen Identität im babylonischen Exil entwickelten jüdische Religionsgelehrte eine Position der strikten Ablehnung sogenannter Mischehen zwischen Juden und Nichtjuden. Denn sie führten ihre Unterwerfung durch die Babylonier darauf zurück, dass sie ihrem Gott nicht die Treue gehalten und sich mit Fremden zusammengetan hatten, die anderen Göttern anhingen. Als diese Hardliner mit den ersten Rückkehrern aus dem Exil in ihr Stammland kamen, setzten sie ihre rigorose Überzeugung durch. Auch die einfache Bevölkerung, die zurückgeblieben war und die Erfahrung des Exils nicht gemacht hatte, musste sich dieser neuen Linie unterwerfen.

Die religiöse und ethnische Abgrenzung wurde zum Glaubensdogma und zugleich zur Staatsdoktrin.

Im 9. und 10. Kapitel des Buches Esra im Alten Testament ist das eindrücklich festgehalten: »Das Volk Israel und die Priester und die Leviten haben sich nicht ferngehalten von der Bevölkerung des Landes und ihren Gräueltaten, von den Kanaanitern,

Hetitern, Perisitern, Jebusitern, Ammonitern, Moabitern, Ägyptern und Amoritern. Sie haben von deren Töchtern Frauen genommen für sich und ihre Söhne. So hat sich der heilige Same mit den Völkern des Landes vermischt und die Obersten und Beamten waren bei diesem Treubruch die Ersten. Als ich das hörte, zerriss ich mein Gewand und meinen Mantel; ich raufte mir die Haare und den Bart und setzte mich erschüttert nieder. Da versammelten sich alle um mich, die wegen des Treubruchs der Heimkehrer die Drohungen des Gottes Israels fürchteten. Bis zum Abendopfer saß ich erschüttert da. (…) Während Esra vor dem Haus Gottes auf den Knien lag und weinend sein Gebet und sein Bekenntnis sprach, versammelte sich um ihn eine sehr große Gemeinde von Männern, Frauen und Kindern aus Israel. Auch das Volk vergoss viele Tränen. Schechanja, der Sohn Jehiëls, einer der Nachkommen Elams, nahm das Wort und sagte zu Esra: Ja, wir haben unserem Gott die Treue gebrochen; wir haben fremde Frauen aus der Bevölkerung des Landes geheiratet. Doch auch jetzt gibt es noch Hoffnung für Israel: Wir wollen jetzt mit unserem Gott einen Bund schließen und uns verpflichten, dass wir alle fremden Frauen samt ihren Kindern wegschicken nach dem Rat meines Herrn und aller, die das Gebot unseres Gottes fürchten. Man handle nach dem Gesetz. Steh auf! Denn dir obliegt die Sache. Wir aber stehen dir bei. Fass Mut und handle!« (Esra 9,1–10,4)

Das Konzept des Judentums als einer nach außen abgeschotteten, strikt und puristisch abgegrenzten Einheit war allerdings keineswegs unumstritten. Teile der Bücher Amos und Ruth zum Beispiel, die in etwa in derselben Zeit wie die Bücher Esra und Nehemia niedergeschrieben wurden, zeugen von einer offeneren Definition dessen, was jüdisch zu sein bedeuten konnte. Sie umkreisen das Thema der Integration von Fremden und Andersgläubigen in das Judentum. Allerdings haben sich die konservativen Interpreten des Judentums, die auf Abschottung gegen alles Fremde setzten, in der jüdischen Rechtstradition, der *Halacha*, bis zum heutigen Tage durchgesetzt. In der neueren und neuesten Geschichte haben die gescheiterten Assimilierungsversuche der Juden in Europa im 18. und 19. Jahrhundert, vor allem aber die Schoa die Position der orthodoxen Hardliner mit immer neuen Argumenten gestützt. Und so versucht das orthodoxe Rabbinat in Israel bis zum heutigen Tag mit seinem umfangreichen Bedingungskatalog für Eheschließungen, den Erhalt und Fortbestand des jüdischen Volkes zu sichern.

Den Kriterien des orthodoxen Rabbinats steht allerdings die Lebenswirklichkeit der säkularen Juden gegenüber.

Viele nichtorthodoxe jüdische Israelis wünschen sich für die Zukunft die Möglichkeit, in Israel eine Ehe vor einem zivilen Standesamt zu schließen. Aber die Reformrabbinerin Galia Sadan ist skeptisch. »Ich weiß nicht, was zuerst kommen wird«, sagt sie. »Die Zivilehe oder der Messias.« Und solange weder die Zivilehe möglich noch der Messias eingetroffen ist, wird in Israel nach den Spielregeln des orthodoxen Rabbinats geheiratet.

In Israel gibt es nur eine Sache, die noch wichtiger ist als das Heiraten, und das sind die Nachkommen.

Kinder sind die wichtigsten Mitglieder der israelischen Gesellschaft. Um ihr Wohl und Wehe dreht sich alles. Deshalb sind private Porträtfotos von Kindern in der Öffentlichkeit allgegenwärtig. So wie Ärzte ihre Universitätsurkunden an die Wände ihrer Praxis nageln, kleben israelische Fahrer von Sammeltaxis Bilder ihrer Kinder und Enkel im A5-Format auf die Sonnenblende über ihrem Fahrersitz. Diese Bilder sind eine Aufforderung, sie auf ihre Nachkommen anzusprechen, und zugleich eine Aussage über ihre reproduktive Leistung.

Sachbearbeiter in Ministerien umgeben sich in ihrem Büro mit einer Vielzahl von Fotos ihrer Kinder und Enkel. Die eigenen Partner spielen meist keine, immer aber eine untergeordnete Rolle. Nur auf die Nachkommen kommt es an. Die Fotogalerie eines übellaunigen israelischen Staatsbeamten zu bewundern und die Niedlichkeit der Kinder begeistert zu preisen kann mitunter den Verlauf eines Visumverfahrens auf unerwartete Weise zum Guten wenden, wenigstens aber beschleunigen.

Kinder sind in Israel ein öffentliches Gut, alle fühlen sich für sie verantwortlich. Wildfremde Menschen mischen sich mit größter Selbstverständlichkeit in innerfamiliäre Erziehungsfragen ein. Zum Beispiel wenn sie sehen, dass ein Vierjähriger im Kinderwagen geschoben wird: »Was soll denn das? Bist du verrückt?«, fahren sie die überraschte Mutter an. »Der Junge kann doch selbst laufen! Du verzärtelst das Kind. Was soll so nur aus ihm werden?« In Israel bleibt ein Kind im öffentlichen Raum nie unbemerkt. Im Überlandbus kann ein Baby schon mal im Sturm der Begeisterung aus den Armen seiner Mutter gerissen werden und von Arm zu Arm gereicht und dabei leidenschaftlich von Soldatinnen und Studenten abgeküsst werden. Im Strandcafé nimmt eine Kellnerin ein Baby kurzerhand mit auf eine Runde von Tisch zu Tisch und führt es vor als wäre es ihr eigenes. Für einen Moment verläuft dann die Kontur der Familie mit dem großen Ganzen des israelischen Kollektivs wie der Tuschestrich auf einem Aquarell.

Echad, schtaim, schalosch heißen die Zahlen von eins bis drei auf Hebräisch. Gerne wird der Idealverlauf einer Familiengründung auf die dramaturgische Kurzformel »eins, zwei, drei« reduziert. Ein Paar heiratet und bringt dann in rascher Folge eins, zwei, drei Kinder zur Welt. Drei Kinder sind das Idealmaß, das sich säkulare Paare in der Phase der Familiengründung vornehmen, die Einheit, mit der die gesamte Verwandtschaft, die Freunde und die Gesellschaft als Ganze den Vollkommenheitsgrad einer Familie vermisst. Die Formel für den familiären Mindeststandard lautet: Wenn zwei sich fortpflanzen wollen, müssen sie mindestens drei Kinder in die Welt setzen. So interpretieren die Israelis im 21. Jahrhundert den göttlichen Imperativ aus der Schöpfungsgeschichte im Buch Genesis des Alten Testaments: »Seid fruchtbar und vermehret euch!« (Genesis 1, 28)

Diese Interpretation geht über die bis heute im Judentum dominante Tradition in der Schule des pharisäischen Rabbiners Hillel aus dem ersten Jahrhundert vor Christus hinaus. In der Schule Hillels galt, dass ein Mann, sobald er Vater eines Jungen und eines Mädchens ist, das im ersten Kapitel der Genesis festgeschriebene Gebot der Fortpflanzung erfüllt hat.

Im Vergleich aller OECD-Staaten liegt die Geburtenrate in Israel mit deutlichem Abstand am höchsten: Im Jahr 2011 bekamen jüdische Israelinnen durchschnittlich 2,65 Kinder. Bei den arabischen Israelinnen liegt die Quote mit 3,66 Kindern pro Frau noch einmal deutlich höher. In Deutschland waren es im gleichen Zeitraum 1,4. Der Durchschnitt aller OECD-Staaten liegt bei 1,74 Kindern.

In der vergleichsweise hohen Geburtenrate bei den jüdischen Israelinnen drückt sich der tief in der israelischen Gesellschaft verankerte »Familismus« aus. Möglicherweise aber trägt auch die staatliche Geburtenförderung, die David Ben Gurion, der erste Regierungschef Israels, schon kurz nach der Staatsgründung im Jahr 1948 in Politik gegossen hat, ihre Früchte.

Schon in den 1940er Jahren, als erste Nachrichten von der Vernichtung der Juden durch die Nationalsozialisten nach Palästina drangen, sprach David Ben Gurion zum ersten Mal von einer »demografischen Verpflichtung« der Zionisten, die systematische Ermordung von Juden mit einer möglichst hohen Geburtenrate zu beantworten. Zum anderen ging es darum, gegenüber den arabischen Israelis und den Palästinensern demografisch nicht ins Hintertreffen zu geraten.

1949 dann, als die unfassbare Zahl von sechs Millionen ermordeten Juden bekannt war, versuchte die israelische Regierung die Geburtenrate mit einer Auszeichnung für Mütter von zehn und mehr Kindern in die Höhe zu treiben. Zehn Jahre später schaffte die Regierung den Preis wieder ab, denn es hatte sich gezeigt, dass vor allem arabische Frauen in den Genuss der Auszeichnung und des Preisgeldes kamen.

In den 1950er und 1960er Jahren des 20. Jahrhunderts wurde das Kinderkriegen rhetorisch als Dienst am zionistischen Projekt verankert. Es galt als nationale Verpflichtung der Frauen gegenüber dem Kollektiv, Kinder zu gebären. Frauen wurden als Trägerinnen des Kollektivs betrachtet. Zugleich war es die nationale Verpflichtung der Männer gegenüber dem Kollektiv, Dienst in der Armee zu tun.

Seit der Regierungszeit Ben Gurions werden Frauen in Israel für jede Geburt von der gesetzlichen Krankenversicherung mit einer Geburtsprämie belohnt. In den 1950er und 1960er Jahren war diese Prämie eine relevante Größe in der Haushaltskasse einer Familie. Inzwischen bewegt sie sich in überschaubaren Grenzen: 350 Euro werden für das erste Kind ausgezahlt, 150 Euro für das zweite und 100 Euro für jedes weitere Kind. Danach zahlt die Krankenkasse ihren Versicherten in einem Zeitraum von höchstens 98 Tagen Lohnersatzleistungen. Diese berechnen sich nach dem Einkommen der Frau, dürfen aber höchstens 286 Euro pro Tag betragen. Das Kindergeld beläuft sich je nach der Anzahl der Kinder auf monatlich 35 bis 90 Euro pro Kind.

Insgesamt gab die Nationale Sozialversicherung im Jahr 2008 für Kindergeld 5,1 Milliarden Schekel aus, das entspricht 1,02 Milliarden Euro. Das heißt, dass rund zwei Prozent des gesamten Staatshaushalts für Kindergeld ausgegeben werden. Anspruch auf Kindergeld haben alle in Israel lebenden Familien, nicht nur die jüdischen, sondern auch muslimische, drusische und christliche. Damit fällt die staatliche Unterstützung für ein Leben mit Kindern in Israel gemessen an seiner Bevölkerung von 2008 rund 7,1 Millionen Einwohnern nicht sonderlich üppig aus.

Es sind also vermutlich nicht das Kindergeld vom Staat oder steuerliche Vergünstigungen für Familien mit Kindern, die die Israelis zum Kinderkriegen animieren. Israel führt die OECD-Liste nämlich nicht nur bei der Geburtenrate an, sondern auch in der Kategorie Kinderarmut. Obwohl die Wirtschaft in Israel in den vergangenen Jahren konstant gewachsen ist, profitieren davon nur kleine Teile der Gesellschaft.

Israel ist nach den Erkenntnissen der OECD-Studie eine gespaltene Gesellschaft: Die Armutsrate ist besonders hoch unter den sogenannten Ultraorthodoxen oder besser *Charedim*, den Gottesfürchtigen, und in der arabischen Bevölkerung Israels.

Vermutlich ist es letztlich doch eher ein innerer Antrieb, gestützt durch einen religiös und kulturell stark verankerten Ethos, der das Kinderkriegen als zentrale Bedingung für ein gelungenes Leben definiert.

Als ich meine Freundin Adva vor ein paar Jahren in einer Spielgruppe für Kleinkinder kennenlernte, war sie 35 und ihr erstes Kind 14 Monate alt. Adva ist eine erfolgreiche Strafrechtsanwältin. Die Justizbehörde engagiert sie oft als Pflichtverteidigerin für arabische Delinquenten. Neulich wurden ihre klugen Argumente und ihre ruhige Vortragsweise von einer Gerichtsreporterin in der Wochenendausgabe der Zeitung *Haaretz* gewürdigt. Adva ist in Beerscheva aufgewachsen, hat zwei Brüder und lebt mit ihrem Mann Eran, einem Tierarzt, im Zentrum von Tel Aviv. Adva hatte schon immer präzise Vorstellungen davon, wie ihre Familie einmal aussehen sollte: Vier Kinder wollte sie, so viel war klar. Eran gerne auch noch mehr. Die beiden sind nicht religiös, pflegen aber die religiösen Traditionen. Vier Jahre später haben sie außer ihrem ältesten Sohn Evyatar noch eine Tochter Ayelet und einen kleinen Or. Bei keinem der Kinder setzte Adva, die den größten Teil des Familieneinkommens erwirtschaftet, mehr als die gesetzlich zugestandenen drei Monate nach der Geburt mit ihrer Arbeit aus. Als sie in der zweiten Hälfte der dritten Schwangerschaft stationär im Krankenhaus bleiben musste, betreute sie ihre Mandanten vom Dreibettzimmer aus und ihre Kinder auch – so gut es ging. Für alles andere sorgten ihre Mutter und Schwiegermutter. Überhaupt sind alle vier Großeltern in die Alltagsroutine der Familie von Adva und Eran mit festen Betreuungszeiten und Aufgaben eingeplant. Or, der Kleinste, ist noch nicht im Kindergarten. Unter der Woche kommt Erans Mutter um acht Uhr morgens und verbringt den ganzen Tag mit ihrem jüngsten Enkel. Außerdem kocht sie und kümmert sich um die Wäsche der fünfköpfigen Familie.

Mit ihren drei Kindern haben Adva und Eran schon jetzt ihr Soll erfüllt. Aber sie wollen mindestens noch ein Kind. »Kinder sind Leben«, sagen sie. Nie habe ich Adva und Eran darüber klagen hören, wie anstrengend ihr Alltag ist, dass sie sich keine Putzfrau mehr leisten können oder dass sie aus ihrer schicken Dreizimmerwohnung umziehen mussten in eine einfachere Vierzimmerwohnung, dass sie keine Zeit zum Lesen von Romanen haben und keine Zeit für romantische Zweisamkeit in einem der vielen angesagten Tel Aviver Restaurants. Wenn ich Adva manchmal frage, wie sie das alles schafft, ihre Klienten, die Termine im Gericht, das Bringen und Abholen der Kinder zu Kindergarten und Schule, Schwimmkurs, Tanzstunde, Kinderarzt, dann sagt sie mir: »Klar ist es schwierig. Aber ich liebe es, mit meinen Kindern zusammen zu sein!« Und im nächsten Moment nimmt sie ihren Kleinsten temperamentvoll auf den Arm, strahlt ihn an und fragt »Wer ist dieses süße Kind hier?« Sie küsst Wangen, Augen und Mund des anderthalbjährigen Or ab und ruft: »Ach! Wie ich dich liebe!«

Das Kinderkriegen ist in Israel eine existenzielle Angelegenheit. Es ist kein optionales Lebenskonzept, eine Familie zu gründen, sondern ein alternativloses. Das einzig gültige. Etwas von der im Buch Genesis festgehaltenen radikalen Forderung

Rachels an Jakob schwingt auch heute mit: »Gib' mir Kinder und wenn nicht, so sterbe ich!« (Genesis 30, 1) Israelische Frauen sind bereit, alles zu tun, um Kinder zu bekommen. Und der Staat finanziert alle zur Verfügung stehenden Mittel. Und so klingt auch schon die hebräische Bezeichnung *Tipluei Poriut*, Fruchtbarkeitsbehandlung, authentischer, existenzieller und ergebnisorientierter als die in Deutschland übliche wolkigere und eigentlich irreführende Bezeichnung »Kinderwunschbehandlung«.

Die Geschlechterforscherin Amalia Ziv von der Universität Beerscheva bezeichnet Israel als »Empire der reproduktiven Medizin«. Israel ist im Bereich der künstlichen Befruchtung weltweit führend. Hier werden pro Kopf die meisten In-vitro-Fertilisationen (IVF) durchgeführt, pro Jahr sind es insgesamt etwa 28 000. Wie nirgendwo sonst auf der Welt werden fast die gesamten Kosten für reproduktionsmedizinische Maßnahmen von der gesetzlichen Krankenkasse übernommen. Eine IVF-Behandlung inklusive aller Blutuntersuchungen und Medikamente kostet das Gesundheitsministerium rund 3000 Euro.

Die Zahl der staatlich finanzierten Befruchtungsversuche wird nicht beschränkt. Die Grenze der staatlichen Unterstützung ist erst erreicht, wenn drei Schwangerschaften zustande gekommen und erfolgreich verlaufen sind und also drei Kinder geboren wurden. Die Altersgrenze der Gebärfähigkeit setzt das Gesetz bei 45 Jahren fest.

Bei Efrat zum Beispiel, einer erfolgreichen Rechtsanwältin mit eigener Kanzlei, nistete sich erst beim elften Versuch ein im Reagenzglas befruchtetes Ei in der Gebärmutter ein. Neun Monate später kam ihr erstes Kind zur Welt. Ein Junge: Jonathan. Die sich über Jahre erstreckende reproduktionsmedizinische Behandlung hat sich allein bei ihr auf geschätzte 35 000 Euro belaufen. Erst jetzt fühlt sich Efrat als vollwertiges Mitglied der israelischen Gesellschaft. Denn sie ist Mutter eines Kindes. Kinder zu haben und damit für das Fortbestehen der eigenen Familie und die Kontinuität des Volkes Israel zu sorgen, ist keine Privatangelegenheit. Es ist eine Verpflichtung, die der Einzelne gegenüber dem Kollektiv hat.

Im Judentum gilt künstliche Befruchtung als legitimes Mittel der Fortpflanzung. Rabbiner bringen keinerlei Einwände gegen die stetige Erweiterung der Grenzen des Machbaren in der Reproduktionsmedizin vor. Aus rabbinischer Sicht ist allerdings wichtig, dass sorgfältig mit dem männlichen Samen umgegangen wird. Sollte einmal aus Versehen das Sperma eines fremden Mannes mit einer Eizelle verschmolzen werden, würde das als Ehebruch gelten. Deshalb wachen in den Laboren der Reproduktionsmediziner religiöse Frauen darüber, dass solche Missgeschicke nicht passieren.

Im September 2012 strahlte der private Fernsehkanal *Arutz Eser*, Kanal Zehn, zur besten Sendezeit, abends, zwischen halb neun und zehn, eine Dokumentation des Journalistenpaares Orli Vilnai und Guy Meroz aus. Vilnai und Meroz sind 2007 international durch ihre Dokumentation »Paying for Justice« bekannt geworden, in der sie die Armut der Überlebenden der Schoa dokumentieren und anklagen, dass die vielen Millionen, die vor allem Deutschland für die sogenannte Wiedergutmachung gezahlt hat, nicht bei den Überlebenden ankommen. In Israel sind sie für ihr persönliches Engagement und ihren Mut bekannt. Die Themen, die Vilnai und Meroz anfassen, berühren meistens neuralgische Punkte der israelischen Gesellschaft.

Im September 2012 also wurde ihr Film »Partnerschaft oder Kind« ausgestrahlt. Es geht darin um sie selbst und ihren Versuch, ihrer Liebe ein gemeinsames Kind abzutrotzen. Guy Meroz ist zum Zeitpunkt der Ausstrahlung 49 Jahre alt, Orli Vilnai 38. Beide haben Kinder aus früheren Beziehungen. Die Kamera begleitet jeden Schritt ihres Weges: die unzähligen Blutuntersuchungen und Hormonspritzen, die Entnahme von Orlis Eizellen unter Vollnarkose, die Befruchtung mit Guys Spermien im Labor, das Wiedereinsetzen des befruchteten Eis, das schier endlose Warten zu Hause, auf Krankenhausfluren und in Sprechzimmern. Die Kamera ist sogar bei den paartherapeutischen Sitzungen dabei, die Orli und Guy angefangen haben, um mit der Belastung ihrer Liebe durch die Fruchtbarkeitsbehandlung fertigzuwerden. Der Film dokumentiert auch die beiden Herzanfälle, die Orli kurz hintereinander hat und die sie fast das Leben kosten. Im Nachgespräch mit dem Arzt werden sie auf die Hormonbehandlung zurückgeführt. Orli und Guy wollen immer noch ein gemeinsames Kind. Aber sie wollen Orlis Leben nicht gefährden. An diesem Punkt fangen sie an nachzuforschen, ob es alternative Wege gibt, die Fruchtbarkeit von Orli zu beeinflussen. Sie erfahren, dass eigentlich nicht Orli das Problem ist bei der Behandlung, sondern dass Guys Spermien nicht mehr fit genug sind. Guy unterzieht sich einer Operation, die seine Zeugungsfähigkeit verbessern soll. Am Ende des Films wird der Zuschauer nicht mit einem Happy End belohnt. Es gibt kein Baby, dessen Schreien alle Zweifel an der Fruchtbarkeitsbehandlung übertönt. Am Ende des Films läuft stumm der Titel der Dokumentation über den Bildschirm: »Partnerschaft oder Kind?« Die gesellschaftliche Debatte über die medizinische Fruchtbarkeitsindustrie in Israel ist eröffnet.

Aber dem Film »Partnerschaft oder Kind?« von Vilnai und Meroz folgt keine laute Debatte. Vielleicht haben die Fragen, die ihre Dokumentation aufwirft, den einen oder anderen zum Nachdenken gebracht. Aber in der Öffentlichkeit ist davon nichts zu hören. Vielleicht schmerzen die Fragen, die die Dokumentation aufwirft, zu sehr, um wirklich wahrgenommen zu werden. In jedem Fall rühren sie an den Grundfesten der israelischen Gesellschaft, der israelischen Werte und letztlich an dem Fruchtbarkeitsimperativ aus dem Alten Testament.

Avantgardistisch: Die »neue Familie« und der Primat der Fortpflanzung

Billy Moscona-Lerman hat ihr Familienglück gefunden: Mit 47 und nach über 20 Jahren konventioneller heterosexueller Ehe zieht die geschiedene Journalistin gemeinsam mit einer anderen Frau und einem Mann die insgesamt sechs Kinder groß, die jeder der drei in diese Partnerschaft der besonderen Art mitbringt. Mit ihren beiden Lebenspartnern verbinden Billy Moscona-Lerman weder romantische Gefühle noch sexuelle Begierden, sondern ausschließlich Liebe, Respekt und Verantwortungsgefühl. Keiner der drei Erwachsenen ist zuständig für die Beschaffung von Nahrung, Wohnung oder Kleidung der beiden anderen. Jeder ist wirtschaftlich vollkommen unabhängig. Trotzdem definieren sich die beiden Frauen, der Mann und die sechs Kinder als Familie. Als avantgardistische Familie. Sie sind die Vorboten einer neuen Zeit, in der sich Familie aus einer materiell, emotional und moralisch unabhängigen Entscheidung heraus konstituiert.

Die weibliche Partnerin von Billy Moscona-Lerman heißt Racheli Bar-Or. Sie ist ausgebildete Sozialarbeiterin und Psychotherapeutin. Zusammen mit ihrem Kollegen Gidi Shavit gründete sie 1994 die Organisation Horut Acheret, deren Namen man mit »Anders-Eltern-Sein« ins Deutsche übersetzen könnte. Anders-Eltern-Sein denkt die Familie neu, löst sie aus ihren geschlechtlich festgelegten Bezügen. Die Organisation befreit den biblischen Imperativ »Seid fruchtbar und vermehret euch!« aus seinem traditionellen sozialen Kontext und eröffnet heterosexuellen, homosexuellen, bisexuellen und transsexuellen Frauen und Männern die Möglichkeit, Gleichgesinnte zum Zwecke der Familiengründung zu finden.

»Wer Vater oder Mutter werden möchte, kann, unabhängig von seiner Sehnsucht und Fähigkeit, in einer festen Paarbeziehung zu leben, sein Recht auf Elternschaft in Anspruch nehmen«, sagt Racheli Bar-Or. In Medienberichten wird sie oft mit dem Satz zitiert, dass ihre Organisation Anders-Eltern-Sein der Ort sei, an dem Aschenputtel ein für allemal zu Grabe getragen worden sei. Das Märchen von Aschenputtel, in dem eines Tages der schöne Prinz kommt und Aschenputtel aus ihrem Unglück befreit, sie heiratet, mit ihr eine Familie gründet und bis zum Ende ihrer Tage glücklich zusammenlebt, dieses Märchen, sagt Bar-Or, halte der Wirklichkeit nicht stand. »Im wirklichen Leben profitieren meistens die Männer von dem Geschäft, das man gemeinhin Familie, nennt«, sagt auch Billy Moscona-Lerman. Jetzt, in ihrer neuen Familie, gibt es eine Gleichwürdigkeit zwischen allen Beteiligten.

Aber Billy Moscona-Lerman ist nicht die typische Klientin von Anders-Eltern-Sein. Die Organisation will vor allem Menschen zusammenbringen, die noch keine Kinder haben. Sie will Menschen helfen, einen Partner zum Zwecke der Fortpflanzung zu finden. Aus der Arbeit von Anders-Eltern-Sein sind schon 200 Kinder hervorgegangen.

Mit seinem Programm trägt Anders-Eltern-Sein das Konzept der israelischen *Mishpachtiut*, des israelischen Familismus, mit, indem es die Frage des »Wie« dem biblischen Vermehrungsimperativ und dem Kinderwunsch unterordnet. Die laufende Erweiterung des medizinisch-technisch Machbaren erweitert auch die Grenzen des faktisch Praktizierten.

In Israel sind Familiengründungen möglich, die nirgendwo sonst auf der Welt in dieser Form erlaubt sind. Zum Beispiel wurde im Sommer 2011 eine Frau zwei Jahre nach ihrem Tod Mutter. Eine Leihmutter trug einen eingefrorenen Embryo aus, der der genetischen Mutter noch zu Lebzeiten entnommen worden ist.

Für Irit Rosenblum war der Tag der Geburt dieses Kindes ein Glückstag, denn sie war es, die den Fall rechtlich durchgekämpft hat.

Irit Rosenblum ist die Gründerin der Organisation Mishpacha Chadasha, »Neue Familie«, die auch eng mit Anders-Eltern-Sein zusammenarbeitet.

Die Organisation Neue Familie hat einen Strauß »neuartiger juristischer Produkte« entwickelt, wie Rosenblum sagt. Zum Beispiel den Lebensgemeinschaftsausweis. Der Ausweis wird überall anerkannt, denn er gilt als eidesstattliche Erklärung. Und jede Institution muss eine eidesstattliche Erklärung anerkennen. In den vergangenen Jahren hat die Organisation Neue Familie schon mehr als 10 000 dieser Karten ausgestellt. Sie wird insbesondere von homosexuellen Paaren in Anspruch genommen. Aber auch von heterosexuellen Paaren, die entweder nicht die formalen Kriterien für eine Eheschließung vor dem orthodoxen Rabbinat erfüllen oder sich der Rabbinatsprozedur gar nicht erst unterwerfen wollen. Nach Schätzungen von Irit Rosenblum genügen 42 Prozent der jüdisch-israelischen Bevölkerung nicht den Kriterien, die das orthodoxe Rabbinat definiert.

Eine wachsende Gruppe in der Kategorie »neue Familie« ist die der alleinstehenden Mutter mit Kind. In der Vergangenheit wurde die staatliche Förderung der künstlichen Befruchtung auf verheiratete Paare beschränkt. Nachdem zahlreiche Israelis gegen diese Auflage Klage eingereicht und Recht bekommen hatten, wurde diese Beschränkung in den späten 1990er Jahren aufgehoben. Inzwischen sind heterosexuelle und lesbische Single-Frauen bei den 14 israelischen Samenbanken als Empfängerinnen von Samenspenden zugelassen. Seitdem ist die Zahl der alleinerziehenden Mütter sprunghaft angestiegen, zwischen 2000 und 2009 um 80 Prozent. Frauen brauchen jetzt keinen Partner mehr, um Zugang zu einer Samenbank, AID (*artificial insemination by a donor*, also künstliche Befruchtung durch Samenspende) oder IVF (In-vitro-Fertilisation) zu bekommen.

Auch lesbische Paare können jetzt Familien gründen. Dabei muss allerdings derjenige Partner, der nicht leibliches Elternteil des Kindes ist, das Kind adoptieren.

Wer heute in Israel ein Kind will, muss zwei Dinge haben, sagt die Dokumentarfilmerin Zipi Brand Frank: »Eine Kreditkarte und einen Internetzugang.« In ihrem Film »Google Baby«, der im Oktober 2011 mit einem *Emmy* ausgezeichnet wurde, zeichnet Zipi Brand Frank den Weg von der Sehnsucht nach einem Kind über die Samenspende in den USA, die Eizellenspende in Lettland bis zur Geburt in Indien nach. »Um ein Kind zu machen, braucht man vier Zutaten«, sagt Frank. »Spermien, eine Eizelle, jemanden, der beides zusammenbringt, und eine Gebärmutter.« Jedes dieser Elemente könne einzeln online gekauft werden. »Und wie in allen anderen Lebensbereichen gilt auch hier: Je mehr Geld wir bereit sind dafür auszugeben, desto besser und vielfältiger ist unsere Auswahl.«

In Israel sind vor allem schwule Paare interessiert an Leihmutterschaft. Die Geburtenrate in schwulen israelischen Familien ist weltweit die höchste. Denn auch für israelische Männer gilt, dass Kinder der Schlüssel zu gesellschaftlicher Akzeptanz sind.

Als uns ein Wasserschaden zusammenführte, streuten meine Nachbarn Alon und Dan, ein schwules Paar, das mir bis dahin vor allem durch seine lebhaften Partyaktivitäten aufgefallen war, beiläufig ein, sie wollten jetzt Kinder. »Wir machen jetzt ein Kind in Indien«, erzählte Dan. »Wenn es fertig ist, fliegen wir hin und holen es ab.«

Bis 1988 war Homosexualität in Israel gesetzlich verboten, und noch in den frühen 1990er Jahren versteckten Schwule und Lesben ihre sexuelle Identität. Es gab nur sehr wenige Orte, an denen sie sich in der Öffentlichkeit frei bewegen konnten. Und dann, erinnert sich Amalia Ziv, wuchs die Community innerhalb weniger Jahre rasant an. Innerhalb eines Jahrzehnts rückten Schwule und Lesben aus der Schmuddelecke in die Mitte der Gesellschaft, wurden sichtbar in den Medien. 1998 trat Dana International mit ihrem Song »Viva la Diva« beim Eurovision Song Contest an und – gewann! Mit einem Mal standen die Transsexuellen, Schwulen und Lesben im Rampenlicht. Diese Sichtbarkeit hat die israelische Gesellschaft schlagartig verändert. Die schwul-lesbisch-transsexuelle Szene wurde von der Mehrheitsgesellschaft umarmt.

Gleichzeitig kämpften vor allem Schwule für ihr Recht, in der Armee Dienst leisten zu dürfen und nicht diskriminiert zu werden. Die Lesben dagegen kämpften für die Anerkennung ihres Rechts auf Kinder, auf eine Familie und Zugang zu den staatlich finanzierten Möglichkeiten der reproduktiven Medizin.

Die Homosexuellen beiderlei Geschlechts führten ihren Kampf um die Anerkennung ihrer Rechte in der Gesellschaft über die für ihr Geschlecht spezifischen Zugänge: für Männer ist das die Armee, für Frauen ist es die Rolle der Mutter. Denn die jüdische Identität wird durch die Mutter weitergegeben und am Leben erhalten. Schließlich ist nach der *Halacha* nur jüdisch, wer eine jüdische Mutter hat, und zugleich ist es Aufgabe der Mutter, der nachfolgenden Generation die jüdischen Traditionen und Werte zu vermitteln.

Nach und nach wurde die rechtliche Diskriminierung gleichgeschlechtlicher Paare in Israel über Präzedenzentscheidungen in Fragen des Erbrechts, des Arbeitsrechts und des Militärdienstes abgeschafft. Der erste Schritt auf dem Weg zur Gleichstellung gleichgeschlechtlicher Paare in Fragen des Elternrechts war die Anerkennung des Rechtes von Ruti und Nicole Berner-Kadish im Jahr 2000 auf die Elternschaft ihres in den USA adoptierten Kindes. Fünf Jahre später gestand der Oberste Gerichtshof einem weiteren lesbischen Paar die gegenseitige Adoption der biologischen Kinder der jeweils anderen zu. Damit hat der Staat die Legitimität gleichgeschlechtlicher Elternschaft anerkannt. Irit Rosenblum, die Gründerin und Vorsitzende der Organisation Neue Familie, führt die Vorreiterrolle Israels bei der Gleichstellung schwuler und lesbischer Elternrechte auf die Familienethik des Judentums zurück. In der Tageszeitung *Jerusalem Post* schrieb sie am 21. Mai 2012 in einer Kolumne: »Der Wert der Ehe und des Kinderkriegens ist tief in der jüdischen Tradition verankert und ein religiöser Grundsatz, der auch von

Schwulen und Lesben hochgehalten wird. Ich fordere diejenigen, die Homosexualität mit religiösen Argumenten bekämpfen, heraus, anzuerkennen, dass viele engagierte homosexuelle Paare das religiöse Konzept der Ehe hochhalten möchten und um Anerkennung ihrer Verbindung durch den Staat und ihre Religion bitten. Ich halte sie an, gleichgeschlechtliche Elternschaft nicht nur als Menschenrecht zu betrachten sondern auch als eine Art, das biblische Gebot zu befolgen ›Seid fruchtbar und mehret Euch!‹« Rosenblum genügt der faktische rechtliche Zugang von homosexuellen Paaren zu Adoption, Samenbank und Leihmutterschaft noch nicht. Sie fordert in ihrem Artikel ein umfassendes Grundrecht, das die Rechte aller vorhandenen und denkbaren Familienmodelle schützt.

Unterdessen gibt es in Israel mehr und mehr schwule und lesbische Eltern, die im Alltag entdecken, dass ihre sexuelle Orientierung nicht mehr im Mittelpunkt des öffentlichen Interesses steht, sobald sie Kinder haben. Sie erleben, dass ihre sexuelle und geschlechtliche Identität ebenso in den Hintergrund tritt wie das bei heterosexuellen Eltern der Fall ist und ihre Identität als Mutter oder Vater ins Zentrum der Wahrnehmung rückt.

In Israel ist der ultimativ Andere nicht der Schwule, die Lesbe oder der Transsexuelle, sondern der ultimativ Andere ist der Araber. Die Geschlechterforscherin Amalia Ziv von der Universität Beerscheva sagt, angesichts dieses ultimativ »Anderen« sei die Andersartigkeit der schwulen und lesbischen Juden in Israel eine, die vom Kollektiv umarmt und aufgesogen werde. Die Geschwindigkeit, mit der die schwul-lesbische Community in Israel nach der Aufhebung des Verbots der Homosexualität 1988 innerhalb von 15 Jahren Teil des gesellschaftlichen Mainstreams geworden ist, bestätigt ihre These.

Amalia Ziv gehörte zu einer Gruppe schwul-lesbischer Menschenrechtsaktivisten, die unter dem Namen »Kvissa schchora« (»Schwarze Wäsche«) begannen, diese Entwicklung öffentlich zu hinterfragen. »Schwarze Wäsche« formierte sich 2002, als die Regierung in Jerusalem beschloss, das israelische Kernland mit einem Schutzwall von den palästinensischen Gebieten abzutrennen. »Schwarze Wäsche« demonstrierte auf den Straßen von Tel Aviv und verteilte Flugblätter, auf denen zu lesen stand:

»Die Unterdrückung von Minderheiten innerhalb Israels ist das Produkt desselben Rassismus, desselben Chauvinismus und desselben Militarismus, der die Unterdrückung und Besatzung der Palästinenser unterhält. Es kann keine echte Freiheit in einer Besatzergesellschaft geben. In einer militaristischen Gesellschaft gibt es keinen Raum für den ›Anderen‹ und den Unterprivilegierten: Lesben, Schwule, Transsexuelle, Arbeitsmigranten, Frauen, orientalische Juden, Araber, Palästinenser, die Armen, die Behinderten und Andere.«

Heute hinterfragt die LGBT-Community in Israel (LGBT steht für *Lesbian, Gay, Bisexual, Transsexual*, also lesbisch, schwul, bisexuell und transsexuell) ihre eigene tatsächliche oder vermeintliche gesellschaftliche Integration unter dem Stichwort »Pinkwashing«. Sie fragt, ob sich die an der Besatzung der Palästinensischen Gebiete beteiligten Akteure der LGBT-Community bedienen, um sich von der strukturellen Gewalt und den in den besetzten Gebieten vielfach begangenen Verbrechen gegen die Menschlichkeit reinzuwaschen und als liberal und demokratisch zu legitimieren.

Diese politische Debatte wird vor allem an den Universitäten des Landes geführt. Im Mai 2012 zum Beispiel versammelten sich Rechts- und Politikwissenschaftler, Geschlechterforscher, Politiker und politische Aktivisten zu einer dreitägigen Konferenz der Abteilungen »Geschlechterstudien« an der Universität Tel Aviv und Beerscheva um einen Runden Tisch und debattierten über »(Homo)Nationalismus, Ethnizität und Pinkwashing«.

Juval Topper bestätigt Amalia Zivs These vom ultimativ »Anderen«. Juval Topper ist 24 und transsexuell. Er hat gerade sein erstes Kind geboren. Jetzt überblendet seine Identität als Vater seine Identität als Transsexueller.

Juval wird seit vier Jahren formal als Mann geführt. Er wuchs als Tochter nationalreligiöser Eltern auf und hat drei Geschwister. Mit 17 Jahren merkte er, dass er als Mann leben will. Drei Jahre später begann er unter ärztlicher Aufsicht Testosteron zu nehmen, sein Körper veränderte sich. »Ich bin nicht von einem Tag zum anderen von der Frau zum Mann geworden«, sagt Juval. »Es war ein langer Prozess.« Heute definiert Juval sich selbst nicht als Mann, sondern beschreibt seine geschlechtliche Identität als transsexuell.

Viele Menschen in Juvals Umfeld reagierten anerkennend auf seine Geschlechtsumwandlung, sagt Juval. Er erklärt sich diese positive Reaktion mit der patriarchalen, chauvinistischen und mysogynen Prägung der israelischen Gesellschaft. »Wenn eine Frau sich zum Mann umoperieren lässt, bekommt sie oft respektvolle Reaktionen, weil sie ihren gesellschaftlichen Status verbessert«, sagt Juval Topper. Juval hat Freundinnen, die den umgekehrten Weg gegangen sind: »Sie wurden als Männer geboren und haben sich in Frauen verwandelt. Sie sehen sich oft mit unverhohlener Verachtung bis hin zu brutaler Gewalt konfrontiert.«

Juval hat einen Stoppelbart. Seine helle Haut wirkt zart. Seine Stimme klingt nach Mann mit einem kleinen Schuss Frau. Juval hat sich von israelischen Ärzten seine Brüste abnehmen lassen. Seine Gebärmutter und seine Vagina hat er behalten. Dennoch haben die israelischen Behörden sein männliches Geschlecht offiziell anerkannt. In Israel gibt es kein Gesetz, das die Kriterien definiert, die Voraussetzung für eine formale Umwandlung der geschlechtlichen Identität sind.

»Ich wusste immer, dass ich Kinder bekommen wollte«, erzählt Juval bei unserem Gespräch am Abend des Unabhängigkeitstages im Mai 2012 in seiner Tel Aviver Wohnung. Er geht seinen ganz eigenen Weg bei der Definition seiner geschlechtlichen Identität. Inzwischen hat er den acht Jahre älteren Matan geheiratet, einen erfolgreichen Unternehmer aus Petah Tikwa, das 15 Kilometer nordöstlich von Tel Aviv gelegen ist. 2011 wurde Juval von Matan schwanger. In seinem Körper wuchs ein kleiner Junge heran. Ende 2011 hat Juval seinen Sohn in einer Tel Aviver Klinik zur Welt gebracht. Er war der erste Mann in Israel, der ein Kind geboren hat. Seine Geschichte hat Schlagzeilen in der israelischen Presse gemacht.

Während unseres Gesprächs versucht Juval, seinen Sohn mit einer Flasche Milch zum Schlafen zu bringen. Ich denke besorgt, dass ein Baby unmöglich bei greller Neonbeleuchtung einschlafen kann. Aber der Kleine lässt sich von der geballten Strahlkraft, die ihm von der Zimmerdecke ins Gesicht leuchtet, nicht aus der Ruhe bringen. Er genießt die warme Milch und Juvals Nähe und schlummert friedlich ein.

Juval sieht in das Gesicht seines schlafenden Kindes und sagt:

»Wir wollen ihn so wenig wie möglich mit geschlechtlichen Rollenklischees belasten. Aber das ist eine große Herausforderung.« Juval und Matan möchten ihrem Sohn einen freien Umgang mit seiner geschlechtlichen Identität ermöglichen. Sie möchten, dass er sich trotz seiner von Geburt an eindeutig definierten geschlechtlichen Identität nicht festgelegt fühlt. »Er soll spielen womit er will, anziehen was er will und lieben wen er will«, sagt Juval.

Auf Juvals Facebook-Seite kann man Tausende Bilder seines Sohnes bewundern. Jeder Entwicklungsschritt im Leben des Kleinen wird dokumentiert und von Juvals und Matans Facebook-Freunden begeistert kommentiert. Mit ihrem Sohn sind auch der transsexuelle Juval und der schwule Matan in der Mitte der israelischen Gesellschaft angekommen. Wenn sie keine entschiedenen Antizionisten wären, könnten sie es sich jetzt dort gemütlich machen. Ihre links-antizionistischen Positionen allerdings sind nicht integrierbar. Hier stößt die Fähigkeit der israelischen Gesellschaft, »Andersartiges« in sich aufzunehmen, an ihre Grenzen. Auch die ungewöhnlichsten Familienmodelle sind, wie das Beispiel von Juval und Matan zeigt, immer noch Familienmodelle. Definitiv jenseits des Mainstreams, auch jedes Seitenarms des Mainstreams befinden sich in Israel diejenigen, die sich gegen eine Familie entscheiden. Diejenigen, die keine Kinder haben wollen.

Andere Lebenskonzepte außer den konformistischen und den avantgardistischen Familienmodellen gibt es im israelischen Mainstream nicht. Frauen, die keine Kinder bekommen wollen, kommen im gesellschaftlichen Diskurs nicht vor. Die Soziologin und Anthropologin Orna Donath von der Universität Tel Aviv hat die Gruppe der freiwillig Kinderlosen erforscht und 2011 ein Buch zum Thema publiziert. Frauen und Männer, die sich gegen Kinder entscheiden, werden geradezu pathologisiert, sagt sie. Von den meisten werde angenommen, dass sie ihre Entscheidung irgendwann revidieren werden und doch noch Kinder werden bekommen wollen. Bemerkenswert sei, dass auch die Frauen und Männer, die keine Kinder bekommen möchten, sich nicht sterilisieren lassen wollen. »Sie verhüten mit Spirale, Pille und Kondom, aber sie wollen nichts tun, was irreversibel ist«, sagt Donath. »Sie wollen sich immer noch alle Türen offen halten.«

In der Generation der Überlebenden der Schoa gab es viele, die sich dagegen entschieden, eine Familie zu gründen. Vor dem Hintergrund ihrer eigenen traumatischen Erlebnisse wollten sie keine Kinder in eine Welt bringen, in deren schwärzeste Abgründe sie selbst gesehen hatten und vor denen sie ihre Kinder nicht würden schützen können. Heute aber gilt es als nicht nachvollziehbar, wenn eine geistig, seelisch und körperlich gesunde Frau sich dafür entscheidet, keine Kinder zu bekommen. Junge jüdische Israelis, die sich dem reproduktiven Erwartungsdruck ihrer Familien entziehen wollen, wandern aus. In Berlin zum Beispiel leben inzwischen rund 15 000 Israelis. Die meisten von ihnen sind zwischen 20 und 40. Viele begründen ihre Auswanderung aus Israel damit, dass sie noch keine oder überhaupt keine Kinder bekommen wollen.

Orna Donath beschreibt den Reproduktionsdruck der israelischen Gesellschaft als »ungeheuer groß«. Das Kollektiv zwinge die Einzelnen geradezu, sich für die Elternschaft zu entscheiden: »Die Gesellschaft in Israel sieht nicht, was sie tut«, kritisiert die Wissenschaftlerin. Dabei spiele die pronatalistische Politik des Staates eine untergeordnete Rolle: Niemand entscheide sich dafür, Kinder zu bekommen, um Soldaten für die israelische Armee zu gebären oder im demografischen Wettlauf mit den Palästinensern nicht zu unterliegen, meint Donath. Auch sie verweist vielmehr auf die kollektiv internalisierten und tief im Judentum verankerten Familienwerte. Die Gesellschaft als Ganzes sorge dafür, dass diese Werte auch gelebt würden: »Die Gesellschaft schubst Menschen auf diesen Lebensweg und lässt sie dann damit allein. Und wer Schwierigkeiten hat, eine Mutter oder ein Vater zu sein, wird für schuldig erklärt. Die israelische Gesellschaft haftet nicht dafür, dass sie Menschen dazu bringt, Familien zu gründen, sondern verurteilt diejenigen, die scheitern. Das macht mich wütend.« Diese Feststellung hat Donath zu ihrem nächsten Forschungsprojekt geführt: Sie hat 23 Frauen befragt, die es bereuen, Kinder bekommen zu haben. Ihre wissenschaftliche Auswertung dieser Gespräche ist als Dissertation am Fachbereich Soziologie der Universität Tel Aviv angenommen worden. Inzwischen hat sie mehrere Aufsätze zum Thema publiziert und damit in Israel heftige Debatten ausgelöst. Im März 2015 schwappte die israelische Debatte dann sogar nach Deutschland über.

Das »Wir«-Gefühl

Israelis sind sich ihrer nationalen Identität sehr bewusst. Die Mehrheit der Israelis betrachtet die israelische Staatsangehörigkeit als eine Errungenschaft, die jeden Tag aufs Neue gegen große Widerstände verteidigt werden muss. Israeli zu sein ist kein beiläufiges, sondern ein sehr dominantes Attribut. Sobald Israelis ihr Land verlassen, müssen sie erklären woher sie kommen, Auskunft über ihre Familiengeschichte geben, die Politik ihrer Regierung gegenüber den Palästinensern kommentieren und ein Gesamtkonzept zur Lösung des Nahost-Konfliktes parat haben. Vor allem aber müssen sie sich all das anhören, was andere über Israel denken. Und da kommt einiges zusammen, denn außerhalb Israels denkt jeder irgendetwas über Israel.

Aber auch innerhalb Israels ist das Israeli-Sein eine aktive Angelegenheit. In Kindergärten, Schulen und Universitäten, Unternehmen, Banken und öffentlichen Einrichtungen wird die israelische Identität ständig thematisiert.

Israelis müssen sich in Arztpraxen, an Tankstellen und Konzertkassen permanent mit der Nummer ihres Ausweises identifizieren. Sie wird noch vor dem Vor- und Nachnamen abgefragt. Vermutlich könnte jeder Israeli seine neunstellige *Te'udat Zehut*-Nummer sogar dann aufsagen, wenn er des Nachts aus tiefstem Schlaf geweckt würde.

»Israelim anachnu«, »Israelis sind wir«, überschrieb der promovierte Philosoph und Berufspolitiker Doron Avital im Oktober 2010 einen Appell in der liberalen Tageszeitung *Haaretz*. Er forderte darin, an der ungeteilten Loyalität gegenüber dem Staat Israel festzuhalten. Dank der Existenz des Staates Israel müsse nicht mehr priorisiert werden zwischen der jüdischen und der israelischen Identität. Der Vordenker des Staates Israel, der österreich-ungarische Schriftsteller und Publizist Theodor

Herzl, habe im ausgehenden 19. Jahrhundert verstanden, dass die Juden einen eigenen Nationalstaat bräuchten, um den Keil loszuwerden, der in der Diaspora eine Distanz zwischen der jüdischen und der nationalen Identität schaffe, schrieb Avital.

Die israelische Identität bildet sich in Abgrenzung zu anderen nationalen Identitäten heraus. Zum Beispiel all jenen, welche die *Olim chadaschim*, die Neueinwanderer, hinter sich ließen. Auch die Kinder und Kindeskinder der Neueinwanderer haben noch einen Begriff von der Herkunft ihrer Eltern, Großeltern und Urgroßeltern. Für sie verbindet sich aber mit ihrer Herkunft keine nationale Zugehörigkeit, sondern höchstens ein kulturelles Gedächtnis. Sie wissen, dass ihre Wurzeln in der neuen israelischen Identität aufgehen. Mit der israelischen Identität ist ein großes »Wir« verbunden. Dieses »Wir« ist zugleich Ziel und Ergebnis eines täglich neuen Plebiszits, wie es Ernest Renan, der französische Theoretiker des Nationalismus und Autor einer *Histoire du peuple d'Israël*, einer *Geschichte des Volkes Israel*, 1882 formuliert hat. Nach Renan ist es der Wille der Einzelnen, dem Ganzen anzugehören, der den Grund für die Existenz einer Nation legt.

Israel ist ein nationaler Zusammenschluss, der von seinen Bürgern erwartet, dass sie ihn überall und jederzeit zu verteidigen bereit sind. Physisch und geistig.

Eine radikale Form des kollektiven »Wir« haben die Kibbuzim zu entwickeln versucht. In einem einzigartigen gesellschaftlichen Modellversuch organisierten sie sich als landwirtschaftliche Produktionsgenossenschaften und wollten die Gesetze der Marktwirtschaft aushebeln und die traditionellen Formen des menschlichen Zusammenlebens überwinden: Es gab keinen Privatbesitz, wenig Raum für Individualität und kaum privates Leben im Kreis der Familie. Die Familie wurde als archaisches System betrachtet und sollte durch eine sozialistische Interpretation menschlicher Beziehungen ersetzt werden. Im Kibbuz sollte ein neuer Typ Mensch herangezogen werden: Anders als die Kinder in der Stadt, die als schwach, exzentrisch, verwöhnt und verzärtelt galten, sollten die Kibbuz-Kinder körperlich und emotional stark sein, ungekünstelt und gleichartig. Die Kinder bekamen kein fertiges Spielzeug in die Hände, sondern spielten in der Natur und mit ausrangierten Alltagsgegenständen.

Orientierung gaben die Schriften des Wiener Psychoanaly-
tikers Siegfried Bernfeld, der nach Ende des Ersten Weltkriegs
in seinem Kinderheim Baumgarten 300 jüdische Waisenkinder
aus Galizien nach reformpädagogischen und psychoanalyti-
schen Erkenntnissen erzog. Die Kinder sollten zu Handwerkern
und Bauern ausgebildet werden und später nach Palästina aus-
wandern. Bernfeld ging es insbesondere um die Bildung der
Triebe und Affekte der Kinder. Er setzte auf die Sozialisierung
in einer sich selbst steuernden Gruppe Gleichaltriger.

Bernfelds reformpädagogische Ansätze wurden in den Kibbuzim in Palästina und dem späteren Israel aufgegriffen und
weiterentwickelt. Eltern übergaben ihre Kinder schon sechs Monate nach der Geburt Erziehern, die gemeinsam mit den Kindern im Kinderhaus des Kibbuz wohnten.

Avraham Balaban ist Professor für hebräische Literatur an
der Universität von Florida. Er wuchs in einem solchen Kinderhaus auf. Im Katalog der von Tali Tamir kuratierten Ausstellung
»Linah meshutefet«, »Gemeinschaftsunterkunft. Die Gruppe
und der Kibbuz im israelischen Bewusstsein«, die das Tel Aviver
Kunstmuseum im Jahr 2005 zeigte, beschreibt er unter der
Überschrift »In einer Reihe aufwachsen« eindringlich den emo-
tionalen und physischen Ort des Kindes im Kibbuz: »Eine
Reihe von Handtüchern neben der Tür zur Dusche – angeord-
net vom Ältesten bis zum Jüngsten – dank derer wir die exakte
Rangfolge unseres Alters kannten. Und die Reihe von Zimmern
im Kinderhaus, die Reihe von Betten entlang der nackten Wände,
die Reihe von Tischen im Essraum, gegenüber der Schlafräume.
(…) Ja, (…) das ursprüngliche Bild ist die Reihe und dann das
Wissen, dass ich Teil dieser Reihe bin und meinen Platz in dieser
Reihe genau kenne, den Platz meines Handtuchhakens in der
Reihe von Handtüchern, das Gefühl, in Sicherheit zu sein, denn
nur hier kennen sie mich und nur hier ist mir ein Platz sicher. Es
fühlt sich sicher an und bedrückend, denn du bist Teil dieser
Reihe und was auch immer geschieht, die Reihe ist Teil von dir.
In einer Reihe zu sein bedeutete, nicht ein Kind zu sein, nicht
einzigartig und besonders, mit Wünschen und einem Recht zu
lieben ausgestattet, sondern ein Kibbuz-Kind, ein zwei-, zehn-
oder fünfzehnjähriger Sozialist. Wir wussten nicht, dass wir Teil
eines großen Menschenexperiments waren, das niemals erfolg-

reich sein konnte, und das perfekte Beispiel, das ständig irgendwo in der Luft über uns schwebte, verschärfte die Frustration und die Entbehrung.«

Auch Lilach Steg, von deren orthodoxer Eheschließung und Fruchtbarkeitsbehandlung im vorhergehenden Kapitel bereits die Rede war, ist in einem Kinderhaus großgezogen worden, im Kibbuz Palmachim, 30 Kilometer südlich von Tel Aviv. Sie studierte Psychologie und arbeitet jetzt als Life-Coach mit Menschen, die eine Fruchtbarkeitsbehandlung durchleben.

Als kleines Mädchen ging Lilach Steg nachmittags zwischen vier und acht ihre Eltern Adina und David besuchen. Zum Schlafen brachten die Eltern Lilach dann wieder ins Kinderhaus. Ihre Mutter kochte nicht für sie und ihre beiden Geschwister, sie wusch nicht ihre Wäsche und sang ihnen auch keine Schlaflieder. Nachts schliefen Lilach, Meital und Ronen in Schlafsälen und wurden von Nachtwächtern betreut, die nur über eine Gegensprechanlage zu erreichen waren. Die Kinder konnten die Wächter über Gegensprechanlagen um Hilfe bitten, wenn sie etwas brauchten.

Auch der Psychologie-Professor und Romanautor Noam Shpancer war ein Kind des Kibbuz. Über seine Kindheit und Jugend im Kibbuz Nachshon hat er öffentlich viel gesprochen und geschrieben. Noam Shpancer berichtet von einem Freund, der jede Nacht aufwachte, aus dem Fenster des Schlafsaals kletterte und heimlich zum Haus seiner Eltern lief. Er klopfte an ihre Tür und flehte sie an, ihn hereinzulassen. Ohne Erfolg. Seine Eltern haben ihn jedes Mal ins Kinderhaus zurückgebracht. Als der Junge immer häufiger nachts zu seinen Eltern lief, entschied der Kibbuz, seine Eltern in ein Haus umzuquartieren, das weiter vom Kinderhaus entfernt lag. Der Junge gab auf.

Die Kibbuz-Bewegung entstand am Anfang des 20. Jahrhunderts aus einer Mischung sozialistischer und zionistischer Ideologien. Zwar waren es nie mehr als vier Prozent der jüdischen Bevölkerung, die sich zwischen 1909 und 2012 einer der drei nationalen Kibbuz-Bewegungen anschlossen, aber der Versuch der Kibbuzim, ein alternatives Gesellschaftsmodell zu entwickeln, hat die israelische Gesellschaft wirtschaftlich, politisch und kulturell nachhaltig geprägt.

Der Kibbuznik, das Mitglied eines Kibbuz, gilt bis heute in

Israel als Verkörperung eines moralischen Ideals, als Prototyp eines idealistischen Menschen.

Die Kibbuzim versuchten, die Vision von einem Leben im Kollektiv ganzheitlich umzusetzen und die natürliche Gravitation des menschlichen Lebens um den Schwerpunkt Familie zugunsten der Gemeinschaft außer Kraft zu setzen.

Im Jahr 2012 gab es immer noch 268 Kibbuzim in Israel, aber nur noch wenige unter ihnen sind nach sozialistischen Prinzipien organisiert. Die Kinderhäuser wurden in allen Kibbuzim abgeschafft. Aber viele Erziehungsprinzipien der Kibbuzim werden bis heute in israelischen Kindergärten und Schulen angewandt. Pädagogische Hochschulen bieten neben Montessori-Pädagogik, anthroposophischer und demokratischer Pädagogik auch immer die Kibbuz-Pädagogik als Studienrichtung an.

Das »Wir«-Gefühl, das die israelische Gesellschaft trotz der enormen Fliehkräfte zusammenhält, die zwischen *Charedim* und säkularen, orientalischen, europäischen und afrikanischen Juden wirken, wird in Kindergärten und Schulen aktiv geformt. Dieses »Wir« festigt sich, wenn bei den religiösen und nationalen Festen innerhalb der Familien, im Freundeskreis und im öffentlichen Raum Traditionen und Rituale gepflegt werden. Vollzogen wird das »Wir« dann schließlich in der Armee.

Narrativ vom Kollektiv: Von Pessach bis zum Unabhängigkeitstag

Das jüdisch-israelische Kollektiv lebt, indem es die jüdische Tradition praktiziert und sie damit von Generation zu Generation weitergibt. Gemeinsame Rituale und Mythen konstituieren das Kollektiv und bilden es zugleich ab.

Die synchrone Praxis religiös und kulturell tradierter Rituale und die Weitergabe religiöser, zionistischer und nationaler Mythen begründen das Kollektiv immer wieder neu und festigen es zugleich. Die Geschichte des biblischen Volkes Israel, die Geschichte der zionistischen Aneignung Palästinas seit dem ausgehenden 19. Jahrhundert, der Holocaust und die Geschichte des Staates Israel stiften die israelische Identität. Aus diesen Quellen speist sich die Identität der Israelis als Kollektiv in der Gegenwart. Das Kollektiv lebt, indem es sich seiner selbst immer aufs Neue vergewissert. Diese kollektive Selbstvergewisserung vollzieht sich in vielfältiger Weise: zum Beispiel in der morgendlichen Radiosendung »Seder Jom«, »Tagesordnung«, der politischen Journalistin Keren Neubach im staatlichen Rundfunksender *Reschet Bet* oder donnerstagabends in der Satiresendung »Mazav ha Uma«, »Lage der Nation«, im privaten Fernsehkanal *Arutz Schtaim* (Kanal Zwei). An den religiösen und nationalen Feiertagen aber vergewissert sich das israelische Kollektiv seiner selbst in ritualisierter und besonders intensiver Weise.

Der Reigen der Fest- und Gedenktage von Pessach bis hin zum Unabhängigkeitstag macht das israelische Narrativ vom Kollektiv in vielen seiner Facetten sichtbar und erfahrbar. Hier lässt sich besonders gut nachvollziehen, welche Mythen das jüdische Kollektiv in Israel nähren. Dabei ist der Begriff des Mythos nicht wertend gemeint. Mit Mythen meine ich Erzählungen, die das Welt- und Selbstverständnis der jüdischen Israelis zum Ausdruck bringen.

Innerhalb von vier Wochen werden jedes Jahr im Frühling das biblische Pessach-Fest, der Holocaust-Gedenktag *(Jom Haschoa)*, der Gedenktag zu Ehren der gefallenen Soldaten *(Jom Hazikaron)*, und der Unabhängigkeitstag *(Jom Haatzmaut)* gefeiert. Ich habe während meiner fünf Jahre in Israel verstanden, dass es einen inneren Zusammenhang zwischen diesen vier Fest- und Gedenktagen gibt, dass sie gewissermaßen die Staatsraison Israels bündeln.

Da ist zunächst das Pessach-Fest. Nach dem jüdischen Kalender, der immer neu nach dem Mond berechnet wird, beginnt es am Abend des 14. Nissan mit dem Seder-Mahl, dem rituellen Festmahl. Nissan ist der siebte Monat im jüdischen Jahreskreis. In den Festkalendern des Alten Testaments wird er als Frühlingsmonat bezeichnet.

In der letzten Woche vor Pessach steigt im ganzen Land die Fieberkurve. Wohnungen und Häuser werden gründlich geputzt, damit sie koscher für Pessach sind. Das heißt, sie werden von *chametz* befreit. *Chametz*, das ist alles, was aus einem Gemisch aus Wasser und Getreide hergestellt wurde und genügend Zeit hatte zu fermentieren. Also Brot, Nudeln, Bier und alle anderen auf Gärung basierenden Lebensmittel und Getränke. Nach der *Halacha*, dem jüdischen Religionsgesetz, muss alles Gesäuerte aus dem Haus entfernt werden. Denn Pessach ist das Fest der »ungesäuerten Brote«. Zumindest ist das der Name, der in der Thora, den fünf Büchern Mose, verwendet wird. In Erinnerung an den eiligen Aufbruch der Israeliten aus Ägypten, bei dem die Zeit nicht einmal reichte, um den Brotteig durchsäuern zu lassen, wird während der sieben Festtage nichts Gesäuertes gegessen. Stattdessen gibt es nur ungesäuerte Matzen, hauchdünne, sehr trockene, große und quadratische Brotscheiben, deren Äußeres und Textur eine gewisse Ähnlichkeit mit Knäckebrot hat. Der Geschmack von Matzen aber ist unverwechselbar und ihr Nährwert in etwa dreimal so hoch wie der von Knäckebrot.

Alle bereiten sich auf das große Fest vor, gehen zum Friseur, kaufen Geschenke für ihre Kinder und Verwandten, denken über die Dekoration der Festtafel für den Seder-Abend nach und überlegen sich eine Menüfolge für das Festessen. Die Zeitschriften und Zeitungen sind in den 14 Tagen vor Pessach voll mit Kaufempfehlungen für Kerzenleuchter, Tischdecken und Geschirr. Chefköche wie Chaim Cohen oder Yaniv Gur Arie empfehlen Kochrezepte für den Seder-Abend wie »Matzen-Zigarren mit gehackter Leber und Meerrettich« oder »Gebackene Artischockenböden mit Fischtatar und Arganöl«.

Neben der Bezeichnung »Fest der ungesäuerten Brote« hat das Pessach-Fest noch drei weitere Namen: Es ist das »Frühlingsfest«, denn es findet im Frühjahr statt. Die Natur fängt an zu blühen und bringt die ersten Feldfrüchte hervor. Deshalb können Gott zu Pessach erste Früchte als Opfer dargebracht werden.

Es heißt aber auch »Fest der Freiheit«, denn an diesem Tag wurde das Volk Israel nach der biblischen Erzählung im Zweiten Buch Mose aus der Knechtschaft beim ägyptischen Pharao erlöst.

Schließlich heißt es umgangssprachlich »Pessach-Fest« nach dem besonderen Opfer, das jede Familie im Volk Israel am 14. des jüdischen Monats *Nissan* brachte, weil Gott die Israeliten in der ägyptischen Gefangenschaft verschonte, als er den Pharao und sein Volk mit der Plage des Todes der Erstgeborenen überzog. In ganz Ägypten gab es kein einziges Haus, in dem nicht der Tod eines Erstgeborenen beklagt wurde. An den Häusern der Israeliten aber ging der Todesengel vorüber, heißt es im Zweiten Buch Mose. Das hebräische Wort Pessach bedeutet vorübergehen, wegschreiten, überschreiten.

Das Pessach-Fest wird in Israel bei streng religiösen *Charedim*, Gottesfürchtigen also, Nationalreligiösen und Säkularen gleichermaßen als Pessach-Fest bezeichnet. Gegenstand der Lesungen aus der *Pessach-Haggada*, der Pessach-Erzählung, beim rituellen Seder-Mahl in den Familien ist aber nicht die Rettung der Erstgeborenen, sondern die Befreiung des Volkes Israel aus der ägyptischen Knechtschaft. Der Auszug aus Ägypten ist der Gründungsmythos des jüdischen Volkes. In der *Pessach-Haggada* wird er reich ausgeschmückt.

Zentrum der Erzählung ist das neu entstandene »Wir«. Gott befreit das Volk Israel als Ganzes aus der Knechtschaft, unterscheidet es von den Ägyptern, den »Anderen«. Als neues »Wir« zieht das Volk Israel »nach Stämmen geordnet« aus Ägypten aus. Mit jeder Lesung aus der *Pessach-Haggada* wird dieses »Wir« bekräftigt. Hier wird die Identität des Volkes Israel jedes Jahr aufs Neue gestiftet. Beim rituellen Seder-Mahl in der Familie reflektieren sich Juden überall auf der Welt als »Volk«.

In Israel ist diese Selbstreflexion angereichert durch die gegenwärtige Selbsterfahrung als »Nation«, als »Kollektiv« einer gesellschaftlichen Mehrheit. Diese Erfahrung ist für Juden einzigartig, denn nur in Israel erleben sie sich als Mehrheit. In allen anderen Ländern der Welt sind sie in der Minderheit, erfahren sie sich als mehr oder weniger gut integrierten Teil einer andersartigen Mehrheitsgesellschaft. Und die Identitäten jüdischer Minderheiten in christlichen Mehrheitsgesellschaften zum Beispiel sind brüchig, die Existenzen prekär.

Wenn in jüdischen Familien in Israel also am Seder-Abend aus der *Pessach-Haggada* gelesen wird, dann kommen Geschichte und Gegenwart für viele zur Deckung. Die Erzählung der *Haggada* legt die historische Kontinuität zwischen der Zeit um 1300 vor Christus und der Gegenwart nahe. Der Auszug aus Ägypten zieht die Durchquerung der Wüste nach sich, 40 Jahre dauert sie. Während der Wanderung durch die Wüste schließt Gott einen Bund mit dem Volk Israel und gibt ihm seine Gebote. Er ruft das Volk Israel auf, auf sein Handeln zu antworten und alles menschliche Tun an seinen Geboten auszurichten.

Die Gebote sind neben der Gründung des Volkes das zweite zentrale Thema jedes Seder-Abends. Eine wichtige Stelle in der *Pessach-Haggada* ist die Allegorie der vier Söhne, die auch im zweiten und fünften Buch Mose zu finden ist. Die vier Söhne werden nach vier Typen unterschieden: Es gibt den Klugen *(chacham)*, den Bösen *(rasham)*, den Naiven *(tam)* und den, der noch nicht weiß, wie er fragen soll *(ejno jodea lishol)*. Jeder fragt nach seinen Fähigkeiten und will wissen, wozu die Gebote und Verhaltensregeln Gottes eigentlich gut sind. Thora und *Haggada* definieren die Gebote Gottes als Zeichen der Befreiung aus der Knechtschaft. Denn indem sie sich Gottes Gesetz unterwarfen, konnten sie sich von den Gesetzen des Pharaos befreien.

Der vierte und letzte Sohn weiß nicht, wie er fragen soll. Die Thora antwortet auf diese nicht ausformulierte Frage nach den göttlichen Geboten mit dem Zitat des Gebotes, nach dem man über Pessach erzählen soll. Das Erzählen über Pessach selbst ist also ein göttliches Gebot. Im Zweiten Buch Mose heißt es in Kapitel 13, Vers 8: »Du sollst deinen Kindern erzählen an demselben Tage: Solches halten wir um des willen, was uns der Herr getan hat, da wir aus Ägypten zogen.«

Die Methode des Erzählens ist integrativ. Sie nimmt alle Anwesenden in die Gemeinschaft hinein, schließt niemanden aus. Sie lädt ein zum Zuhören und Weitererzählen. Inhaltlicher Streit und intellektueller Disput sind nicht Teil des Seder-Abends. Jeder, der Kluge, der Naive, der, der noch nicht zu fragen weiß, und sogar der Böse sind mit hineingenommen in die Gemeinschaft. Sie sind Teil des »Wir«. Und indem sie am Seder-Mahl teilnehmen, tragen sie dazu bei, dass die Gemeinschaft lebt und die Geschichte von der Befreiung des Volkes Israel aus Ägypten, die Geschichte von der einzigartigen Beziehung zwischen Gott und seinem Volk, weitergegeben wird.

Im *Maggid*, dem Teil der *Haggada*, in dem die Pessach-Geschichte nacherzählt wird, kommt außerdem auch das dritte zentrale Thema des Pessach-Festes zur Sprache: die Bedrohung der Israeliten von außen. Dort heißt es: »Und dies ist es, was unseren Vätern und uns beigestanden ist, denn nicht einer allein ist aufgestanden, um uns zu vernichten, sondern in jeder Generation steht man gegen uns auf, um uns zu vernichten. Doch der Heilige, gesegnet ist Er, rettet uns aus ihrer Hand.«

Die Verfolgung des Volkes Israel, seine Identität als Opfer des Vernichtungswillens anderer Völker und seine Errettung durch Gott sind in der *Pessach-Haggada* gewissermaßen als historische Endlosschleife festgeschrieben: »In jeder Generation steht man gegen uns auf, um uns zu vernichten.« Diese Verortung des von Gott erwählten jüdischen Volkes in der Welt und die historische Erfahrung von Verfolgung und Unterdrückung bis hin zur Schoa bestimmt die Deutung geopolitischer Zusammenhänge in Israel bis zum heutigen Tag.

Vor diesem Hintergrund interpretieren konservative Politiker wie Benjamin Netanjahu oder radikale Religiöse wie der im Oktober 2013 verstorbene geistliche Führer der Schas-Partei, Rabbiner Ovadia Yosef, die iranische Atompolitik oder auch die Politik von Hizbollah und Hamas. Diese von außen, von Fremden ausgehenden Impulse werden als Bedrohung der Existenz Israels wahrgenommen. In Anlehnung an die entsprechende Passage der *Pessach-Haggada* sagte Ovadia Yosef im August 2012: »Wenn wir Gott bitten, unseren Feinden den Garaus zu machen, sollten wir an Iran denken, an diese Bösen, die Israel bedrohen. Möge der Herr sie zerstören.«

Die *Jeziat Mizraim*, der Auszug aus Ägypten, wird inzwischen auch schon als feststehender Terminus technicus der popularpsychologischen Selbstanalyse verwendet. Und zwar im Sinne von »Befreiung«. Einer Befreiung von Abhängigkeiten von Dingen oder anderen Menschen: »Ich habe vor einem Monat aufgehört zu rauchen«, erzählte einmal ein ungefähr 45-jähriger Mann, der im Minibus hinter mir saß, seinem Nebenmann. »Für mich war das meine *Jeziat Mizraim*.« Gott kommt in seinem Bericht über die Befreiung von der Sucht allerdings nicht vor. Diese *Jetziat Mizraim* hat der Raucher selbst bewirkt.

Die Säkularisierung des Mythos von der Befreiung aus Ägypten ist in Israel weit verbreitet. Gott ist nicht mehr unbedingt nötig, um die Befreiung herbeizuführen.

Nachdem das israelische Kollektiv sich an den Pessach-Feiertagen auf seine Geburtsstunde besonnen hat, begeht es eine Woche später den *Jom Haschoa*, den Holocaust-Gedenktag. Der *Jom Haschoa* ist kein religiöser Feiertag, sondern ein nationaler Gedenktag. Offiziell heißt er *Jom Hazikaron Laschoa ve Lagvura*, »Tag des Gedenkens an Schoa und Heldentum«. Nach langen Auseinandersetzungen zwischen Säkularen und Orthodoxen setzte das Parlament, die Knesset, in der Regierungszeit David Ben Gurions, des ersten Ministerpräsident Israels, 1952 den 27. Nissan als Gedenktag fest. Nach dem gregorianischen Kalender fällt der Holocaust-Gedenktag nicht jedes Jahr auf dasselbe Datum, da der jüdische Kalender immer neu nach dem Mond berechnet wird. Aber auch nach dem jüdischen Kalender wird er nicht immer am 27. Nissan begangen. Dann nämlich, wenn der 27. Nissan auf einen Freitag oder Schabbat fällt, wird er auf den Donnerstag vorgezogen. Wenn er auf einen Sonntag fällt, wird er auf den Montag verschoben.

Die *Charedim*, die Gottesfürchtigen, vollziehen den *Jom Haschoa* am 27. Nissan nicht mit, denn nach dem jüdischen Religionsgesetz, der Halacha, sind Trauertage im Monat Nissan verboten. Sie gedenken der Opfer des Holocaust am *Tisha beAv*, dem neunten Tag des Sommermonats Av, an dem an die Zerstörung des ersten und zweiten Tempels erinnert wird, oder am 10. Tevet, einem Fastentag, der nach dem gregorianischen Kalender für gewöhnlich in den Dezember fällt.

Nachdem der *Jom Haschoa* in den ersten Jahren nach seiner Einführung nicht genügend beachtet wurde, bestimmte die Knesset 1959, dass am Holocaust-Gedenktag im ganzen Land um zehn Uhr vormittags für zwei Minuten geschwiegen werden sollte. Während dieser zwei Minuten solle jede Arbeit und aller Straßenverkehr ruhen. »Schnurlose Programme (Radioprogramme) sollen den besonderen Charakter dieses Tages zum Ausdruck bringen«, heißt es in dem Gesetz.

Der Holocaust-Gedenktag beginnt am Vorabend mit einem Staatsakt in der Gedenkstätte Yad Vashem auf dem Jerusalemer Herzl-Berg, der live auf allen Fernsehkanälen übertragen wird, privaten und öffentlich-rechtlichen.

Der Staatsakt folgt einer ritualisierten Dramaturgie. In Gegenwart der sephardischen und aschkenasischen Oberrabbiner David Lau und Jitzchak Josef und des Generalstabschefs der Israelischen Streitkräfte, führender Politiker und Überlebender des Holocaust und ihrer Angehörigen halten Staatspräsident und Ministerpräsident eine Rede. Bei der Zeremonie am Abend des 15. April 2015 erinnerte Staatspräsident Reuven Rivlin an die ersten Überlebenden, die in Jerusalem ankamen. Er ging damals in die erste Schulklasse: »Wir sahen zum ersten Mal die eintätowierte Nummer auf ihren Armen. Zuerst dachten wir, sie seien verrückt. Langsam erkannten wir, dass die Welt verrückt geworden war.« Rivlin sagte den Überlebenden zu, seine Generation und auch die nachfolgenden würden die Erinnerung an die Schoa zu ihrer eigenen machen: »Heute, 70 Jahre nach der Befreiung der Todeslager, stehen wir vor euch und schwören einen Eid und versprechen: ›Wir alle, jeder von uns, haben eine Nummer in unserem Arm eintätowiert.‹« Mit dieser Zusage versuchte Rivlin die Angst der Überlebenden zu entkräften, die Schoa werde in Vergessenheit geraten, wenn sie selbst nicht mehr am Leben seien, um Zeugnis abzulegen. Zugleich versuchte Rivlin einer zu engen Verschränkung von Schoa und Staatsgründung entgegenzutreten: »Doch gleichzeitig und mit demselben Atemzug erinnern wir uns: Wir kamen aus Auschwitz, nicht wegen Auschwitz«, betonte Rivlin. »Manche denken fälschlicherweise, dass der Staat Israel eine Art Entschädigung für den Holocaust sei. Es gibt keinen größeren Irrtum.«

Rivlins Vorgänger im Amt, Schimon Peres, erinnerte in seiner Rede zum *Jom Haschoa* 2012 zunächst an die Ermordung der Juden in seinem Geburtsort Wiszniew im damaligen Polen durch die SS. Heute heißt Wiszniew Vishnyeva und liegt in Weißrussland. Peres schilderte, wie die SS am 30. August 1942 die Juden von Wisniew in die Synagoge trieb: »Die Deutschen schossen jeden nieder, der sich zu retten versuchte. Der Rest erreichte die Synagoge, die aus Holz gebaut war. Ihre Türen wurden verschlossen. Alle sind an lebendigem Leib verbrannt. Das war auch der letzte Tag des Rabbi Zvi Meltzer. Er war mein Großvater und Mentor. Er verbrannte im Feuer. Er hatte seinen Gebetsschal über den Kopf gezogen. Das war der letzte jüdische Tag in Wisznjew. Nicht ein einziger Jude überlebte.« Schimon Peres selbst war acht Jahre vor diesem Tag als Zehnjähriger gemeinsam mit seiner Mutter Sara und seinem jüngeren Bruder Gershon aus Wisznjew weggegangen. Die Familie folgte dem Vater Jitzchak nach Palästina, der schon 1932 nach Tel Aviv ausgewandert war.

Peres schloss seinen Bericht über die Ermordung der Juden von Wiszniew durch SS-Männer mit einem Appell: »Wir müssen aus dem Holocaust lernen.« Diesen Anspruch verknüpfte er im nächsten Atemzug mit der aktuellen politischen Lage Israels: »Wir müssen existenziellen Gefahren die Stirn bieten, bevor es zu spät ist. Der Iran ist der Kern dieser Gefahr. Es ist das Zentrum des Terrors und bedroht den Frieden in der Welt.« Deshalb dürfe Israel nicht daran gehindert werden, sich dieser Gefahr zu stellen, meinte Peres.

Auch Ministerpräsident Netanjahu hat in seinen Reden zum *Jom Haschoa* mehrere Jahre in Folge das Gedenken an die Opfer der Schoa mit der gegenwärtigen Bedrohung Israels durch den Iran verknüpft. Während der Gedenkzeremonie im Jahr 2015 verglich er den Umgang der internationalen Staatengemeinschaft mit dem Iran mit den vergeblichen Versuchen des Westens vor Beginn des Zweiten Weltkriegs, das nationalsozialistische Deutschland zu zähmen. Er nahm Bezug auf die Verhandlungen der UN-Vetomächte und Deutschlands mit dem Iran über ein Rahmenabkommen zum iranischen Atomprogramm und warf ihnen »Blindheit« vor: »So wie die Nazis die Zivilisation zu vernichten suchten und einer ›Herrenrasse‹ die Herrschaft über die ganze Welt verschaffen wollten, während sie das jüdische Volk auslöschten, so will der Iran die Region kontrollieren, sich ausdehnen und den jüdischen Staat zerstören.«

Auch in den drei Jahren zuvor hat Netanjahu in seinen Ansprachen zum *Jom Haschoa* eine Verbindung zwischen der Erfahrung des Holocaust und dem immer wieder aufs Neue bekräftigten Ziel des Iran, den Staat Israel zu vernichten, hergestellt: »Am Holocaust-Gedenktag müssen wir unserer heiligsten Pflicht nachkommen«, mahnte Netanjahu ähnlich wie Peres. »Und die besteht nicht nur in der Erinnerung an das Vergangene, sondern sie verpflichtet uns dazu, Lehren aus der Vergangenheit zu ziehen und sie auf die Gegenwart anzuwenden, um die Zukunft unseres Volkes zu sichern.« Die Erinnerung an die Ermordung von sechs Millionen Juden verpflichte die Welt und Israel dazu, aktiv gegen das iranische Atomprogramm vorzugehen. Netanjahu wollte seine Zuhörer aufrütteln: »Damals wie heute gibt es Leute, die Millionen Juden vernichten wollen. Wer davor zurückschreckt, diese Wahrheit auszusprechen, verharmlost den Holocaust, beleidigt die Opfer und ignoriert die Lehren aus dem Holocaust.« Israel habe heute eine Armee, betonte Netanjahu und schloss: »Wir haben die Fähigkeit, Verpflichtung und Entschlossenheit, uns zu verteidigen.«

Diese Reden Netanjahus zum Holocaust-Gedenktag zeichnen ein scharf kontrastierendes Bild von einem Wir, das allein gegen den Rest der Welt steht. Seine Rhetorik stilisiert Israel und das jüdische Volk als Ganzes zu einer Einheit, die mit nichts und niemandem wirklich und verlässlich verbunden ist. Israel kann sich letztlich nur auf sich selbst verlassen, lautet Netanjahus Botschaft immer wieder. Netanjahu betont auch bei anderen Gelegenheiten, dass Israel schon wieder und einmal mehr in seiner Geschichte einer existenziellen Bedrohung allein und verlassen von allen Freunden gegenübersteht. Diese Denkfigur lässt sich schon in der *Pessach-Haggada* nachlesen. Die Verlassenheit Israels und des jüdischen Volkes ist heute eine taktische Behauptung. Sie hält der Wirklichkeit glücklicherweise nicht stand. Netanjahu konstruiert sie, um den Unilateralismus seiner Politik zu legitimieren.

Netanjahu ist mit seiner Weltsicht allerdings nicht allein. 46 Prozent der jüdischen Israelis glauben, dass ein zweiter Holocaust möglich ist. Das zeigte eine Umfrage der israelischen Stiftung zum Wohle der Holocaust-Opfer, die am 13. April 2015 veröffentlicht wurde. Gegenüber einer Vorgängerstudie des Tel Chai Colleges vom Frühjahr 2012 ist das ein Anstieg von sechs Prozent. Damals fürchteten 40 Prozent der jüdischen Israelis einen zweiten Holocaust. 43 Prozent sahen die Gefahr, der Staat Israel könne zerstört werden. Nach Ansicht des Psychologie-Professors Shaul Kimhi zeigen die Ergebnisse der Umfrage die starken Auswirkungen des Holocaust auf die nachfolgenden Generationen. Bemerkenswert ist besonders der Einfluss, den die Auseinandersetzung mit der Schoa auf das Sicherheitsgefühl von Abiturienten hat. Die Erhebung zeigt, dass 43 Prozent der Schüler zunächst nicht glaubten, dass die Existenz Israels gefährdet sei. Nachdem sie aber die Konzentrationslager in Polen besucht hatten, nahm diese Zahl deutlich ab. Jetzt waren es nur noch 37 Prozent, die nicht um den Fortbestand Israels fürchteten.

Der Psychologe Kimhi stellte außerdem fest, dass die Konfrontation mit den Stätten der Vernichtung der europäischen Juden bei einer Polenreise dazu führt, dass die Schüler ihr Land bei ihrer Rückkehr nach Israel als stärker und wehrhafter empfinden als vor der Reise.

Zurück zur Gedenkveranstaltung am *Jom Haschoa* in Yad Vashem: Nach den Reden des Staatsoberhauptes und des Regierungschefs legen sechs Überlebende der Schoa ein persönliches Zeugnis ab und entzünden gemeinsam mit jeweils einem Kind eine Fackel. Jede Fackel steht für eine Million ermordeter Juden.

Am nächsten Morgen um zehn Uhr ertönt im ganzen Land für zwei Minuten eine Sirene, die an die sechs Millionen ermordeten Juden erinnert. Im Moment der Sirene am *Jom Haschoa* ist das israelische Kollektiv sinnlich erfahrbar. Wenn mit einem Mal an jedem Ort im ganzen Land während des Aufheulens der Sirene alle Menschen innehalten, dann entfaltet diese verhältnismäßig kleine Geste durch die Synchronität so vieler eine ungemeine Wucht. Dieser Moment ist ergreifend.

Auch in Kindergärten und Schulen wird der *Jom Haschoa* begangen. Im Kindergarten werden die Kinder nicht mit Einzelheiten des Holocaust belastet. Sie erfahren, dass die Sirene an Menschen erinnert, die gestorben sind. Während der Sirene wird auch in den Kindergärten für zwei Minuten geschwiegen. Die Kinder spüren, dass dieser Tag die Erwachsenen aufwühlt. Sie nehmen den Schmerz und die Trauer ihrer Eltern und Großeltern wahr. Und das gilt nicht nur für Familien mit rein aschkenasischen Wurzeln, Familien also, deren Vorfahren aus Europa eingewandert sind und die deshalb fast ausnahmslos Angehörige haben, die in der Schoa ermordet wurden. Die Schoa wird von allen jüdischen Israelis als ihr Erbe angenommen, auch von denen, die aus Nordafrika, aus dem Jemen oder Äthiopien zugewandert sind und keine persönlich-biografischen Bezüge zur Schoa haben.

Am *Jom Haschoa* erlebt das Kollektiv sich selbst und erinnert sich in streng ritualisierter Form an die dunkelste Stunde in der Geschichte des jüdischen Volkes.

Sechs Tage später, nach dem jüdischen Kalender ist es der 4. Ijjar, begeht Israel den *Jom Hazikaron*, den »Gedenktag an die gefallenen israelischen Soldaten und Opfer des Terrorismus«. An diesem Tag ehren die Israelis ihre gefallenen Soldaten und Kriegsveteranen der Israelischen Streitkräfte und gedenken der Zivilisten, die Opfer terroristischer Anschläge geworden sind. Jeder Israeli ist mit einem der 23 320 Soldaten oder Zivilisten, die seit Beginn der Zählung im Jahr 1860 getötet wurden, verwandt oder befreundet gewesen. Allein zwischen dem *Jom Hazikaron* 2014 und dem 2015 verlängerte sich die Liste der Opfer um 116 Namen, 67 von ihnen kamen während des Gaza-Kriegs ums Leben. Für viele Israelis ist der *Jom Hazikaron* ein schmerzvoller, nur schwer zu ertragender Tag. Angehörige und Freunde kommen zusammen, um gemeinsam zu trauern.

Der *Jom Hazikaron* beginnt am Vorabend mit dem Heulen einer Sirene. Unmittelbar danach findet an der Klagemauer in Jerusalem ein offizieller Staatsakt zu Ehren der Gefallenen statt, der wieder sowohl von den privaten als auch den öffentlich-rechtlichen Fernsehsendern übertragen wird und bei dem der Staatspräsident und der Generalstabschef der israelischen Armee eine Rede halten. Dabei wird die israelische Fahne auf Halbmast gesetzt.

Bei der Zeremonie am Abend des 24. April 2012 zum Beispiel, richtete der damalige Staatspräsident Schimon Peres zuerst das Wort an die Hinterbliebenen der gefallenen Soldaten: »Eure Söhne und Töchter werden nicht zu euch zurückkehren. Ihr Mut hat uns am Leben erhalten, ihr Tod lässt uns gebrochen zurück.« Peres verwies ähnlich wie schon am *Jom Haschoa* darauf, dass der Staat Israel, für den die Soldaten ihr Leben ließen, gefährdet sei. Aber die israelische Armee sei besser denn je darauf vorbereitet, die Bürger Israels vor allen Gefahren zu schützen. Der damalige Generalstabschef Benny Gantz würdigte die Hingabe der Soldaten und sagte: »Während wir hier stehen, sind unsere Soldaten draußen auf dem Feld, vereint in dem Willen, uns zu besch ützen.« Die Armee sei bereit für »jedwede Schlacht und jedwede Mission«, sagte Gantz mit Blick auf die Debatte um einen möglichen Krieg gegen Iran.

Zum Abschluss der offiziellen Zeremonie auf dem Vorplatz der Westmauer in Jerusalem beten die offiziellen Vertreter des Staates gemeinsam mit den Angehörigen der Soldatenfamilien traditionell ein Gebet für die Seelen der Gefallenen und singen die *Hatikva*, die Nationalhymne. Am Gedenktag selbst ertönt um elf Uhr vormittags dann erneut eine Sirene. Jetzt beginnen auf den Friedhöfen im ganzen Land offizielle und private Gedenkveranstaltungen.

Im Jahr 2015 fiel der *Jom Hazikaron* auf den 22. April. Die gesamte Staatsspitze kam zu einer Gedenkfeier auf dem Herzl-Berg in Jerusalem zusammen: Staatspräsident Reuven Rivlin, Ministerpräsident Benjamin Netanjahu und der Oberkommandierende der Israelischen Streitkräfte, Gadi Eisenkot. Auch Angehörige von Opfern, die beiden Oberrabbiner David Lau und Itzchak Josef, Vertreter der Armee, der Polizei und des Heimatschutzes waren dabei, als Ministerpräsident Netanjahu sagte: »Wenn ich darüber entscheiden muss, ob ich unsere Soldaten in eine militärische Operation schicke, denke ich an jeden Soldaten und jede Familie als wäre es mein Sohn oder meine Familie. Aber wenn uns keine andere Wahl bleibt, dann müssen wir darauf gefasst sein, uns an die Frontlinie zu begeben. Nur unentwegte Vorbereitungen werden einen Krieg verhindern oder, wenn Krieg nötig sein sollte, sein Ergebnis bestimmen.« Netanjahu versicherte, Israel werde nur weiter wachsen und blühen können, wenn es sich solange an jeder Front zu verteidigen vermöge, bis es den langersehnten Frieden erreiche. Er fügte hinzu: »Aber das kann ein lang anhaltender Prozess werden. Wir werden unseren Staat weiter verteidigen. Wir bleiben hier.«

In seiner Ansprache am Yad-leBanim-Denkmal für die Gefallenen (»Denkmal für die Söhne«), das unweit des Jerusalemer Regierungsviertels liegt, sprach Netanjahu aus eigener Erfahrung, als er den Angehörigen der Hinterbliebenen sagte: »Für die Familien, die einen Sohn oder eine Tochter verloren haben, bleibt in dem Moment, in dem sie die schreckliche Nachricht erhalten, die Zeit stehen. Diese Nachricht durchtrennt das Leben in zwei Teile: in den Teil davor und den danach.« Netanjahus älterer Bruder Jonathan kam am 4. Juli 1976 bei einer militärischen Befreiungsaktion der israelischen Streitkräfte im ugandischen Entebbe ums Leben. Jonathan Netanjahu war ein hoch dekorierter Oberstleutnant der Spezialeinheit Sayeret Matkal und führte die Operation an, bei der es um die Befreiung jüdischer Geiseln aus den Händen zweier palästinensischer und zweier deutscher Terroristen ging.

»Wenn ihr heute Abend die Sirene hören werdet«, hatte Ministerpräsident Benjamin Netanjahu vor Beginn des *Jom Hazikaron*
2012 gesagt, »dann werden wir zu einer einzigen Familie, und
die Bürger Israels werden vereint sein in unserem Gedenken.« Zu
Anlässen wie dem *Jom Haschoa* oder dem *Jom Hazikaron* wird
das israelische Narrativ vom Kollektiv mit besonderer Leidenschaft vorgetragen. Das israelische Kollektiv versichert sich seiner selbst und seiner Wehrhaftigkeit. Am *Jom Hazikaron* versuchen die offiziellen Vertreter der staatlichen Institutionen, die
Trauernden zu umarmen wie eine Mutter ihre Kinder umarmt.
Die politische Rhetorik dieses Tages beschwört die Bereitschaft
der Bürger, sich mit Leib und Leben dem Kollektiv zu verschrei-
ben und damit der Armee und dem Staat, die die Existenz dieses
Kollektivs absichern. In Israel sind Staat und Armee auf die
Opferbereitschaft ihrer Bürger angewiesen. Die Bereitschaft der
Bevölkerung, persönliche Interessen den Interessen des Kollektivs unterzuordnen, begründet die Wehrhaftigkeit der vergleichsweise kleinen israelischen Armee und ohne die israelische Armee
gäbe es den Staat Israel längst nicht mehr. Der *Jom Hazikaron* ist
daher für Israel ein Gedenktag von existenzieller Bedeutung.

Der Ernst des Gedenkens an die gefallenen Soldaten und die
Opfer des Terrorismus mündet am Abend in den Überschwang
des Unabhängigkeitstages, des *Jom Haatzmaut*. Der Unabhängigkeitstag erinnert an die israelische Unabhängigkeitserklärung
vom 14. Mai 1948. Nach dem jüdischen Kalender wird er im
Frühling, am 5. Ijjar, begangen. Er beginnt am Vorabend mit einem Festakt auf dem Herzl-Berg in Jerusalem, bei dem ausge-
wählte Israelis dafür gewürdigt werden, dass sie Bahnbrechendes
für ihr Land leisten. Die Auserwählten entzünden dann stellver-
tretend für die zwölf Stämme Israels zwölf Fackeln. Im Jahr 2015
wurden unter anderen Dani Gold, der Erfinder des Raketenab-
wehrsystems »Eiserne Kuppel«, und Lucy Aharish, die erste ara-
bisch-muslimische Anchor-Frau im hebräisch-sprachigen israelischen Fernsehen für ihren Einsatz zum Wohle des Staates Israel
geehrt. Wie alle jüdischen Geehrten an jenem Abend des
22. April 2015 sprach auch die arabische Israelin Lucy Aharish,
die sich für das respektvolle und gleichberechtigte Zusammenleben von Juden und Arabern in Israel einsetzt, erkennbar bewegt
auf Hebräisch die rituellen Worte: »... zu Ehren dieses Landes,

das uns beherbergt, denn wir haben kein anderes Land, zu unser aller Ehren, uns Israelis, zu Ehren aller Menschen und zu Ehren der Herrlichkeit des Staates Israel.«

Der *Jom Haatzmaut* ist ein Tag der ausgelassenen Feste. Anders als zu Pessach und den Gedenktagen *Jom Haschoa* und *Jom Hazikaron*, die Säkulare und Religiöse in der Synagoge, zu Hause und im Kreis der Familie verbringen, die streng ritualisiert sind und an denen es darum geht, die geschriebenen und ungeschriebenen Gesetze möglichst präzise einzuhalten, ist der *Jom Haatzmaut* ein Tag, an dem alles erlaubt ist. Es ist ein Tag der Freiheit und des Vergnügens. Die Israelis verabreden sich mit Freunden zum Picknick und unternehmen Ausflüge. In den Parks und Wäldern, an den Stränden und Seeufern wird gegrillt, getanzt und getrommelt.

In Tel Aviv laden immer mehr junge Leute zu öffentlichen Partys auf ihren weitläufigen Dachterrassen: Sie leihen sich für einen Tag eine professionelle Soundanlage, buchen einen DJ, mieten Partymöbel, befüllen Kühlschränke mit Wein und Bier und verteilen Flyer auf den Straßen und in den Clubs der Stadt. Sie verlangen 50 Schekel Eintritt, das sind zehn Euro, kassieren auch bei den Getränken ab, empfangen von morgens um elf bis tief in die Nacht Hunderte ihnen unbekannter Gäste und machen innerhalb eines Tages einen Reingewinn von mehreren Tausend Euro. Davon können sie dann auch eine Renovierung ihrer Terrasse finanzieren.

Am *Jom Haatzmaut* ist alles erlaubt. Alles außer Beschwerden über zu laute Nachbarn. Wer den ohrenbetäubenden Lärm der tief fliegenden Kunstflieger der israelischen Armee bei ihrer traditionellen Flugshow über der Küstenlinie nicht ertragen kann oder etwas gegen das Krachen von Feuerwerkskörpern und das Wummern von Stereoanlagen hat, der sollte entweder für 24 Stunden in die Wüste fahren oder einen Kurztrip nach Zypern unternehmen.

Der Unabhängigkeitstag ist der Tag der israelischen Fahne. Sie flattert aus Autofenstern heraus, weht von den Balustraden der Balkons und prangt auf Wangen und Oberkörpern.

Der *Jom Haatzmaut* ist aber auch ein religiöser Feiertag. Das hat das Oberrabbinat so festgelegt. Die nationalreligiöse Bewegung hat eine eigene Liturgie für diesen Feiertag entwickelt, die für den Synagogengottesdienst Psalmlesungen und eine *Haftara* vorsieht, eine Lesung aus den Prophetenbüchern.

Aber der Unabhängigkeitstag ist nicht nur ein Tag zügelloser Vergnügungen, sondern auch ernster arabisch-jüdischer Spannungen. Denn für viele arabische Israelis und Palästinenser in den besetzten Gebieten war der Tag der israelischen Unabhängigkeit eine Katastrophe, *An-Naqba*. Rund 700 000 Palästinenser wurden aus ihren Städten und Dörfern vertrieben, nachdem die UN-Generalversammlung am 29. November 1947 den Teilungsplan für Palästina verabschiedet hatte. Am Tag der *Naqba* erinnern arabische Israelis und Palästinenser an die Geschichte Palästinas. Sie erinnern an die Erfahrungen von Flucht und Vertreibung. Die palästinensische Perspektive auf die Geschichte ist der israelischen Regierung und der Mehrheit der Israelis ein Dorn im Auge, denn sie leugnen die *Naqba*.

Der israelische Historiker Ilan Pappe führt diese Leugnung in seinem umstrittenen Buch *Die ethnische Säuberung Palästinas* aus dem Jahr 2007 auf eine »Ideologie ethnischer Überlegenheit« zurück. Im März 2011 hat die Knesset ein Gesetz verabschiedet, das es ermöglicht, staatliche Förderung für die arabisch-israelischen Institutionen zu kürzen, die am *Naqba*-Tag zu Gedenkveranstaltungen einladen oder Gedenkveranstaltungen auch nur unterstützen. Die NGO Adalah aus Haifa, ein Rechtshilfezentrum für die arabische Minderheit in Israel, beantragte, das Gesetz zu annullieren. Der Oberste Gerichtshof hat den Antrag im Januar 2012 zurückgewiesen.

Der israelische Verein Zochrot (»sie erinnern« in der weiblichen Form) versucht, dem ideologisch motivierten *Memorizid*, wie Ilan Pappe die gezielte Ausblendung des palästinensischen Narrativs in der israelischen Geschichtsdarstellung nennt, entgegenzuwirken. Die Mitglieder von »Zochrot« veranstalten Führungen in hebräischer Sprache, die ihren jüdischen Mitbürgern zeigen, wo es vor der palästinensischen Vertreibung arabische Dörfer und Stadtviertel gab. Sie versuchen die Perspektive der arabischen Israelis und Palästinenser auf die zionistische Landnahme zu vermitteln. »Zochrot« gibt auch eine Zeitschrift heraus mit dem Titel *Riss* (hebräisch: *Sedeq*) und stellt Lehrern und Hochschuldozenten Unterrichtsmaterial über die *Naqba* zur Verfügung.

Staatspräsident Schimon Peres lädt jedes Jahr zum *Jom Haaz-maut* führende Vertreter aus Politik und Armee zu einer offiziellen Zeremonie in seine Jerusalemer Residenz ein. Peres zeichnete 2012 im Beisein des neu berufenen Generalstabschefs Benny Gantz 120 Soldaten für ihre Verdienste um die Sicherheit des Landes aus. Er nutzte die Gelegenheit, Israels Feinde zu warnen. »Israel ist stärker denn je«, sagte Peres. »Israel hat, was es hat, aber es hat auch die Fähigkeit, sich selbst zu erneuern, zu überraschen, seine Kräfte zu bündeln und auf kreative Weise Fortschritte zu erzielen.«

Der Horizont der Möglichkeiten, den Peres hier zeichnet, ist Beschwörung und Appell zugleich. So, wie Peres die Israelis hier beschreibt, sehen sie sich gern.

Im Reigen der Feste und Gedenktage von Pessach über den *Jom Haschoa* und *Jom Hazikaron* bis zum *Jom Haatzmaut* spiegeln sich die Israelis als Kollektiv, als miteinander verbundene Einheit. Und diese Spiegelung ist Inszenierung und authentisches Erleben zugleich. Indem die Israelis die Tage von Pessach bis zum *Jom Haatzmaut* kollektiv durchleben, durchleiden und durchfeiern, beschwören und festigen sie ihre Verbundenheit und ihre Einheit jedes Jahr aufs Neue. In den Geschichten, die sie sich in diesen drei Wochen über ihr Woher und Wohin erzählen, ist die Essenz der israelischen Identität aufgehoben.

Zionistische Initiation: Die Vermittlung von Geschichte und Tradition in Kindergarten und Schule

Nach dem jüdischen Kalender schreiben wir heute den 13. Nissan 5771. Nach dem gregorianischen Kalender ist es der 18. April 2011. Es ist kurz vor halb zwölf mittags, einen Tag vor Erev Pessach, dem Beginn des Pessach-Festes. Vor dem Tor zum privaten Kindergarten der Erzieherin Jamli Lehavi auf dem Tel Aviver Rothschild-Boulevard wartet eine Traube von über 50 Erwachsenen auf Einlass. Die Eltern der Kinder sind zum Seder, der Pessach-Feier, in den Kindergarten geladen. Sie haben sich freigenommen, sind frisch geduscht und schön angezogen für dieses Hochamt.

Endlich bitten ein Kind und eine der Kindergärtnerinnen die Eltern herein. Im großen Gruppenraum sitzen 26 Kinder an einer festlich geschmückten, kniehohen Tafel. Die Kinder tragen weiße Blusen und Hemden, die Jungen eine Kippa. Neben jedem Teller liegt eine *Pessach-Haggada*, eine Erzählung der Pessach-Geschichte. Für dieses Fest haben die Kindergärtnerinnen eine Kurzfassung der Pessach-Geschichte geschrieben und mit Zeichnungen bebildert. Auch der Ablauf der Seder-Feier ist darin abgedruckt. Sie haben die 14-seitige *Haggada* kopiert, gebunden und jedem Kind ein Büchlein auf seinen Platz gelegt. In der Mitte des Tisches sind große Teller aufgestellt mit von den Kindern selbstgemachten *Matzen*, also ungesäuertem Brot, von Jamli Lehavis Mutter zubereiteten *Knedelach*, Klößchen aus Matzenmehl, und von Alice, der Köchin des Kindergartens, angerührter *Charosset*, einer süßen Paste aus geriebenen Äpfeln, Nüssen und Zimt. Neben jedem Kinderteller steht außerdem ein kleines Fläschchen mit von den Kindern selbstgekeltertem Traubensaft. Im Hintergrund spielt Avner Lehavi am Klavier die Melodie von »Ma nishtana«, einem Lied über den einzigartigen Zauber des Pessach-Abends.

Alle reden aufgeregt durcheinander, die Eltern setzen sich auf die Holzbänke, die hinter den Plätzen ihrer Kinder in zweiter Reihe aufgebaut sind. Jamli Lehavi läutet ein kleines Glöckchen, es wird still. Jamli begrüßt die Kinder und Eltern zum Pessach-Fest im Kindergarten, das einstimmt auf den eigentlichen Seder-Abend, der am darauffolgenden Tag in der Familie gefeiert wird. Der Seder im Kindergarten ist gewissermaßen die Generalprobe für den Seder zu Hause. Er hilft den Kindern, den Seder, also die Ordnung dieses Festes, seine Speisevorschriften, die Bedeutung der Pessach-Geschichte und den Grund für die festliche Freude zu verstehen.

In den vorangegangenen Wochen haben die Kinder eine Auswahl von Pessach-Liedern gelernt und von Jamli eine Kurzversion des biblischen Berichts aus dem Buch Exodus über das Volk Israel gehört, das in Ägypten in Knechtschaft lebte. Jamli hat ihnen von der Geburt Mose erzählt. Die Kinder haben ein Weidenkörbchen aus Ton nachgebildet und eine daumengroße nackte Babyfigur aus Plastik hineingelegt, und fertig war »Mosche ba teiva«, »Moses im Weidenkörbchen«. Jamli hat den

Schrecken der Geschichte von dem Baby entschärft, das von seiner Mutter in ein Weidenkörbchen gelegt und auf dem Nil ausgesetzt wurde, um dem Tötungsbefehl des Pharao für alle Neugeborenen zu entkommen. In Jamlis Version der Pessach-Geschichte gibt es Miriam. Sie ist die Amme von Moses, nimmt den Säugling mit, beschützt ihn und weicht keinen Zentimeter von ihm. Ansonsten hat Jamli sich allerdings an den biblischen Hergang gehalten. Sie hat erzählt, dass Moses überlebt hat und zu einem starken Mann herangewachsen ist. Sie hat erzählt, dass Gott sich ihm eines Tages offenbarte und ihn beauftragte, den Pharao um die Freilassung seines Volkes zu bitten. Der Pharao stimmte zunächst nicht zu. Da schickte Gott die zehn Plagen, um den Pharao in die Knie zu zwingen. Das Volk Israel kam frei und wanderte 40 Jahre durch die Wüste, um dann schließlich in dem von Gott verheißenen Land ein neues Leben zu beginnen. Diese Befreiung aus der Knechtschaft in Ägypten wird zu Pessach gefeiert.

Im Kindergarten von Jamli beginnt die Seder-Feier. Ein kleiner Chor aus sechs Eltern stimmt, begleitet von Avner Lehavi am Klavier, das Lied »Hodu la-Adonai ki Leolam chasdo« (»Dankt dem Herrn, denn seine Barmherzigkeit währet ewig«) von Avner Naim an. Direkt im Anschluss singen alle gemeinsam das traditionelle »Simcha raba«, das die Freude über das Pessach-Fest und den Frühling zum Ausdruck bringt. Keiner braucht dafür einen Noten- oder Textzettel. Melodie und Verse sind allen bekannt. Dann werden die Gläser mit dem von den Kindern selbstgekelterten Traubensaft erhoben, und alle rufen laut »Le chaim!«, »Auf das Leben!« Auch Eliyahu Hanavi, dem Propheten Elia, wird ein großes Glas eingeschenkt. Dieser Brauch geht auf das 15. Jahrhundert zurück. Das Glas, das während des Seder-Mahls auf dem Tisch stehen bleibt, steht für den Glauben daran, dass Gott, so wie er das Volk Israel schon einmal aus der Knechtschaft in Ägypten geführt hat, es aufs Neue erlösen und ihm den Propheten Elia schicken wird, um die Erlösung anzukündigen.

Jetzt wird das traditionelle »Ma nishtana« angestimmt. »Was hat sich verändert?«, heißt die vier Mal wiederkehrende Frage aus der *Pessach-Haggada* nach dem, was die Seder-Nacht von allen anderen Nächten im Jahr unterscheidet. In jeder Strophe wird ein anderes Charakteristikum des Seder-Mahls eingeführt: »In jeder anderen Nacht essen wir Saures und Matzen, aber in dieser Nacht essen wir nur Matzen«, heißt es in der ersten Strophe. »In all den anderen Nächten essen wir süßes Gemüse, aber in dieser Nacht essen wir nur Bitteres«, in der zweiten. »In jeder anderen Nacht tunken wir das Essen nicht (in Salzwasser) ein, aber in dieser Nacht zwei Mal«, heißt es in der dritten Strophe. Und schließlich: »In jeder anderen Nacht essen wir sitzend oder angelehnt, in dieser Nacht essen wir alle angelehnt.« Das Lied fragt in Anlehnung an den »Midrasch (die Auslegung) der vier Kinder« in der *Pessach-Haggada*, wozu die Gebote und Verhaltensregeln Gottes eigentlich gut sind. Die Antwort ist: Die Gebote Gottes sind ein Zeichen der Befreiung aus der Knechtschaft. Die Unterwerfung unter das Gesetz Gottes brachte die Befreiung von den Gesetzen des Pharaos.

Die Kinder sind aufgeregt und singen leise, weil ihre Eltern da sind. Aber den Text und die Melodie kennen sie gut.

Jetzt steht Eldad auf, der Vater der vierjährigen Emma. Er trägt den ersten Abschnitt der Kurzversion der Geschichte vom Auszug aus Ägypten vor. »Vor vielen Jahren war das Volk Israel im Land Ägypten. Dort herrschte ein strenger König mit Namen Pharao.« Jedes Elternpaar liest einen Abschnitt der Geschichte vor. Zwischen den Textabschnitten singen Kinder und Eltern zusammen Lieder. Zum Beispiel »Avadim hainu hainu«. Es ist kein feiner, zurückhaltender Gesang. Melodie und Rhythmus laden dazu ein, diesem Vers etwas Trotziges, Aufstampfendes mitzugeben. »Wir waren Sklaven, das waren wir. Jetzt sind wir frei!« Avner, der Mann der Kindergartenleiterin Jamli Lehavi, begleitet das Lied temperamentvoll.

Jetzt zeigen die Kinder, was sie in den vergangenen Wochen von Jamli über Pessach gelernt haben. Als dieser sie nicht ziehen ließ, bezwang Gott den Pharao mit zehn Plagen. Die drei- bis fünfjährigen Kinder skandieren die schauerliche Litanei der Heimsuchungen, die Gott den Ägyptern schickte, als der Pharao das Volk Israel nicht ziehen lassen wollte, auswendig im Chor: »Blut, Frösche, Stechmücken, Ungeziefer, Viehpest, Blattergeschwüre, Hagel, Heuschrecken, Finsternis, Tod der Erstgeborenen«. Das sind die Waffen, die Gott einsetzte, um sein Volk zu befreien, und Gott war stärker als der Pharao. Der Pharao ließ das Volk Israel ziehen.

Die Kinder deklamieren die Zehn-Punkte-Liste im Ton des Triumphs. Es ist deutlich zu spüren, dass sie nicht genau verstehen, worum es geht. Aber ihnen ist klar, dass diese Geschichte wichtig ist. Sehr wichtig. Und dass die drastische Demonstration göttlicher Macht sie nicht einzuschüchtern braucht, denn schließlich stehen sie ja auf der Seite der Gewinner. Der Kampf mit dem Pharao fügt sich problemlos in die Vorstellungswelt der Kinder ein. Insbesondere der Jungen, die sich ohnehin tagein tagaus mit Kämpfern beschäftigen, die überirdische Kräfte haben: Gormits, Ninjagos und Star-Wars-Krieger sind das Personal, das ihre Phantasie bevölkert.

Jamlis Kindergarten ist in vielerlei Hinsicht besonders. Der Betreuungsschlüssel ist überdurchschnittlich gut und der Kindergarten im Vergleich zu anderen privaten Kindergärten in Tel Aviv gepflegt. Er ist mit viel Platz drinnen und draußen, hochwertigem Spielzeug, einem Klavier und einer umfangreichen Bibliothek ausgestattet. Auch die Feste fallen bei Jamli besonders prächtig aus. Dafür kostet eine Betreuung von Sonntag bis einschließlich Donnerstag von 8 Uhr morgens bis 16 Uhr abends und am Freitag von 8 Uhr bis 12 Uhr bei Jamli Lehavi auch knapp 1000 Euro pro Kind und Monat. Es gibt in Israel eine unüberschaubare Fülle privater Kindergärten. In Tel Aviv, wo die Mieten abenteuerlich hoch sind, kosten diese Kindergartenplätze in der Regel immer zwischen 650 und 1000 Euro im Monat. In Jerusalem, das längst nicht das hohe Preisniveau von Tel Aviv hat, in Haifa oder in der Peripherie geht es auch deutlich billiger. Eltern, die es sich leisten können oder ihrerseits Eltern haben, die bei der Finanzierung der Kindergartenjahre helfen können, versuchen um jeden Preis, ihre Kinder in privaten Einrichtungen unterzubringen, wo 26 Kinder von drei bis vier Erziehern betreut werden und nicht von einem, wie im staatlichen System.

Von allem Äußerlichen abgesehen, entspricht die Gestaltung der Feste in Jamlis Kindergarten genau dem, was das Erziehungsministerium für den Kindergarten empfiehlt: An den staatlichen und privaten Kindergärten und Grundschulen in Israel sollen die jüdischen Traditionen und der Zionismus vermittelt werden.

Gideon Saar vom Likud, dem konservativen Parteienbündnis, dem auch Ministerpräsident Benjamin Netanjahu angehört, war von 2009 bis 2012 Erziehungsminister. In seiner Amtszeit und auf seine Initiative hin rückten jüdische Themen wieder in das Zentrum des Lehrplans. Gleichzeitig hat er einen deutlichen Akzent auf die Geschichte des jüdischen Volkes und die Geschichte des Zionismus gelegt. Auch Themenbereiche wie Demokratie, allgemeine Geschichte und Sozialkunde sollen jetzt aus der Perspektive der Geschichte und der Werte des jüdischen Volkes unterrichtet werden. Während für die religiösen Themen Runde Tische empfohlen werden, an denen jüdische Texte offen diskutiert werden können und jeder Schüler das Recht haben soll zu fragen, zu kritisieren und eigene Ideen zu formulieren, werden diese Methoden bei der Vermittlung der jüdischen Geschichte und der Geschichte des Zionismus nicht empfohlen. Stattdessen haben Siebtklässler Themen auf dem Programm wie »Nationale Einigkeit« und »Staatliche Symbole als Identitätsstifter«. Raum für eine kritische Reflexion dieser Themen ist nicht vorgesehen.

Naama Carmi ist Dozentin für Menschenrechte an der Universität Haifa. Sie vermisst in dem neuen Lehrplan Raum für eine kritische Debatte über die neuen alten Themen. Lehrer hätten regelrecht Angst, man könnte ihnen vorwerfen, ihren Unterricht zu politisieren, wenn sie zu Diskussionen anregen. Damit werde das Erziehungsministerium »zu einer Art Zensor«, sagt Carmi.

Der Geschichtswissenschaftler Eyal Naveh von der Universität Tel Aviv interpretiert den neuen Lehrplan als Versuch, die israelische Identität aus der Zeit der Anfänge des Zionismus wiederzuherstellen. »Unsere heutige Welt ist postnationalistisch«, sagt Naveh. Heute würden andere Dinge diskutiert als im 19. Jahrhundert. Die Spannung zwischen Nationalismus und Globalisierung zum Beispiel. »Man kann ein Erbe nicht künstlich vererben«, betont der Geschichtsprofessor. Denn wenn es nicht auf organische und natürliche Weise von der Gemeinschaft ausgehe, in der ein Mensch lebe, dann sei das »Erziehung durch Indoktrination«. Und Indoktrination werde »wahrscheinlich als Zwang wahrgenommen« und abgelehnt.

Bildungsminister Gideon Saar kündigte Ende Januar 2012 außerdem an, mehrere Millionen Schekel für ein Programm zur Stärkung der jüdischen und zionistischen Werte lockermachen zu wollen. Unter der Überschrift »Heritage Tours« sollen Schüler künftig Ausflüge zu den Gräbern der Patriarchen in Hebron und in die Siedlung Shiloh machen.

Hebron liegt etwa 30 Kilometer südlich von Jerusalem. Hier leben ungefähr 30 000 Palästinenser und 800 militante jüdische Siedler, die rund um die Uhr von israelischen Soldaten geschützt werden. In der Höhle Machpela in Hebron sollen die Erzväter Abraham, Isaak und Jakob zusammen mit ihren Frauen Sara, Rebekka und Lea begraben sein. Die Patriarchengräber gelten nach dem Tempelberg in Jerusalem als zweitwichtigste heilige Stätte des Judentums in Israel.

Eine mutige Gruppe von 260 Lehrern kritisierte das Projekt des Ministers in einem offenen Brief scharf. Das Bildungssystem werde von extremistischen politischen Kräften bedroht, die versuchten, Bildung durch Indoktrination zu ersetzen, schrieben sie und kündigten zivilen Ungehorsam an: »Dieses Programm ist dazu angetan, Lehrer und Schüler zu politischen Zwecken zu missbrauchen. Unser Gewissen erlaubt es uns nicht, uns zu Agenten einer solchen Politik machen zu lassen«, schrieben die Lehrer und riskierten damit Sanktionen.

Ofra Goldberg zum Beispiel unterrichtet in Jerusalem jüdisches Denken. Das Programm von Minister Saar fußt ihrer Meinung nach auf einer gefährlichen politischen Lüge: »Die Patriarchen haben nie in Hebron gelebt. Sie wurden hier nur bestattet. Die Stadt, mit der Abraham am ehesten identifiziert werden kann, ist Beerscheva. Warum sollten wir nach Hebron fahren? Hebron ist eine tote Stadt von Extremisten. Lasst uns die jüdische Identität um einen lebendigen und kreativen Mittelpunkt herum aufbauen, nicht um Gräber herum.«

Bemerkenswert war in jedem Fall, dass Minister Saar finanzielle Mittel zur Verfügung stellen kann, wenn er will. In Israel herrscht Bildungsnotstand. In vielen Stadtteilen Tel Avivs liegt die durchschnittliche Klassenstärke in den Grundschulen bei 42 Kindern. Dieser Missstand war auch eines der zentralen Themen der sozialen Proteste im Sommer 2011. Seit dem Gaza-Krieg vom Sommer 2014 hat er sich noch verschärft, denn die 50 Tage andauernde militärische Auseinandersetzung mit der Hamas war länger als alle anderen Kriege in der Geschichte Israels seit dem Unabhängigkeitskrieg 1948. Im September

2014 gab das Finanzministerium bekannt, dass sich die Kosten der »Militäroperation Zuk Eitan« (»Starker Fels«) auf insgesamt 6,5 Milliarden Schekel, also umgerechnet etwa 1,5 Milliarden Euro belaufen hatten. Diese Mehrbelastung des Etats musste durch Kürzungen in anderen Ressorts gegenfinanziert werden und zwar durch Streichungen von je zwei Prozent des Jahreshaushalts anderer Ressorts. Für den Etat des Bildungsministeriums, dem zweitgrößten Ministerium Israels nach dem Sicherheitsministerium, bedeutete das Einschnitte in Höhe von 165 Millionen Euro, 123 Millionen Euro davon allein in den Grund- und weiterführenden Schulen, 42 Millionen in den Haushalten der Hochschulen und Universitäten. Lehrerstellen wurden gestrichen, mancherorts wurden die Stundendeputate von Musik- und Kunstlehrern reduziert. Die 2,1 Millionen Schüler und Vorschüler des Landes müssen sich seither in Klassen von jeweils über 40 Kindern in viel zu kleine Räume drängen. Eine Elterninitiative hat deshalb im September 2014 den »Sardinen-Protest« ins Leben gerufen und verlangte von Erziehungsminister Shai Piron, ihre Kinder dürften nur in Klassenräumen unterrichtet werden, die den gesetzlichen Mindeststandards der Raumgröße entsprechen. Die Lehrcurricula der Kernfächer wurden aber einstweilen noch nicht beschnitten. Und die Weitergabe der religiösen und kulturellen Traditionen gehört zu den Kerninhalten der Erziehung in Kindergärten und Schulen. Hier bauen die Bildungseinrichtungen auf dem auf, was die Kinder aus ihren Familien kennen. Den Kindern vieler säkularer Eltern aber, wird in Kindergarten und Schulen ein Grundlagenwissen in jüdischer Lebenspraxis vermittelt, das sie zuhause eben nicht kennenlernen.

Bei den Festen im jüdischen Jahreskreis sind nicht nur Texte und Geschichten von Bedeutung für die Weitergabe der kulturellen und religiösen Traditionen, sondern auch Lieder. Sie erzählen Geschichten und vermitteln Gefühle und Stimmungen. Die Israelis singen viel. Sie singen selbstverständlich, frei und ohne Scham. Besonders wichtig ist das Singen aber bei den Festen. Dabei geht es weniger um musikalische Feinheiten als um das Gemeinsame. Gemeinsames Singen, gemeinsames Lesen von Texten, gemeinsames Beten und gemeinsames Essen, das sind die Ingredienzien der jüdischen Feste in Israel.

Wenn Eltern und Großeltern zu *Rosh Hashana*, dem Neujahrsfest, *Chanukka*, dem Weihefest, zu *Purim*, dem Fest der Lose, und *Pessach* zum Feiern in den Kindergarten oder die Schule eingeladen werden, dann singen sie gemeinsam mit den Kindern und den Kindergärtnerinnen oder Lehrern die traditionellen Lieder. Ohne Liederzettel. Singend spinnen sie den Faden fort, der die Generationen miteinander verbindet.

Dichter wie Levin Kipnis, Yitzchak Alterman, Chaim Nahman Bialik, Avraham Zvi Idelson und Naomi Schemer schrieben Lieder speziell für diese Feste – und das in den Anfangsjahren des Staates Israel nach 1948, aber auch schon in den Jahren des *Jischuv*, der jüdischen Besiedlung Palästinas vor der Staatsgründung Israels. Der erste hebräische Kindergarten wurde 1897 in Rischon Lezion gegründet, fünf Jahre später folgte der zweite in Jerusalem. Die ersten Kindergärten für jüdische Kinder in Palästina orientierten sich an dem Konzept des deutschen Pädagogen Friedrich Fröbel, der die Persönlichkeitsentwicklung der Kinder im Vorschulalter durch Spiele, Lieder und engen Kontakt zur Natur anregen und fördern wollte.

Die Kinder der ersten jüdischen Kindergarten-Jahrgänge in Palästina waren die ersten weltweit, die fließend *Ivrit*, modernes Hebräisch, sprachen. Eliezer Ben Jehuda, der Autor des ersten *Ivrit*-Wörterbuchs, hatte auf Wunsch einer Gruppe von Kindergärtnerinnen und Kindergärtnern hebräische Begriffe für den Kindergarten entwickelt. *Kmita* für Origami zum Beispiel oder *tzalmon* für Schattenfingertheater. Wörter, die heute kein Israeli mehr versteht. Eliezer Ben Jehuda hat entscheidend zur Wiederbelebung des Hebräischen als gesprochene Sprache und als Muttersprache beigetragen. Seit ungefähr 200 n. Chr. war das Hebräische ausschließlich als heilige Sprache für das Studium der Thora verwendet worden. Für einen Gebrauch im Alltag des 20. Jahrhunderts fehlten viele Vokabeln. Das Hebräische Sprachkomitee, das Ben Jehuda 1890 in Jerusalem gründete und das der Vorläufer der Hebräischen Sprachakademie war, publizierte ein Gesamtwörterbuch des Alt- und Neuhebräischen.

Die Pädagogik-Professorin Rachel Elboim-Dror von der Hebräischen Universität in Jerusalem ist davon überzeugt, dass sich die Identität der *Zabres*, der in Palästina geborenen Juden, in den hebräischen Kindergärten des *Jishuv* herausgebildet hat. Hier seien die Anführer des »Sprachenkriegs« und der »zionistischen Revolution« herangezogen worden. »Sie waren die großen Patrioten der hebräischen Sprache«, sagt Professor Elboim-Dror.

1913 entbrannte im damals von den Osmanen regierten Palästina ein Streit um die Frage, in welcher Sprache die Schüler und Studenten in Palästina lernen sollten. Streitobjekt war das Technikum in Haifa: Der »Hilfsverein der deutschen Juden« und vor allem dessen Geschäftsführer Paul Nathan hatten die Gründung der ersten technischen Hochschule Palästinas initiiert. Sie wollten, dass die Studenten auf Deutsch unterrichtet würden. Deutsch war damals eine führende Wissenschaftssprache, und viele der ersten Professoren kamen von deutschen Hochschulen. Sie argumentierten, dass das Hebräische die Sprache der Heiligen Schrift sei und kein angemessenes technisches Vokabular biete. Die Zionisten protestierten. Ihrer Ansicht nach sollte das jüdische Volk in seiner »Heimstatt« Hebräisch sprechen. Hebräisch sollte die Muttersprache der *Zabres* sein. Religiöse Argumente zählten für die Zionisten nicht. Als Anhänger einer nationalen, areligiösen Bewegung kam es ihnen auf eine Trennung zwischen Heiligem und Alltag nicht an.

Schließlich entschieden die Geldgeber des Technikums den Streit zugunsten des Hebräischen. Bis heute kennt das *Ivrit* für das meiste technische Gerät keine eigenen Begriffe. Dafür gibt es eine Vielzahl deutscher Entlehnungen wie zum Beispiel *Schalter* für Schalter, *Wischer* für Scheibenwischer oder *Winker* für Blinker.

Das Wort *Zabre* bezeichnet übrigens eigentlich eine Kaktusfeige, eine stachelige Wüstenfrucht mit dicker Schale, die einen süßen und weichen Kern in sich birgt. *Zabre* ist ein Begriff, der von der zionistischen Bewegung in den frühen 1930er Jahren eingeführt wurde.

Für sie war der *Zabre* der »neue Jude«, den das Land Israel hervorbrachte und der sich zu verteidigen wusste. Er war der Gegenentwurf zum »alten Juden«, der in der Diaspora geboren wurde und als schwach und unterlegen galt. Während der »alte Jude« europäische Sprachen als Muttersprache spricht und Hebräisch nur mit einem starken Akzent, ist Hebräisch die Muttersprache des *Zabre*.

Man hört den Begriff *Zabre* auch heute häufig in Israel. *Zabre* zu sein gilt nach wie vor viel. Und die ersten hebräischen Kindergärten waren die Wiege der *Zabres*.

Die Geschichte von der Befreiung aus der Knechtschaft in Ägypten und dem Auszug aus Ägypten, wie sie in den meisten Kindergärten vermittelt wird, prägt sich den israelischen Kindern tief ein. Als Kern der Geschichte bleibt im Bewusstsein, dass das Volk Israel es geschafft hat, sich mit Gottes Hilfe aus der Unterdrückung zu befreien und Zeiten der Entbehrung zu überstehen, um dann in einem eigenen Land seine Geschicke selbst lenken zu können.

Die Pessach-Geschichte formuliert die jüdische Grunderfahrung und eignet sich als Blaupause für die Interpretation der Situation der Juden in der Diaspora. Im zionistischen Narrativ ist der Auszug aus Ägypten ein klassisches Motiv.

Allerdings säkularisiert das zionistische Narrativ die Geschichte vom Auszug aus Ägypten, indem es die Rolle Gottes streicht. Es parallelisiert die Geschichte der zionistischen Bewegung vom ausgehenden 19. Jahrhundert bis zur Gründung des Staates Israel im Jahr 1948 mit dem Auszug aus Ägypten. Aber nicht Gott führt die Juden aus der Zerstreuung, sondern das Volk Israel erlöst sich selbst und lässt sich von den Visionären der zionistischen Bewegung hinaufführen zum Berg Zion in Jerusalem.

Das zionistische Narrativ in Reinkultur findet man in der populären israelischen Kinderliteratur wieder. Der Kinderbuch-Bestseller *Sipur al ha derech, Die Geschichte über den Weg*, der Autorin Tamar Hayardeni, das 2008 im Jep-Verlag erschien, liest sich wie eine nationalistische Fortsetzung der Pessach-Geschichte. Er bündelt das zionistische Narrativ von Geschichte und Geografie des Landes Israel.

Das Buch skizziert den Weg der Juden aus der Diaspora nach Palästina, hin zur Eigenstaatlichkeit. Er beschreibt ihn als Befreiung von der Unterwerfung unter fremde Gesetze, als Auszug aus Ägypten, *Jetziat Mitzraim*. Die Autorin kürzt die Geschichte des komplexen und konfliktreichen Prozesses ab, der Israel zu dem gemacht hat, was es heute ist. Hayardeni erzählt eine geradlinige Erfolgsgeschichte.

Sie beginnt mit der Zustimmung der UN-Vollversammlung zur Gründung eines jüdischen Staates vom November 1947.

Über den Widerstand der arabischen Länder heißt es: »Dennoch (trotz der Zustimmung der UN-Vollversammlung) waren die arabischen Länder sehr zornig und griffen schon am nächsten Tag die Juden im Lande an. So brach der erste Israelisch-Arabische Krieg aus, bis am 15. Mai 1948 die Briten unser Land verließen und David Ben Gurion die Gründung des Staates Israel verkündete.« Über den Krieg zwischen der zionistisch-paramilitärischen Untergrundorganisation in Palästina, der *Hagana*, auf der einen Seite und den Palästinensern, Ägypten, Irak, Libanon, Transjordanien und Syrien auf der anderen Seite berichtet Hayardeni den Kindern nichts. Dafür sind die entscheidenden Sätze Ben Gurions in der Soundbuch-Version dieses Klassikers im Originalton zu hören.

Die Autorin erzählt von den zionistischen Pionieren, den *Chalutzim*, die das Land Israel kultiviert und aufgeforstet haben. Sie beschreibt sie als »mutige junge Menschen«, die ihre Familien verließen und allein in das Land Israel kamen. Sie erscheinen in Hayardenis Bericht als der zionistische Idealtypus des »neuen Juden«, der willensstark und unerschrocken sein Schicksal und das seines Volkes in die Hand nimmt. Die zionistischen Pioniere sind Idealisten, die ihr Leben in den Dienst einer höheren Sache stellten und ohne zu klagen und zu rasten »singend und mit Freude« das Land für die landwirtschaftliche Nutzung und die Ansiedlung von Menschen vorbereiteten. Passend zu den singenden Pionieren bietet der Soundchip an dieser Stelle das triumphierende Lied »Mein schönes und florierendes Land Israel«. So wie die meisten Lieder, die das Soundbuch bereithält, wird auch dieses von einem Kind gesungen. Das erleichtert die Identifikation der kleinen Leser mit den Inhalten. Hayardeni schildert die Einwanderung aus der Diaspora von der ersten Einwanderungswelle bis zur fünften *Alija*, der Einwanderung aus Russland und Äthiopien und bietet auch eine kleine Landeskunde an. Sie stellt den See Genezareth als kostbares Trinkwasserreservoir vor und die Hügel des Golan als wunderbaren Aussichtspunkt. Das Soundbuch untermalt diese Passage mit dem Lied »Shirili kinneret« (»Singe mir See Genezareth«), das den See Genezareth und die Golan-Höhen geradezu verherrlicht. Im Abschnitt über Tel Aviv erwähnt die Autorin die angrenzende ursprünglich arabische Stadt Jaffa, die schon im Alten Testament vorkommt, mit keinem Wort. Hayardeni behauptet: »Bevor Tel Aviv geboren wurde, gab es dort nur Sand. Die jüdische Welt schreckte nicht davor zurück und gründete im Jahr 1909 ›Achusat Beit‹ (deutsch: Heimstatt).«

Die Autorin stellt auch die Armee vor, die das Land gegen seine Feinde verteidigen muss. Sie stimmt ihre jungen Leser schon darauf ein, dass sie mit 18 Jahren zur Armee eingezogen werden, und preist ihnen ihre Zukunft als Fußsoldaten, Marinesoldaten oder Piloten an. Sie werden schon jetzt mit dem Auftrag vertraut gemacht, den jeder Bürger Israels erfüllen muss: »Dank unserer Soldaten, die uns bewachen, können wir in Ruhe und Sicherheit in unserem Land leben.«

Im Kapitel »Jerusalem aus Gold« beschreibt Hayardeni die Hauptstadt Israels als die Stadt, die schon vor 3000 Jahren von König David regiert wurde und die bis heute für alle Juden auf der Welt bedeutsam ist. Die Bedeutung, die es für die beiden anderen monotheistischen Weltreligionen hat, erwähnt sie nicht. Wenn die Kinder auf den passenden Soundbutton dieser Seite drücken, erklingt die Hymne »Jeruschalajim schel Zahav«, die die Sängerin und Komponistin Naomi Schemer kurz vor dem Sechstagekrieg 1967 geschrieben hat. Das Lied beschreibt die Stadt Jerusalem, die damals immerhin eine lebendige arabische Stadt war, als leblos und verwaist.

Dann führt die Autorin ihre Leser in die Wüste, das »Land ohne Wasser«, um noch einmal die Leistung der Pioniere im Straßen- und Brückenbau zu würdigen, und schwenkt schließlich zur »Operation Uvda« der Negev- und der Golani-Brigade der Israelischen Streitkräfte. Sie erzählt, wie die israelischen Soldaten blitzschnell die kleine Polizeistation Umm Rashrash eroberten und Israel damit Zugang zum Roten Meer und zum Indischen Ozean verschafften. Hier entstand die israelische Stadt Eilat, in der heute knapp 50 000 Israelis leben. Ein Druck auf den dazu gehörigen Soundknopf, und es erklingt der Schlachtruf »Hey daroma le Eilat«, zu Deutsch »Hey, auf gen Süden nach Eilat!« des Dichters und Liedermachers Chaim Hefer. Dieser Refrain des gleichnamigen Liedes markiert den Gebietsanspruch Israels auf die Südspitze des Negev und den schmalen Küstenstreifen am Roten Meer.

Im vorletzten Kapitel mit dem Titel »Hier ist mein Zuhause« erzählt die Autorin die biblische Geschichte vom Gelobten

Land nach historisch-unkritischer Lesart. Sie listet auf, welche Gebiete schon die Söhne Jakobs dem biblischen Bericht zufolge von Gott erhalten hatten. Bis heute würden diese Orte nach den Namen der zwölf Stämme Israels benannt, schreibt Hayardeni. »Unsere Vorfahren lebten hier vor Tausenden Jahren, und jetzt wohnen wir hier.« Diese verkürzte Siedlungsgeschichte stattet die jungen Leser dieses Buches mit den nötigen Voraussetzungen für zukünftige Auseinandersetzungen aus.

Das letzte Kapitel stellt die Nationalhymne *Hatikva* vor und schließt die Lektion in allgemeiner Staatsbürgerkunde ab. *Hatikva* bedeutet auf Hebräisch Hoffnung. Die *Hatikva*, die übrigens schon seit 1897 die Hymne der zionistischen Bewegung war und mit der Gründung des israelischen Staates zur Nationalhymne aufgewertet wurde, werde am Ende jedes offiziellen Staatsaktes gesungen, erklärt Tamar Hayardeni und fasst den Inhalt zusammen: »Solange noch Juden sich nach dem Land Israel sehnen, gibt es Hoffnung, dass sie dort in Frieden und Freiheit leben können.« Wer den passenden Soundbutton drückt, hört die Nationalhymne, gesungen von einem kleinen Jungen.

Das Kinderbuch *Die Geschichte über den Weg* bündelt die wesentlichen Inhalte, die israelischen Kindern in staatlichen Kindergärten und Grundschulen über Geschichte, Gegenwart und Geografie Israels vermittelt werden. Was hier geschrieben steht, ist das unumstrittene Basiswissen über Israel, das jedes israelische Kind schon im Grundschulalter verinnerlicht hat. Dabei gehen Landeskunde und Patriotismus von Anfang an zusammen.

Von der Pflicht zu siegen: Die Armee

Die israelische Armee (Israeli Defense Forces, kurz IDF) ist ein Schmelztiegel. Dort treffen sich Nationalreligiöse, Orthodoxe und Säkulare, Israelis europäischer, orientalischer, asiatischer, afrikanischer, lateinamerikanischer und nordamerikanischer Herkunft. Politisch Linksorientierte und Liberale begegnen Rechtskonservativen. Junge Leute, die im Stadtzentrum von Tel Aviv aufgewachsen sind, finden sich gemeinsam mit jungen

Leuten aus einem Moschav im Negev, einem Vorort von Modiin oder einem Kibbuz in Nordgaliläa in einer Einheit wieder.
Alle jüdischen israelischen Staatsangehörigen und alle drusischen Israelis werden mit 18 Jahren, direkt nach ihrem Schul-
abschluss, zur Armee eingezogen. Frauen für zwei, Männer für
drei Jahre. Es gibt auch einige Beduinen und einige arabische
Israelis, die sich freiwillig zum Armeedienst melden. In der
Armee begegnen sich Menschen aus sämtlichen sozialen Schichten der Gesellschaft, aus verschiedenen kulturellen Zusammen-
hängen, mit unterschiedlichen Bildungserfahrungen und religiösen Prägungen.

»Ich habe bei der Armee Leute getroffen, von denen ich gar
nicht wusste, dass es sie gibt«, beschreibt die 19-jährige Shira
aus Tel Aviv den Prozess des Erwachens, den sie während ihrer
zweijährigen Dienstzeit in einer Einheit des Armeegeheimdienstes durchlebte. »Ich komme aus dieser Tel Aviver Blase. Aus einer
politisch linken Familie. Meine Eltern haben arabische Freunde.
Und plötzlich treffe ich Leute, die in krassen Schwarz-Weiß-
Kategorien von Gut und Böse, Freund und Feind denken und
für die Araber die letzten Höhlenmenschen sind.«

Die israelische Armee ist eine Volksarmee. Nicht nur, weil alle
Staatsbürger eingezogen werden. Es gibt überhaupt viele Berührungspunkte und große Schnittmengen zwischen Armee und Zivilgesellschaft. Die Soldaten besuchen ihre Familien und Freunde
oft, mindestens aber einmal pro Woche. Alle drei Monate haben
sie Urlaub. Zu besonderen Anlässen kommen die Eltern ihre Kinder in der Militärbasis besuchen. Die Soldaten können jederzeit
mit ihren Familien telefonieren und ihnen schreiben. Viele dürfen sogar während ihrer Armeezeit zuhause wohnen bleiben.

Militär und Zivilgesellschaft überschneiden sich auch deshalb
so großflächig, weil die meisten Männer bis zum 40. Lebens-
jahr Reservisten bleiben. Sie werden einmal im Jahr für vier
Wochen zu den *Miluim*, dem Reservedienst, eingezogen. Ihre
Frauen bekommen dafür drei Stunden täglich bezahlten Urlaub, um Zeit für die zusätzliche Arbeit in der Familie zu haben.
Israelische Arbeitgeber müssen mit diesen langen Abwesenhei-
ten ihrer Mitarbeiter kalkulieren. Der Reservedienst wird mit
mindestens 5000 Schekel, also etwa 1000 Euro, vergütet. Diese
Kompensation wird von der Nationalen Versicherungsgesell-

schaft Bituach Leumi an den Arbeitgeber überwiesen, und der verrechnet ihn mit seinem Mitarbeiter. Auch Erwerbslosen und Studenten stehen mindestens 1000 Euro im Monat zu. Insgesamt sind zurzeit 445 000 Israelis als Reservisten registriert. Pro Kopf der Bevölkerung sind das mehr als in jedem anderen Land der Welt. Die Zahl der aktiven Soldaten und Soldatinnen liegt zurzeit bei rund 176 500.

In Israel gibt es inzwischen auch die Möglichkeit, eine Art von Zivildienst abzuleisten. Wer den Dienst an der Waffe verweigert oder für den Militärdienst nicht geeignet ist, kann zwölf bis 24 Monate lang einen »nationalen Dienst« ableisten. Die Mehrheit der Nationaldienstleistenden sind nationalreligiöse Frauen. Eingesetzt werden diese Volontäre meist in sozialen Einrichtungen, Krankenhäusern, Schulen und Kindergärten. Sie bekommen 120 Euro Aufwandsentschädigung im Monat und eine kleine Dienstwohnung an ihrem Einsatzort.

Auch die arabischen Israelis sind schon seit der Gründung der IDF von der Wehrpflicht befreit. Israels erster Ministerpräsident David Ben Gurion befürchtete, dass sie in der Armee in einen Interessenkonflikt geraten könnten, wenn sie gegen Palästinenser kämpfen müssen. Inzwischen leistet eine wachsende Zahl junger arabischer Israelis freiwillig den alternativen »nationalen Dienst« ab. Diese werden dann in arabischen Städten und Gemeinden für soziale und gemeinnützige Aufgaben eingesetzt. Die Israelischen Streitkräfte, die auf Hebräisch abgekürzt *Zahal* genannt werden, sind eine der wichtigsten Institutionen in der israelischen Gesellschaft. Sie beeinflussen die Wirtschaft des Landes ebenso wie Politik, Bildung und Kultur.

Der erste israelische Ministerpräsident David Ben Gurion brauchte die Israelischen Streitkräfte als Symbol der Einigkeit des neu gegründeten Staates. Die Armee sollte der Ort sein, an dem die Einwanderer aus der ganzen Welt zu einer Einheit, zu einem Kollektiv verschmelzen. Hier sollten sich die Identität und der Zusammenhalt der Nation herausbilden. Die Armee sollte den Einwanderern helfen, sich zu assimilieren. Motivieren sollte sie dabei das hehre Ziel, das sie alle gleichermaßen vor Augen hatten: die Verteidigung der territorialen Integrität ihres jungen Staates. In seinen Memoiren schrieb Ben Gurion, der von 1948 bis 1953 regierte: »Wir müssen stark bleiben und über eine mächtige Armee verfügen. Unsere ganze Politik besteht darin. Sonst werden uns die Araber vernichten.«

Dieser Gedanke findet sich noch heute in den Grundsätzen der IDF wieder: »Israel kann es sich nicht leisten, einen einzigen Krieg zu verlieren«, heißt es da. Auf der Internetseite der Israelischen Streitkräfte kann man im Kapitel »Werte« die »Hartnäckigkeit in der Ausführung ihrer Missionen und den Antrieb zu siegen« an oberster Stelle aufgeführt finden. Damit ist gemeint: »Die Männer und Frauen, die in der IDF dienen, werden angesichts jeglicher Gefahren und Hindernisse kämpfen und sich mutig verhalten: Sie werden ihre Missionen entschieden und umsichtig durchhalten und dafür sogar ihr Leben riskieren.«

Aber auch die Menschenwürde ist darin fest verankert. »Die IDF und ihre Soldaten sind verpflichtet, die Menschenwürde zu wahren. Jeder Mensch hat seine Würde unabhängig von seiner Herkunft, Religion, Nationalität, seinem Geschlecht, seinem Status oder seiner Position«, heißt es im Abschnitt »Grundwerte« der Allgemeinen Doktrin. Die Soldaten werden weiter verpflichtet, ihre Waffen im Kampf nicht zum Schaden von Zivilisten einzusetzen. »Sie werden alles in ihrer Macht Stehende tun, um zu verhindern, dass sie deren Leben, deren Körper, deren Würde oder deren Eigentum verletzen.« Die meisten Israelis sind sehr stolz auf die Armee. Sie sind davon überzeugt, dass sie die weltweit höchsten ethischen Standards hat.

Der charismatische Militär und Politiker Mosche Dayan, der von 1954 bis 1958 Generalstabschef und Oberkommandierender der Israelischen Streitkräfte und von 1967 bis 1974 Verteidigungsminister war und bis heute in Israel vor allem für seine Verdienste während des Sechstagekriegs 1967 verehrt wird, hat die Mission der israelischen Armee so auf den Punkt gebracht: »Es ist das Schicksal unserer Generation und unsere Lebensentscheidung, vorbereitet zu sein, bewaffnet, stark, und entschlossen, damit nicht das Schwert aus unserer Hand geschlagen und unserem Leben ein Ende gemacht wird.«

Der politische Journalist und Chefredakteur der liberalen Tageszeitung *Haaretz*, Aluf Benn, hat dieses Credo Mosche Dayans einmal als Schlüsseltext des israelischen Nationalismus bezeichnet. In einer Analyse der Verteidigungspolitik Ehud Baraks als Schlüsseltext des israelischen Nationalismus bezeichnet. Und er sieht eine ungebrochene Kontinuität zwischen Dayans Auffassung und der von Ehud Barak. Barak hatte von 2007 bis Januar 2013 das Amt des Verteidigungsministers inne. Bei der jährlichen Gedenkveranstaltung zu Ehren Mosche Dayans in der Tel Aviver Universität sagte Ehud Barak im November 2012: »Wir leben in einer schwierigen Gegend, einer, in der dem Schwachen keine Gnade zuteil wird und in der es keine zweite Chance für diejenigen gibt, die sich nicht verteidigen können. Wir leben in einer Villa mitten im Dschungel.« Hier klingt das schon in der *Pessach-Haggada* begründete Motiv vom Kampf des Volkes Israel gegen diejenigen an, die es vernichten wollen. Ehud Baraks Definition der Lage Israels im Nahen Osten als einer »Villa mitten im Dschungel« ist in der israelischen Gesellschaft Konsens. Sie erklärt viele politische und militärische Reflexe.

In den vergangenen 65 Jahren hatte es für die Israelischen Streitkräfte Priorität, ihre Überlegenheit gegenüber den Armeen der arabischen Länder sicherzustellen. Eine Quelle dieser Überlegenheit sind die Waffensysteme und die technische Ausstattung, die zu einem beträchtlichen Teil vom Bündnispartner USA mitfinanziert werden. Die USA haben den israelischen Verteidigungshaushalt im Jahr 2013 mit 2,42 Milliarden Euro subventioniert. Insgesamt beläuft sich der Verteidigungshaushalt für das Jahr 2013 auf 12,4 Milliarden Euro, das entspricht in etwa 24 Prozent des gesamten israelischen Staatshaushalts.

Die israelischen Streitkräfte haben, so definiert es ihre Selbstdarstellung im Internet, als Ziel und Auftrag, »die Existenz, territoriale Integrität und Souveränität des Staates Israel zu verteidigen, die Bewohner Israels zu beschützen und alle Formen des Terrorismus zu bekämpfen, die das alltägliche Leben bedrohen«.

In der Gesellschaft wird die Armee als Garant der Sicherheit und Eigenstaatlichkeit wahrgenommen. Immer wieder habe ich Freunde zu ihren Kindern sagen hören: »Unsere Soldaten beschützen uns. Ihnen haben wir zu verdanken, dass wir hier so vergnügt am Strand spielen können.« Wenn Raketen aus dem Libanon auf Nordisrael abgefeuert wurden und erst recht als die Unruhen in Syrien begannen, habe ich selbst auch manches Mal dankbar der Soldaten gedacht, die die Grenzen des Landes bewachen.

»Tel Aviv ist der sicherste Ort auf der Welt«, versuchte Mosche, der Mann einer österreichischen Freundin, seine Frau während der Gaza-Kriege zum Jahreswechsel 2008/2009 und im November 2012 zu beruhigen. Mosche ist Anwalt und hat seinen Militärdienst in einer Einheit des Armeegeheimdienstes abgeleistet. »Tel Aviv ist das Herz dieses Landes. Die Unversehrtheit dieser Stadt ist ein Symbol der Stärke Israels. Hier kannst du dich fühlen wie in Abrahams Schoß.« Mosche hat erst einmal Recht behalten: Im dreiwöchigen Krieg, der Ende Dezember 2008 begann, kamen die aus dem Gaza-Streifen abgefeuerten Kassam-Raketen nicht weiter als bis Ashdod. Während der achttägigen israelischen Militäroffensive gegen die Hamas-Führung im Gaza-Streifen vom November 2012 jedoch wurde auch Tel Aviv mit Raketen des iranischen Typs Fadschr-5 beschossen. Der israelischen Armee gelang es zwar, alle mit dem in Israel entwickelten Raketenabwehrsystem »Eiserne Kuppel« abzufangen und in der Luft zu zerstören. Diese Methode der Verteidigung ist allerdings nicht ganz billig. Eine einzige Abwehrrakete kostet zwischen 23 000 und 38 000 Euro.

Als die Bewohner von Tel Aviv im November 2012 unter dem Geheul eines Luftalarms in die Bunker fliehen mussten, wurde das Sicherheitsgefühl der Tel Avivis zum ersten Mal seit 1991 erschüttert. Der Bombenanschlag auf den Linienbus am Shaul-Hamelech-Boulevard mitten im Zentrum Tel Avivs schließlich, riss die Wunden der Zweiten Intifada wieder auf. Unter dem Einfluss dieses Anschlags und unter dem Druck der US-Regierung ließen Ministerpräsident Benjamin Netanjahu und Verteidigungsminister Ehud Barak sich innerhalb weniger Stunden doch noch auf einen Waffenstillstand mit der Hamas ein. Die Ruhe war fürs Erste wiederhergestellt.

Während des Gaza-Kriegs im Sommer 2014 heulten die Warnsirenen in Tel Aviv oft mehrmals am Tag. Das Raketenabwehrsystem »Eiserne Kuppel« war zwischen dem Beginn der kriegerischen Auseinandersetzung am 8. Juli und dem dauerhaften Waffenstillstand am 26. August überall im Land im Dauereinsatz.

Als Mattia und seine Eltern am 12. August 2014 am Flughafen Ben Gurion in die El-Al-Maschine Richtung Berlin einsteigen, ist es schwül. Es war ein ruhiger Tag in Tel Aviv, ein Tag ohne Luftalarm, ein Tag ohne Bunker, ein Tag ohne Panik. Mattia hatte nicht viele davon in den Wochen vor seiner Abreise. Er ist sieben Jahre alt, ein jüdisch-israelischer Junge, der sich am liebsten in Bücher über Astronomie vertieft und seine Fantasiewelt mit den Star-Wars-Charakteren Anakin Skywalker und Obi Wan Kenobi bevölkert. Die El-Al-Maschine startet planmäßig. Ein paar Stunden später ist Mattia in Berlin-Kreuzberg. Es ist dunkel, die Luft kalt, ein fremder großer Mann zeigt seinen Eltern die Ferienwohnung, in der er die nächsten zwei Wochen verbringen wird. Als der Mann geht, schmiegt Mattia sich an seine Mutter und fragt mit sehr leiser Stimme: »Mama, bist Du sicher, dass wir hier sicher sind? Dass wir hier nicht sterben müssen?« Die Führung der israelischen Armee hat ihre Antwort auf den anhaltenden Raketenbeschuss aus dem Gazastreifen »Operation Starker Fels« genannt. Aber die »Operation Starker Fels« war kein chirurgischer Eingriff unter keimfreien Bedingungen. Menschen wurden getötet und verletzt. 2137 Palästinenser und 67 Israelis, 64 von ihnen waren Soldaten. Aber auch diejenigen, deren Körper unversehrt geblieben sind, haben Wunden davon getragen. So wie Mattia.

Der Nahe Osten ist eine aufgewühlte Gegend. Zu aufgewühlt für ein Sprechen über erlittene Traumata im Perfekt. Islamistische Terrormilizen gefährden die politische Ordnung im gesamten Nahen und Mittleren Osten. Das könnte Israel mit den Palästinensern unter Führung von Mahmud Abbas und sämtlichen gemäßigten arabischen Nachbarn in der Region von Marokko über Ägypten, Jordanien, Saudi-Arabien bis zu den arabischen Emiraten in einem gemeinsamen Interesse zusammenschmieden. Denn sie alle sind vom radikalen politischen Islamismus, von Isis, Al Quaida und Muslimbrüdern in ihrer Existenz bedroht. Die Hamas hat sich längst als ein Teil dieses radikalen politischen Islamismus zu erkennen gegeben. Israel bleibt jetzt keine Zeit mehr für taktische Spiele. Benjamin Netanjahu bietet sich die Chance, ein neues Bündnis und eine neue Ordnung im Nahen und Mittleren Osten zu stiften. Er muss sich lossagen von seinen rechtsnationalen Partnern und neue Allianzen wagen. Im Innern und nach außen. Eine Integration Israels in ein Bündnis mit gemäßigten arabischen Nachbarstaaten könnte regionalem Handel den Weg ebnen. Israel bietet sich eine historische Chance, sich aus seiner Isolation in der Region zu befreien. Ein gemeinsamer Feind kann manchmal Gutes bewirken. Jedenfalls dann, wenn nicht nur der Feind, sondern auch das Gemeinsame erkannt wird.

Während meiner Zeit in Israel habe ich etwas Wichtiges über den israelisch-palästinensischen Konflikt gelernt: In Deutschland, Europa und den USA wird ständig vom Nahost-Friedensprozess gesprochen. In Israel redet seit der Ermordung Jitzchak Rabins kaum noch jemand davon. Die Vokabel Friedensprozess wurde im Hebräischen weitgehend durch den neutraleren Begriff »Staatsprozess« ausgetauscht. Die religiös-rechtskonservative Koalition aus Likud (Zusammenschluss, größtes konservatives Parteienbündnis), Israel Beiteinu (Unser Haus Israel, säkular-nationalistische Partei), Schas (sephardisch-orthodoxe Partei), Habait Hayehudi (Jüdisches Haus, Partei der national-religiösen Siedlerbewegung), Jahadut Hathora haMejuchedet (Vereinigtes Thora-Judentum, aschkenasisch-orthodoxe Partei) und Haatzmaut (Unabhängigkeit, Partei von Ehud Barak, Abspaltung der Arbeitspartei Avoda) jedenfalls, die Israel bis zum Januar 2013 regierte, war an einem Frieden nie interessiert. Im Februar 2013 gelang es Ministerpräsident Netanjahu zwar überraschend, Zipi Livni und ihre neue Partei Hatnua (Bewegung) als erste Partnerin in sein neues Regierungsbündnis zu holen und ihr als künftiger Justizministerin die Verhandlungen mit den Palästinensern zu übertragen. Aber an einem ernst gemeinten Friedensprozess hatte auch diese Regierung kein Interesse. Denn damit wären ernsthafte Zugeständnisse an die palästinensische Seite verknüpft, und die zu machen ist seit der Ermordung von Jitzchak Rabin kein israelischer Regierungschef mehr bereit. Ziel Netanjahus war es jedenfalls in den vergangenen Jahren, den territorialen Status quo nicht nur aufrechtzuerhalten, sondern ihn mit der Erweiterung bestehender und dem Bau neuer Siedlungen auf Kosten der Palästinenser zugunsten Israels zu verbessern. Von Netanjahus im Mai 2015 geschlossenem Regierungsbündnis mit der rechten Siedlerpartei Habait Hayehudi (Jüdisches Heim) ist sicher keine Zurückhaltung beim Siedlungsbau zu erwarten. Zumal die Machtbasis der neuen Regierung in der Knesset aus einer Mehrheit von einer einer einzigen Stimme beruht: 61 von 120 Abgeordneten sind Teil der Koalition. Das verleiht den Vertretern der beiden religiösen Partner Schas und Vereinigtes Thora-Judentum, der rechts-konservativen Kulanu-Partei (Wir alle) und der Siedlerpartei Habait Hayehudi viele Möglichkeiten, auf ihren Partikularinteressen zu bestehen.

Dass der Friedensprozess, der in Europa und den USA immer wieder routiniert beschworen wird, ein Phantom ist, habe ich kurz nach dem Ende des Gaza-Kriegs im Jahr 2009 begriffen. Der damalige Direktor des Regierungspresseamtes, Daniel Seaman, verriet mir in einem mehr oder weniger beiläufigen Gespräch auf dem Flur des Presseamtes das Schlüsselwort für das Verständnis der israelischen Politik: »Uns geht es nicht um Frieden«, sagte er in aller Offenheit. »Wir wollen *scheket*.« Zu Deutsch »Ruhe«.

Für diese Ruhe sind die israelischen Regierungen bereit, einen hohen Preis zu bezahlen: ein Viertel des gesamten Staatshaushaltes widmen sie der Landesverteidigung. Für die Bevölkerung bedeutet das, dass Geld in anderen Bereichen wie der Bildung, dem Gesundheits- und Sozialwesen fehlt. Im Wahlkampf im Frühjahr 2015 schien die Frage der Lebenshaltungskosten zum ersten Mal wahlentscheidend zu werden. Die letzten Prognosen vor dem Wahltag sagten dem eher an sozial- und gesellschaftspolitischen Fragen orientierten Zionistischen Lager von Itzchak Herzog und Zipi Livni deutlich mehr Stimmen voraus als Ministerpräsident Benjamin Netanjahu, der in seinem Wahlkampf einmal mehr auf sicherheitspolitische Fragen und insbesondere die Gefahr eines atomar bewaffneten Iran gesetzt hatte. Diese Stimmung wurde noch befeuert von einem Bericht des Obersten Rechnungsprüfers Joseph Shapira, aus dem hervorging, dass die Immobilienpreise zwischen 2008 und 2013 bei gleichbleibenden Einkommen um 55 Prozent und die Mietpreise um 30 Prozent gestiegen sind. Ein weiterer Shapira-Bericht legte offen, dass 80 Prozent der israelischen Haushalte überschuldet sind. Die OECD bescheinigte Israel 2014, das Mitgliedsland mit der höchsten Armutsrate zu sein. Jedes dritte Kind in Israel lebt in Armut. Im Wahlkampf 2015 schienen diese Themen erstmals ernster genommen zu werden als die Frage eines atomar bewaffneten Iran. Aber dann, trat Yair Garbuz auf: Zehn Tage vor der Wahl, bei der Kundgebung der Linken auf dem Rabin-Platz in Tel Aviv, wendete der bildende Künstler Garbuz das Blatt. Als er die Wähler des Likud als rückständige Analphabeten und unaufgeklärten religiösen Traditionen verhaftete »Küsser von Amuletten und Mesusot« verspottete, brach die schon überwunden geglaubte Kluft zwischen Mizrachim und Ashkenazim mit voller Wucht wieder auf. Garbuz schien der zu großen Teilen mizrachischen Likud-Klientel vorführen zu wollen, welches Ausmaß an Geringschätzung und Rassismus sie von einer Regierung zu erwarten hätten, die von den beiden ashkenasischen Politikern Itzchak Herzog und Zipi Livni angeführt werden würde. Meine vor 40 Jahren aus Marokko nach Israel eingewanderte Freundin Eliane sagte mir, sie sei mit der Überzeugung zur Kundgebung gegangen, sie werde zum ersten Mal in ihrem Leben links wählen und noch während der Rede von Garbuz habe sie entschieden, wieder Likud zu wählen. »Für die Ashkenasim sind wir der letzte Dreck. Wir sind für sie wie Tiere. Und wir haben Angst, dass man uns den Staat wegnimmt. Menschen sterben, wenn sie sich nicht zugehörig fühlen und Garbuz hat wieder dieses Gefühl in uns wachgerufen, dass wir hier nicht dazugehören.« Und diesem Gefühl begegnete nicht nur Eliane, sondern viele Tausende Israelis mizrachischer Herkunft mit der Wiederwahl von Benjamin Netanjahu. Der linksliberale Garbuz könnte von Netanjahu Honorar für seinen wirkungsvollen Auftritt zugunsten des rechten Likud verlangen.

Netanjahu ist wiedergewählt worden und es steht zu befürchten, dass er die Wirtschafts-, Wohnungsbau- und Siedlungspolitik seiner vergangenen Amtsperioden mit seinem neuen Kabinett fortführt. Bisher hat er selbst davon nur profitiert. Die extrem hohen Lebenshaltungskosten drängen immer mehr Israelis, über einen Umzug in eine staatlich subventionierte Siedlung mit guter Infrastruktur nachzudenken und Wahlanalysen zeigen, dass die Leute, die unter Netanjahus Wirtschaftpolitik am meisten leiden, genau die sind, die ihn wählen. Es gibt daher nur wenig Anlass, auf eine Entspannung der materiellen Not zu hoffen. Wegen der extrem hohen und immer weiter steigenden Lebenshaltungskosten in Israel, der unzureichenden Unterstützung von Familien durch den Staat und der schlechten finanziellen Ausstattung von Kindergärten, Schulen und Universitäten demonstrierten Hunderttausende

Israelis im Sommer 2011 über Wochen an verschiedenen Orten im ganzen Land. Tausende campierten in Zelten an zentralen Plätzen in Tel Aviv, Jerusalem und anderen Städten, und zum Höhepunkt der Proteste gingen knapp eine halbe Million Israelis auf die Straße. Das entspricht einem Zwölftel der gesamten Bevölkerung. Umgerechnet auf deutsche Verhältnisse wäre das so, als gingen hier 6,7 Millionen Menschen auf die Straße. Die Regierung Netanjahu setzte eine Kommission unter Leitung des Wirtschaftswissenschaftlers Manuel Trajtenberg ein und beauftragte sie, Reformvorschläge zu entwickeln. Die Kommission präsentierte Konzepte für ein paar kosmetische Korrekturen im Staatshaushalt. Eine spürbare Entlastung der Bürger bekam sie nicht zustande. Unter der Führung ihrer Vorsitzenden und Spitzenkandidatin Shelly Jachimovitch griff die Arbeitspartei Avoda die Themen der Sozialproteste auf und hob sie im Wahlkampf Ende 2012 auf die Agenda. Auch die neue Partei Jesch Atid, zu Deutsch »Es gibt eine Zukunft«, des früheren Fernsehjournalisten Jair Lapid machte sich die Anliegen der Protestbewegung zu eigen.

Shelly Jachimovitch konnte mit ihrer sozialpolitischen Agenda 15 Sitze in der 19. Knesset gewinnen. Jair Lapid gewann 19. Ob die Wahlversprechen dieser Parteien zu einer tatsächlichen Entspannung der finanziell bis aufs Äußerste belasteten israelischen Bürger führen werden, wird die Zeit zeigen. Bis zum Winter 2012 jedenfalls forderte der Verteidigungsminister Jahr um Jahr mehr Mittel für sein Ressort. In der Regel wurde seinen Forderungen stattgegeben, denn oberstes Ziel der Regierung Netanjahu war immer, die Ruhe im Land zu erhalten. Und ihr fehlte die Phantasie und der politische Wille, diese Ruhe auf andere Weise als durch immer weitere Aufrüstung abzusichern.

Die israelische Armee ist nicht nur ein Schmelztiegel der unterschiedlichen Kulturen und sozialen Schichten, sondern unter den Bedingungen des Armeedienstes entstehen Verbindungen und Freundschaften zwischen Menschen, die oft ein Leben lang Bestand haben. Sie prägen auch die Verbindungen in der politischen Landschaft.

Besonders belastbar scheinen die Beziehungen zu sein, die in der Eliteeinheit Sayeret Matkal geknüpft werden, der Elitetruppe der israelischen Armee, die besonders heikle Aufgaben im Anti-Terror-Kampf erfüllt und direkt dem Militärgeheimdienst unterstellt ist. Benjamin Netanjahu machte 2006 den gerade einmal 34-jährigen Naftali Bennett zum Chef seines Stabs. Bennet hatte zwar keinerlei politische Erfahrung, war aber Major der Sayeret Matkal gewesen, das genügte Netanjahu als Referenz. Außerdem hatte Bennett damals gerade seine High-Tech-Firma, die Software für Bankensicherheit entwickelte, für 111 Millionen Euro verkauft und musste sich um sein Auskommen keine Sorgen mehr machen. Allerdings hat das Männerbündnis Bennett-Netanjahu nicht einmal zwei Jahre gehalten. Nach einem Zerwürfnis mit Netanjahus Ehefrau Sara nahm Bennett seinen Hut. Inzwischen ist der Multimillionär Naftali Bennett der neue Mann an der Spitze der nationalreligiösen Siedlerpartei Habait Hayehudi (Jüdisches Haus). Er möchte ein Großisrael »vom Jordan bis zum Mittelmeer« verwirklichen, den Gaza-Streifen an Ägypten abtreten, 60 Prozent des Westjordanlands annektieren und die Palästinenser auf dem restlichen Gebiet unter der Kontrolle des israelischen Militärs existieren lassen. Mit seinen ultranationalistischen Positionen, die er multimedial vermarktet, konnte Bennett bei den Parlamentswahlen im Januar 2013 zwölf Sitze für seine Partei gewinnen.

Bei den Wahlen 2015 allerdings, schnitt er mit nur acht Sitzen deutlich schlechter ab. Wahlanalysen zeigen, dass er vor allem Stimmen an den Likud verloren hat. Damit rechtfertigte Bennett in den Koalitionsverhandlungen im März und April 2015 auch seine Forderung, das wichtigste Ressort im Kabinett zu bekommen, das Sicherheitsministerium. Und er forderte weitere Ressorts für seine Partei. Der eine Wunsch wurde ihm erfüllt, der andere nicht: Das Sicherheitsministerium bleibt in der Hand von Moshe Ya'alon vom Likud. Dafür hat Naftali Bennett aber mit dem Bildungsministerium das zweitgrößte Ressort bekommen. Seine Parteifreundin Ayelet Shaked steht nun dem Justizministerium vor, Uri Ariel von Habait Hayehudi ist neuer Landwirtschaftsminister.

Benjamin Netanjahu verlässt sich grundsätzlich gern auf seine Kontakte zu früheren Kämpfern der Elitetruppe Sayeret Matkal. Als er zum Beispiel im Sommer 2012 einen Nachfolger für Heimatschutzminister Matan Vilnai suchte, berief Netanjahu

Avi Dichter ins Amt. Er kannte Dichter aus seiner Zeit bei der Sayeret Matkal.

Von dort kannte Netanjahu auch seinen jahrzehntelangen Gegenspieler Ehud Barak. Barak war in den 1970er Jahren Kommandeur der Einheit, und Netanjahu war Teamleiter. Beide waren im Mai 1972 für die erfolgreiche Befreiung der Geiseln aus einem von palästinensischen Terroristen entführten Flugzeug der belgischen Sabena-Fluggesellschaft verantwortlich.

Doron Avital ist ebenfalls ein alter Bekannter von Netanjahu und Barak. Avital ist Philosoph und war Kadima-Abgeordneter der 18. Knesset. Er ist 1959 geboren und ging mit 18 Jahren zur Armee. Von 1978 bis 1994 gehörte er den Streitkräften an. Zunächst machte er Karriere bei den Fallschirmjägern, und in den beiden letzten Jahren war er Kommandeur der Spezialeinheit Sayeret Matkal.

Im September 2012 erschien Doron Avitals Buch *Logika be pe'ula (Logik in Aktion)*. Darin analysiert er eine Militäroperation der Sayeret Matkal, die 1994 unter seiner Leitung ausgeführt wurde. Von 1992 bis 1994 hatte Doron Avital die Kommandohoheit über die Elitetruppe. Der Philosoph und Militärtheoretiker reflektiert in seinem Buch auch Geist und Taktik der israelischen Armee. Für ihn geht es bei der Vorbereitung einer Operation darum, die Persönlichkeiten der Soldaten zu stärken und ein eigenständiges und klares Urteilsvermögen zu fördern und um ihre Fähigkeit, flexibel und dynamisch auf das zu reagieren, was passiert. Seiner Ansicht nach ist es ein Fehler, eine Militäroperation im Manöver bis ins Kleinste so wirklichkeitsnah wie möglich durchzuspielen.

»Im Vergleich zu anderen Armeen auf der Welt ist die israelische Armee eine sehr informelle, liberale Armee«, sagt Doron Avital. Soldaten und ihre Vorgesetzten sprächen sich beim Vornamen an. Er selbst habe in seiner ganzen militärischen Laufbahn fast nie salutiert. Zwar stehe die IDF in der Tradition der britischen Armee, das israelische Temperament unterminiere aber jeden Formalismus. »Es geht darum, durch Persönlichkeit zu überzeugen«, erklärt Avital. Der Führungsstil sei persönlich.

Avital beschreibt seine Zeit in der Armee als prägende Erfahrung. Einschneidend war für ihn vor allem der Einsatz im

Ersten Libanon-Krieg, der am 6. Juni 1982 begann und am 17. Mai 1983 endete. Damals führte er eine Kompanie Fallschirmjäger an. »Krieg ist eine sehr intensive Erfahrung. In dieser Extremsituation lernt man sich kennen. Am Ende weiß jeder wie die anderen sind.«

Avital sieht sich als jemanden, der zur Hochform aufläuft, wenn es brennt. »Krieg fällt mir leicht«, sagt er. »Denn im Krieg geht es nicht darum, Protokolle zu befolgen, sondern es geht darum, eigenständige und verantwortliche Entscheidungen zu treffen. Ich habe zum Beispiel meinen Soldaten im Libanon erlaubt, ohne kugelsichere Weste zu kämpfen, denn ich habe gesehen, dass es in der Hitze des Libanon gefährlicher war mit dieser Weste zu kämpfen als ohne. Das habe ich dann auf eigene Faust so entschieden, und der Ausgang der Schlacht an diesem Tag hat gezeigt, dass ich recht hatte.«

Avital hat im ersten Libanon-Krieg fünf seiner 80 Soldaten verloren. Bis heute quält ihn die Frage, ob er das hätte verhindern können.

»Wir waren sehr jung«, sagt er. Nach dem Krieg träumte er nachts von den Soldaten, die ums Leben gekommen sind. »Im Traum kamen sie zu mir und sagten, ›Doron, alle sagen, du bist ein guter Kommandeur, aber wir wissen, wie du wirklich bist. Wir wissen genau, dass du hier zu schnell vorgestoßen bist und dort einen Fehler gemacht hast.‹ Ich hatte viel Verantwortung und war erst 23«, erzählt Avital. »Am Ende wirst du erwachsen und verstehst, dass ein Krieg wie ein Kapitel im Leben ist. Du musst die Dinge so akzeptieren wie sie passieren. Es hat keinen Sinn zu sagen, ›ich hätte es anders machen sollen‹.«

Maor Damari ist 26 und studiert Sonderpädagogik und Mathematik. Er war von 2005 bis 2008 Soldat bei einer Infanterie-Einheit. Maor war schon im August 2005, nur wenige Monate nach Dienstantritt, an der Räumung des jüdischen Siedlungsblocks Gush Katif im südlichen Gaza-Streifen beteiligt und kämpfte im Zweiten Libanon-Krieg, vom 12. Juli bis 14. August 2006.

»Jemand, von dem ich weiß, dass ich mich sogar im Krieg auf ihn verlassen kann, bleibt mein Freund für immer«, sagt Maor Damari. »Im Krieg lernt man sich wirklich kennen.« Maor wollte Kämpfer werden. Das war sein Ziel. Er kommt aus einem

Moschav in der Nähe von Naharija im Norden Israels. Er ist mit den Raketen der Hisbollah aus dem Libanon groß geworden. Er hat mit den Patronenhülsen gespielt, die er auf der Straße fand. »Ich bin mit bewaffneten Soldaten aufgewachsen und mit dem Bild, dass man Israel beschützen muss.« Einer seiner Brüder ist Berufssoldat bei der Armee. Er repariert Panzer und militärisches Gerät. Zwei seiner Onkel wurden im »Abnutzungskrieg« (1968–1970) mit Ägypten getötet. In seiner Familie war die IDF immer ein wichtiges Gesprächsthema.

Als Maor zur Armee eingezogen wurde, freute er sich: »Ich habe das so gesehen, dass ich jetzt einfach dran bin, mein Land zu beschützen. Bei jedem Festessen in unserer Familie gab es Kriegsgeschichten. Auch in der Schule ging es immer darum, wer zum Beispiel eine Verdienstmedaille bekommen hat. Für mich war es selbstverständlich, zur Armee zu gehen.«

Die ersten Monate bei der Armee waren schwer, sagt Maor, die Mission in Gush Katif verwirrend. Sein Kommandeur bei der Gaza-Operation war ein Siedler, der selbst aus Gush Katif kam. Der Bulldozer riss vor seinen Augen sein eigenes Haus ab. »Das war nicht gerade witzig«, sagt Maor Damari. »Wir mussten den Leuten in Gush Katif helfen, ihre Sachen zu packen. Bei den Siedlern und ihren Familien gab es viele Tränen. Ob es nun politisch gerechtfertigt war oder nicht, wir mussten Kindern, Müttern und Vätern ihr Zuhause wegnehmen. Das war sehr schwer.« Eigentlich war Maor Damari überzeugt, dass es richtig sei, die jüdische Siedlung im Gaza-Streifen zu räumen. Während seines Einsatzes kamen ihm allerdings Zweifel.

Es waren insgesamt 8500 Siedler, die 2005 von der Regierung Ariel Sharons gezwungen wurden, ihre Siedlung Gush Katif zu verlassen.

Die Geschichte jüdischer Siedlungen auf palästinensischem Boden begann mit dem Sechstagekrieg von 1967. Im Sechstagekrieg gelang es Israel, nicht nur das Kernland des biblischen Israel, sondern auch das arabische Ost-Jerusalem, den Gaza-Streifen, die syrischen Golan-Höhen und die ägyptische Sinai-Halbinsel zu besetzen. Innerhalb von sechs Tagen war der Traum der israelischen Rechten von einem Groß-Israel Wirklichkeit geworden.

Für die bis 1977 regierenden Sozialdemokraten hatten die

Siedlungen in erster Linie sicherheitspolitische Bedeutung. Sie betrachteten die besetzten Gebiete als »Wehrsiedlungen«. Nationalisten und Nationalreligiöse dagegen betrachteten die Besatzung als dauerhafte Eroberung. Ideologischer Kopf dieser Bewegung war der Rabbiner Zvi Jehuda Kook. Kook sah die besetzten Gebiete als unverzichtbaren Bestandteil von Eretz Israel. Seiner Überzeugung nach hatten sich mit den Gebietsgewinnen im Sechstagekrieg die biblischen Verheißungen Gottes erfüllt.

Nationalreligiöse Siedler ließen sich aber nicht nur an bereits in der Bibel erwähnten Orten wie Hebron oder Nablus nieder, sondern auch auf dem Golan, in Gaza und auf dem Sinai. Die sozialdemokratische Regierung unter Ministerpräsident Jitzchak Rabin von der Arbeitspartei Avoda ließ sie gewähren. Zur Einweihung der Siedlung Jamit auf dem Sinai im Jahr 1976 reiste Rabin an und dankte all jenen, »die mitgemacht haben«. Er definierte die geopolitische Bedeutung dieser Siedlung so: »Wir wollen Grenzen haben, die wir verteidigen können, und Jamit muss Teil Israels werden, damit solche Grenzen ermöglicht werden können.« Zwar ist seiner äußerst knappen Rede keine imperialistische Emphase anzumerken. Der Leiter der Ständigen Vertretung Ägyptens bei den Vereinten Nationen, Ahmet Esmat Abdel Meguid, bemerkte allerdings am 3. Dezember 1976 während einer Debatte der UN-Vollversammlung zur »Situation im Nahen Osten« (A/31/PV.88), er erkenne einen unüberwindbaren Widerspruch zwischen der jüdischen Besiedlung des Sinai und den Erklärungen von Ministerpräsident Jitzchak Rabin bei der jüngsten Sozialistischen Internationale in Genf, er sei an einer Friedenslösung interessiert. »Seiner Ansicht nach gibt es keinen Widerspruch zwischen der Errichtung von Siedlungen auf ägyptischem Boden und dem Streben nach Frieden. Expansion und Annexion sind folglich der Schlüssel zu Israels Version von Frieden.«

Von 1977 an verschärfte sich der Ton der israelischen Regierungen. Menachem Begin vom rechtsgerichteten Likud löste den Sozialdemokraten Rabin als Ministerpräsident ab. Von nun an machten der Staat und die radikale Siedlerbewegung Gusch Emunim, der Block der Getreuen, gemeinsame Sache. Es war Begins erklärtes Ziel, »Jehuda und Schomron« wie das

Westjordanland von der Siedlerbewegung genannt wurde, als »Urheimat der jüdischen Väter« zurückzuerobern.

1979 stimmte Begin zwar dem Abkommen von Camp David zu und willigte ein, dass Israel sich aus dem Sinai zurückzieht. Im Gegenzug bekam er Frieden mit Ägypten.

Nach der Räumung des Sinai versicherte Begin aber den Siedlern, er werde die jüdischen Siedlungen in Gaza und im Westjordanland nicht aufgeben.

Im Laufe der Jahrzehnte wurde der Siedlungsbau zum festen Bestandteil jedes Regierungsprogramms, sowohl unter rechtsgerichteten als auch unter sozialdemokratischen Regierungen. Der Staat lockte die Bürger mit Krediten und Steuererleichterungen aus dem israelischen Staatsgebiet in die Siedlungen. Wer dorthin zog, konnte sich mit nur wenig Eigenkapital ein Eigenheim leisten. Zwischen 1977 und 1992, der Zeit der Likud-geführten Regierungen, wuchs die Zahl der Siedler von 8000 auf über 100 000. Unter Begin annektierte Israel Ost-Jerusalem und den Golan. Die Siedlungen in diesen Gebieten wurden unwiderruflich zum israelischen Staatsgebiet erklärt. Bis heute sind die Siedlerbewegung, ihre Parteien und Organisationen das Sammelbecken der radikalen Nationalisten.

1992 gewann der Sozialdemokrat Jitzhak Rabin die Wahlen mit einem Friedensprogramm. Im September 1993 unterzeichnete er das Oslo-Abkommen. Die israelische Armee begann, sich aus dem Westjordanland zurückzuziehen. Jitzchak Rabin bot allen Siedlern Geld an, die bereit waren, ihre Häuser in den besetzten Gebieten zu räumen. Zugleich aber wurde der Ausbau einiger Siedlungen weiter staatlich subventioniert.

Rabin wurde 1995 von dem nationalreligiösen Fanatiker und Siedlerfreund Jigal Amir ermordet. Seitdem hat es kein israelischer Ministerpräsident mehr gewagt, den Siedlungsbau einzufrieren oder die staatlichen Zuschüsse zu stoppen.

Seit dem Jahr 2001 steht der Siedlungsbau in voller Blüte, denn US-Präsident George W. Bush billigte ihn ausdrücklich. Sein Nachfolger Barack Obama forderte von Israel zwar einen absoluten Baustopp und das Aus für sogenannte illegale Außenposten und israelische Bauprojekte in Ost-Jerusalem. Der von 1996 bis 1999 und seit 2009 regierende Ministerpräsident Benjamin Netanjahu dagegen besteht darauf, dass den jüdischen

Siedlungen ein »natürliches Wachstum« erlaubt sein müsse. Immer wieder betont er, die Siedler seien nicht die »Feinde unseres Volkes und auch nicht des Friedens«. Vielmehr seien sie »unsere Brüder und Schwestern«.

Die Nichtregierungsorganisation Peace Now (Frieden Jetzt), beziffert die Gesamtsumme der israelischen Steuergelder, die zwischen 2005 und 2013 in den Ausbau der jüdischen Siedlungen geflossen sind, auf 2,1 Milliarden Euro und jährlich 235 Millionen Euro. Diese Gelder fließen allein in die Siedlungen selbst, die Kosten für die Sicherheit und den Straßenbau sind hier noch nicht berücksichtigt. Nach Auskunft der Zentralen Statistikbehörde stiegen die Gesamtausgaben für die Siedlungen allein im Jahr 2011 um 38 Prozent an, während die Zahl der Siedler im selben Zeitraum nur um fünf Prozent wuchs. Der frühere Finanzminister Yuval Steinitz rühmte sich im November 2012 im israelischen Armeeradio, dass es seiner Regierung gelungen sei, den Finanztransfer in die Siedlungen zu verdoppeln. Allein 2014 stieg die Zahl der neuen Bauprojekte um 40 Prozent, viele von ihnen an isolierten Orten, mitten im Westjordanland.

Nach Angaben des israelischen Innenministeriums lebten Ende 2013 insgesamt 359 000 jüdische Siedler im Westjordanland und rund 200 000 Juden in den Teilen von Jerusalem, die Israel 1967 besetzt hat.

Doch zurück nach Gush Katif: Als die Regierung von Ministerpräsident Rabin im Jahr 2005 die 8500 Siedler im Gaza-Streifen zwang, ihre Häuser zu räumen, war Maor Damari erst seit wenigen Wochen Soldat der israelischen Armee.

Gush Katif war Maors erster Einsatzort. Anderthalb Jahre später, am 25. Juni 2006, wurde der israelische Soldat Gilad Shalit von Palästinensern in Israel entführt und in den Gaza-Streifen verschleppt. Maor Damari kennt Gilad Shalit gut. Vier Jahre lang hat Shalit in der gleichen Gegend wie Maor gewohnt. »Als Gilad Shalit entführt wurde, habe ich zum ersten Mal mit Zynismus auf die Palästinenser geschaut.« Maor erinnert sich genau: »Ich war damals in Ramallah stationiert. Zwei, drei Wochen nach der Entführung war ich zum ersten Mal seit langem wieder zu Hause. Plötzlich riefen mich Freunde aus dem Norden an und erzählten von Explosionen. Ich zog meine schmutzige Uniform aus und eine frische an und machte mich sofort auf den

Weg zu meiner Basis. Noch bevor ich den Anruf bekam, dass ich kommen müsse.« An diesem Tag begann der Zweite Libanon-Krieg. »Es klingt merkwürdig«, sagt Maor. »Aber ich wollte unbedingt in den Libanon rein. Für mich war das die Gelegenheit, es ihnen heimzuzahlen. Genau so habe ich gedacht.« Maor erzählt: »Das, was ich jetzt sage, ist verrückt, aber in jedem Haus der Hisbollah, in das wir eingedrungen sind und in dem wir gekämpft haben, haben wir alles zerstört und angezündet. Das haben wir aus bloßer Wut getan, weil die Hisbollah kurz vorher zwei unserer Soldaten entführt und acht getötet hatte. Wir wollten ihnen zeigen, dass wir es ihnen mit Zinsen heimzahlen.«

Drei Wochen war Maor im Libanon. Er hat dort manchmal zwei Tage lang nichts zu essen gehabt. Manchmal fehlte Trinkwasser, weil der Rucksack, in dem die Wasservorräte waren, verbrannt ist. Sie haben dann aus den Brunnen getrunken, wenn sie Glück hatten und einen Brunnen fanden. Sie haben die Leichen der Hisbollah-Kämpfer nach Essen und Wasser abgesucht. »Das waren verrückte Situationen«, sagt Maor. »Situationen, die dir im Moment selbst nicht verrückt vorkommen. Du kannst nicht weinen, weil du nichts zu essen und zu trinken hast. Du tust einfach das, was aus der Situation heraus logisch erscheint. Erst später habe ich begriffen, was da los war.«

Nach dem Einsatz im Zweiten Libanon-Krieg wurde Maor Damari im Flüchtlingslager Dschenin stationiert. Nach dem, was er im Krieg gegen die Hisbollah erlebt hatte, waren Einsätze in den besetzten Gebieten für ihn »eine kleine Nummer«, sagt er.

Im letzten seiner drei Jahre bei der Armee bildete Maor Damari selbst junge Soldaten aus. Er bezeichnet seine Botschaft an die Soldaten heute als »Gehirnwäsche«: »Ich habe denen die ganze Zeit eingehämmert, ›wir müssen Israel verteidigen, wir müssen Israel verteidigen, wir müssen Israel verteidigen. Um uns herum wollen alle uns umbringen. Verlasst euch auf niemanden.‹ Nach meiner Erfahrung im Krieg gegen die Hisbollah war das die Lektion, die ich jungen Soldaten weitergeben wollte.« Maor war zu diesem Zeitpunkt 22 Jahre alt.

Erst nach seiner Armeezeit begann Maor Damari zu analysieren, was er erlebt hatte. Heute kritisiert er, dass die Soldaten ideologisch indoktriniert werden. Ihm wurde bewusst, dass innerhalb der IDF immer weniger von der Verteidigung des Staates Israel, der »Medinat Israel«, gesprochen wurde, sondern immer häufiger von der Verteidigung des Landes Israel, »Erez Israel«. Der Begriff »Medinat Israel« bezieht sich auf den Staat in seinen völkerrechtlich anerkannten Grenzen, das heißt den Grenzen, die bis einschließlich 4. Juni 1967, dem Tag vor Beginn des Sechstagekriegs, galten. Der Begriff »Erez Israel« wird dagegen von den Verfechtern eines Groß-Israel verwendet, das mindestens das Westjordanland umfasst, für manche von ihnen aber sogar vom Suez-Kanal bis zur Ostgrenze Jordaniens reicht.

Maor ist inzwischen davon überzeugt, dass die Erziehung in Israel »viel weniger nationalistisch« werden muss. Es dürfe nicht sein, dass 19-jährige Soldaten in Schulen als Lehrer eingesetzt werden, um den Kindern etwas über Israel beizubringen. »Wenn wir unsere Kinder mehr in Richtung einer Koexistenz mit den Palästinensern erziehen würden, dann bräuchten wir weniger Kämpfer«, sagt er. Maor Damari ist nach wie vor davon überzeugt, dass die israelische Armee unverzichtbar ist. »Ich vertraue den Palästinensern nicht. Noch nicht«, sagt er. »Aber ich würde gerne anfangen, mit ihnen zu sprechen.« Maor war vor kurzem für zwei Auslandssemester in Kopenhagen und Oslo. Dort hat er zum ersten Mal in seinem Leben mit Leuten zusammengelebt, die keine Juden sind, und viele von ihnen wussten nichts über das Judentum.

»In Kopenhagen habe ich auch zum ersten Mal einen Deutschen getroffen«, erzählt Maor. »Sein Großvater war Nazi und mein Großvater ist von den Nazis verfolgt worden. Wir haben uns hingesetzt und über die Geschichten unserer Familien gesprochen.«

Für Maor bedeutete dieses Gespräch eine Wende in seinem Leben: »Plötzlich dachte ich mir, wenn ich mit diesem Deutschen sprechen kann, ist die Zeit gekommen, dass wir Juden auch anfangen, mit den Arabern zu sprechen.«

Der 26-jährige Student ist überzeugt, dass Juden und Araber, wenn sie anfangen, miteinander von Mensch zu Mensch zu sprechen, entdecken werden, dass sie alle »nach Hause kommen, ihre Kinder umarmen und einfach leben wollen«. Maor will nicht mehr in den Krieg ziehen. Er möchte jetzt dafür kämpfen, dass jüdische und arabische Kinder gemeinsam zur

Schule gehen und im Unterricht etwas über die Religion und die Kultur des Anderen lernen. In einer solchen Schule wäre er gern Lehrer. Maor möchte, dass die jüdischen Kinder und er selbst lernen können, was der Ramadan ist, und die arabischen Kinder, was Chanukka ist.

Maor missfiel, dass die Armeeführung immer mehr religiöse Regeln einführte. Während des Zweiten Libanon-Krieges zum Beispiel seien jeweils vier Soldaten mit je einem Rucksack mit Nahrungsmitteln, einem mit Wasser, einem mit Munition und einem mit *Tfillin* ausgestattet worden. *Tfillin*, das sind die Gebetsriemen, die auf Pergament handgeschriebene Schriftrollen mit Texten aus der Thora enthalten, den fünf Büchern Mose. Religiöse Männer tragen die mit Lederriemen festgebundenen ledernen Gebetskapseln in der Regel beim Morgengebet um den Oberarm, die Hand und die Finger gewickelt. Was die *Tfillin* im Krieg zu suchen hatten, war Maor nicht klar.

Auch Doron Avital kritisiert, dass die Streitkräfte immer mehr ideologisch und religiös vereinnahmt würden. Heute werde vor einer Schlacht das *Schma Israel*, das israelitische Glaubensbekenntnis, gebetet. Es würden Texte gelesen, die zionistisches Vokabular mit religiösem mischten. Dass Soldaten *Tfillin* mit in die Schlacht schleppen, bezeichnet Doron Avital als »Desaster«. Diese Entwicklung sei sehr beunruhigend und müsse gestoppt werden. Eine Armee dürfe nicht mit ideologischen Texten indoktriniert werden. Sie dürfe nicht politisiert und ihre Sprache nicht vereinnahmt werden, sagt Avital. Eine Armee müsse ganz »rein« sein, frei von jeglichem emotionalen Kitsch, frei von jeder Ideologie. Sie müsse getragen werden von einem Geist der Ritterlichkeit, gekennzeichnet von Werten wie Würde und Ehre und auch dem Respekt vor dem Feind. Ein Soldat dürfe nicht mit Rachegefühlen oder Hass auf den Feind zugehen. Vielmehr müsse er begreifen, dass es die mächtige Hand der Geschichte sei, die zwei Völker in die Konfrontation führe.

»Was ich 2009 im Gaza-Krieg gesehen habe, hat mir gar nicht gefallen«, sagt Doron Avital. Die israelische Armee habe damals gegen ihre eigenen ethischen Standards verstoßen. Dieser Ansicht ist auch Jehuda Shaul, Reservist der israelischen Armee und Gründer der Nichtregierungsorganisation Shovrim

Stika, Breaking the Silence, zu Deutsch »Das Schweigen brechen«. Die Aktivisten von »Breaking the Silence« sind ehemalige israelische Soldaten, die Missstände in der Armee offenlegen wollen, insbesondere Verstöße gegen die in der Doktrin der Armee festgeschriebenen Werte.

Nach dem Gaza-Krieg im Januar 2009 interviewte Jehuda Shaul viele Soldaten, die im Gaza-Streifen gekämpft hatten, und kam zu dem Schluss, dass die »Operation Gegossenes Blei« der Sündenfall der israelischen Armee war. Bisher sei sich die IDF ihrer ethischen Verantwortung bewusst gewesen, sagt Shaul. Im Gaza-Krieg 2009 habe sie diese vollständig aufgegeben. Zum ersten Mal habe die Armee die Taktik des Krieges auf einen palästinensischen Ort angewendet. Sie habe damit einen Strategiewechsel vorgenommen, ohne die Bürger darüber zu informieren. Die Armee kämpfte gegen die Hamas, als stünden ihr die Panzerdivisionen Syriens oder Ägyptens gegenüber. Nach den Berichten der Soldaten zerstörten die israelischen Truppen den Gaza-Streifen wahllos, unabhängig davon, ob jemand schuldig oder unschuldig war, der Hamas angehörte oder nicht.

In weiten Kreisen Israels gelten die Aktivisten von »Breaking the Silence« als Nestbeschmutzer. Aus der Sicht linksliberaler Israelis dagegen werden sie als Retter der Ehre Israels wahrgenommen.

Aber auch innerhalb der israelischen Armee gibt es viele Missstände. Zum Beispiel die sexuelle Belästigung von Soldatinnen, über die in den vergangenen Jahren immer mehr an die Öffentlichkeit drang. Seit 2007 hat die Zahl einschlägiger Beschwerden nach Angaben der Frauenbeauftragten der Armee, Oberst Rachel Tevet-Wiesel, um mehr als 80 Prozent zugenommen. Aber viel mehr als diese Zahlen will die Frauenbeauftragte nicht preisgeben. Die Akten werden unter Verschluss gehalten. Ein Offizier der Personalabteilung der Armee erklärte gegenüber der größten israelischen Tageszeitung *Jedioth Achronoth*, die Armee habe vor kurzem eine Anlaufstelle für Opfer sexueller Belästigung eingerichtet.

Dem Knesset-Komitee für Auswärtige Angelegenheiten und Verteidigung wurden im Juni 2010 Daten vorgelegt, wonach nur 47 Prozent der weiblichen Soldatinnen, die innerhalb der Armee unter sexueller Belästigung und sexuellen Übergriffen leiden mussten, diese auch gegenüber der Militärpolizei zur Anzeige gebracht haben. Demnach bezog sich der überwiegende Teil der Anzeigen auf körperliche Belästigung, 28 Prozent auf verbale Belästigung, 13 Prozent auf voyeuristische Übergriffe und drei Prozent meldeten Vergewaltigungen. Immerhin nimmt sich die Knesset und damit die israelische Öffentlichkeit der sexuellen Gewalt gegen Frauen innerhalb der Armee an. Das Thema war schon zuvor vor allem durch den 2005 in Israel erschienenen Roman *Sfinat Habanot (Das Mädchenschiff)* der Autorin Michal Zamir zum gesellschaftlichen Debattenthema geworden.

Ein anderes Thema bewegt die israelische Öffentlichkeit allerdings noch mehr: die Frage der Wehrgerechtigkeit zwischen Religiösen und Säkularen. Bis zum Sommer 2012 galt in Israel das sogenannte Tal-Gesetz, das die streng religiösen Israelis, die *Charedim*, von der Wehrpflicht befreite. Das Gesetz gestand den *Charedim* die Freiheit zu, selbst zu entscheiden, ob sie zur Armee gehen wollen oder nicht. Die Gültigkeit des Tal-Gesetzes war am 1. August 2012 abgelaufen. Schon im Februar 2012 hatte der Oberste Gerichtshof das Gesetz für verfassungswidrig erklärt. Die Knesset konnte deshalb seine Gültigkeit nicht einfach verlängern.

In der Debatte um die Wehrgerechtigkeit sprach sich Doron Avital dafür aus, den gesamten Wehrdienst neu zu denken. Die *Charedim* seien unter anderem aus praktischen Erwägungen nur schwer in die Armee zu integrieren, denn die Armee könne nicht auf alle Anforderungen der Religiösen eingehen. Zum Beispiel könne sie bei der Verpflegung der Soldaten nicht auf die vier verschiedenen Standards der *Kaschrut* Rücksicht nehmen, der religiösen Speisegesetze. Sie könne auch keine strikte Geschlechtertrennung durchhalten. Nach Ansicht von Avital muss jeder Soldat in erster Linie israelischer Bürger sein, und erst dann darf er sich als Religiöser definieren. Lieber als *charedische* junge Männer für die Armee zu rekrutieren würde Avital gern eine finanzielle Kompensation für die Befreiung vom Militärdienst einführen. Mit seiner gemäßigten Position gegenüber den streng Orthodoxen steht Avital in seiner Partei Kadima allein da. Kadima, die größte Oppositionspartei in der 18. Knesset, forderte die Abschaffung des Tal-Gesetzes.

Die Regierung unter Ministerpräsident Benjamin Netanjahu

versuchte, gemeinsam mit ihren Koalitionspartnern eine Lösung zu erarbeiten. Netanjahu holte dazu im Mai 2012 Kadima in seine Regierung.

Jochanan Plessner war Abgeordneter der Kadima. Er setzte sich vehement für eine Einberufung der *Charedim* ein. Er fürchtete, dass angesichts der wachsenden streng orthodoxen Community im Land in zehn Jahren nur noch die Hälfte der israelischen 18-Jährigen einberufen werden könne. Die andere Hälfte werde nicht akzeptieren, dass die *Charedim* vom Dienst befreit würden, während sie drei Jahre lang ihr Leben für den Staat riskieren sollten, prophezeite Plessner. Im Jahr 2012 lag der Anteil der *Charedim* an der jüdischen Bevölkerung bei zehn Prozent, in absoluten Zahlen waren es rund 600 000.

Die Partei Kadima konnte ihre Vorschläge aber nicht durchsetzen. Schon Ende Juli 2012 war klar, dass es zwischen den Positionen von Kadima und denen der religiösen Parteien beim Thema Tal-Gesetz keine gemeinsame Schnittmenge gab. Kadima verließ die Regierung wieder.

Die Gesetzesreform war gescheitert, und es entstand ein rechtsfreier Raum. Seit dem 1. August 2012 erhalten *charedische* Männer jetzt Einberufungsbescheide. Über die Einbeziehung *charedischer* Frauen war nicht einmal diskutiert worden. Wenn die einberufenen *Charedim* nicht zum Dienst an der Waffe erscheinen, hat das derzeit allerdings keine Konsequenzen. 60 000 wehrfähige *charedische* Männer zwischen 18 und 28 Jahren wissen aber nicht, ob sie nicht vielleicht doch demnächst mit Sanktionen rechnen müssen, wenn sie ihrem Einberufungsbescheid nicht Folge leisten.

Nach der Tradition der streng religiösen *Charedim* muss ein junger Mann von 18 Jahren in der *Jeschiva*, der Talmudschule, heilige Schriften studieren. Außerdem sind viele *Charedim* Antizionisten und Gegner des Staates Israel. Denn sie glauben, dass der Messias kommen und den universalen Gottesstaat errichten wird. Ihrer Auffassung nach hat der Mensch kein Recht, den Staat Israel zu gründen.

Vor zehn Jahren hat die Armee dennoch begonnen, freiwillige *Charedim* in fünf Einheiten zu integrieren. Im Jahr 2012 dienten insgesamt 2000 *charedische* Männer in der Infanterie, der Luftabwehr, dem Militärgeheimdienst, einer logistischen und einer technologischen Einheit. Der Sprecher der IDF, Arye Scharuz-Schalicar, wertet diese Entwicklung als Erfolg. Die Armee versuche Rahmenbedingungen zu schaffen, die dem Lebensstil der *Charedim* entsprechen. Sie beteten häufiger und äßen nach ihren Regeln, sagt Scharuz-Schalicar.

Brigadegeneral Jehuda Duvdevani war der Gründer der ersten *charedischen* Infanterie-Einheit »Nahal Charedi«. Er ist davon überzeugt, dass es möglich ist, streng Religiöse unter bestimmten Bedingungen in die Armee aufzunehmen.

»Im Bataillon Nahal Charedi gelten drei Grundsätze«, erklärt Duvdevani. »Erstens: Es gibt keine Mädchen. Zweitens: Das Essen ist glatt koscher. Und drittens: Es gibt Gebetszeiten, religiösen Unterricht und eine gottesfürchtige Atmosphäre.«

Berührungspunkte zwischen den *charedischen* Einheiten und der übrigen Armee lassen sich allerdings nicht vermeiden. Es gibt zum Beispiel keine gesonderten Kasernen für *Charedim*. Das bedeutet, dass die streng religiösen Soldaten in der Kaserne mit Frauen, säkularen Juden und Drusen zusammenleben müssen. Das widerspricht den Lebensregeln der *charedischen* Juden.

Einige *charedische* Männer finden den Armeedienst trotzdem attraktiv, denn sie können während ihres Wehrdienstes auf Kosten des Staates einen Beruf erlernen. Aber die Mehrheit der *Charedim* hält das Studium der Thora für wichtiger als den Dienst in der Armee. Der 30-jährige Jerusalemer Rabbiner Aharon Schapira ist davon überzeugt, dass sich die Mehrheit der *Charedim* gegen eine Zwangsrekrutierung wehren würde: »Wer denkt, dass er mit Gewalt Erfolg haben und uns überwinden wird, der täuscht sich. Das Volk Israel hat in seiner gesamten Geschichte bewiesen, dass es unmöglich ist, es von seiner Religion und seinen Prinzipien abzubringen.« Der Rabbiner droht mit einem »beispiellosen Kampf«.

Der Philosoph und frühere Kadima-Abgeordnete Doron Avital sagt, Israel müsse jetzt seine Zweite Republik aufbauen. Die Erste Republik sei mit der Ermordung Rabins zu Ende gegangen. Die Regierungen von Ehud Barak (1999–2001), Ariel Scharon (2001–2005), Ehud Olmert (2006–2009) und Benjamin Netanjahu (2009–2013) hätten nichts als Rückschritte gebracht. Indoktrination und Recycling der Vergangenheit führten nirgendwo hin. Avital bemerkt spöttisch, Pessimisten wie der

Schriftsteller Joram Kaniuk erwarteten, dass es mit Israel zu Ende gehe. Dieser Pessimismus führe jedoch in die Irre. Es gebe in Israel ein großes Potenzial: »Wir müssen die nationale Identität Israels gemeinsam neu aufbauen. Und wir müssen eine Lösung des Konflikts mit den Palästinensern ermöglichen.«

Doron Avital hält es für möglich, dass Israel in Kürze ein neues, großes Kapitel seiner Geschichte aufschlagen wird. »Ich denke, am Ende werden wir es schaffen.«

Die »Anderen«

Die Unabhängigkeitserklärung vom 15. Mai 1948 definiert Israel als jüdischen Staat. Das Wort »demokratisch« kommt darin nicht vor. Erst 1985 verankerte die Knesset den demokratischen Charakter des Staates Israel in einem Gesetz. Dennoch sicherte der Staat Israel schon in der Unabhängigkeitserklärung »all seinen Bürgern ohne Unterschied von Religion, Rasse und Geschlecht soziale und politische Gleichberechtigung« zu. Weiter heißt es, der Staat werde ferner auch Glaubens- und Gewissensfreiheit, Freiheit der Sprache, Erziehung und Kultur gewährleisten.

Acht Monate nach der Ausrufung des Staates trat eine konstituierende Versammlung zusammen, die beauftragt war, eine Verfassung auszuarbeiten und damit einer Forderung der Generalversammlung der Vereinten Nationen zu entsprechen. Aber weder die konstituierende Versammlung noch die erste Knesset haben es vermocht, tatsächlich eine Verfassung zu formulieren. Stattdessen verabschiedete das Parlament Anfang 1950 die »Harari-Entscheidung«. Danach sollte das Parlament Schritt für Schritt grundlegende Gesetze erarbeiten, die dann eines Tages zusammengefügt und als Verfassung verabschiedet werden könnten. Der Oberste Gerichtshof definierte durch eine Reihe von Sprüchen ebenfalls grundlegende rechtliche Rahmenbedingungen.

Bis zum heutigen Tag hat Israel keine Verfassung. Zur Begründung führen zionistische Politiker an, es könne nicht über den Kopf der Millionen in der Diaspora lebenden Juden hinweg eine Verfassung verabschiedet werden. Israel dürfe sich erst dann eine Verfassung geben, wenn alle Juden in Israel lebten. Zugleich aber protestierten die Orthodoxen gegen das Verfassungsprojekt. Kein weltliches Gesetz dürfe über der Thora und den göttlichen Geboten und Verboten stehen, wiederholen sie immer wieder. Die nationalreligiöse Partei Agudath Israel argumentierte schon 1948, nur eine Verfassung, die ganz und gar mit der Thora übereinstimme, könne gültig sein.

Das Fehlen einer Verfassung aber schwächt das gesamte politische System Israels und trifft nicht nur die Drusen, Beduinen und Araber, sondern schafft auch unter jüdischen Israelis die Voraussetzung für rechtliche Ungleichheiten und Rechtsunsicherheit.

Jüdische Israelis haben zwar auf dem Papier gleiche Rechte. Die *Charedim* aber werden vom Staat privilegiert. Andere gesellschaftliche Gruppen wie Menschen mit Behinderungen, deren Interessen nicht von einer politischen Lobby vertreten werden, haben keine Stimme. Wieder andere, die nicht in das israelische »Wir« mit aufgenommen werden, bleiben rechtlos.

In der Praxis sind viele Rechtsgrundlagen unklar.

»Das größte Problem in Israel ist, dass es keine klaren Regeln gibt«, sagt Lior Cohen. »Alles ist irgendwie verschwommen.« Lior ist Gärtner und seine Frau Miri Lehrerin. Sie leben in Petah Tikva, etwa 15 Kilometer östlich von Tel Aviv, und haben zwei Kinder. Ihr Sohn Gal wurde vor zwei Jahren schwer krank: Leukämie. Nach einer langen chemotherapeutischen Behandlung geht es ihm jetzt besser. Aber Lior und seine Frau mussten in der schwierigsten Zeit aufhören zu arbeiten, um für ihren Sohn da zu sein. Gal war neun Monate im Krankenhaus. Gemeinsam mit ihren Eltern wechselten sich Lior und Miri im Krankenhaus ab, damit immer jemand bei dem kranken Kind sein konnte. Die Nationale Versicherungsanstalt, die Bituach Leumi, zahlte bis vor kurzem Eltern, die in einer solchen Situation sind, eine Pauschale von rund 300 Euro im Monat. Diese Pauschale konnte den Verdienstausfall zwar nicht ausgleichen, war aber doch eine kleine Hilfe. Als Lior vor ein paar Monaten die Verlängerung dieser Unterstützung beantragen wollte, hieß es plötzlich, sie sei gestrichen worden. »Warum?«, fragte Lior entsetzt. »Weil es Leute gab, die sich dieses Geld erschlichen haben, obwohl es ihnen nicht zustand«, war die Antwort der Mitarbeiterin in der Nationalen Versicherung. Lior konnte es nicht fassen. »Wie kann es sein, dass ihr nicht in der Lage seid, dem Recht Geltung zu verschaffen?«, fragte er. »Ihr müsst das ahnden, wenn jemand diese Möglichkeit missbraucht. Nicht die Unterstützung für die Leute streichen, die sie dringend brauchen.« Er bekam keine Antwort. Und dann erzählte ein guter Freund von Lior von dieser engen Freundin, die Sachbearbeiterin in der Nationalen Versicherung ist und die vielleicht helfen könnte. »Ich ging zu ihr«, berichtet Lior, »sie wusste genau, was ich schreiben musste und welche Formulare ich wie ausfüllen musste, und innerhalb von zwei Wochen hatten wir unsere monatliche Unterstützung zurück.« Aber anstatt sich zu freuen, empörte sich Lior noch mehr: »Es darf nicht sein«, sagt der 44-Jährige, »dass einer etwas vom Staat bekommt, nur weil er die richtigen Freunde hat, während es dem anderen versagt wird.«

Rechtsunsicherheiten dieser Art haben möglicherweise ihre Ursache in einer Schwäche des politischen Systems. Und diese Schwäche wiederum hat unter anderem mit dem Fehlen einer Verfassung zu tun. Und das Fehlen einer Verfassung schließlich ist politisch intendiert. Denn eine Verfassung schreibt den Aufbau und die Struktur eines Staates, seine territoriale Gliederung, seine Beziehung zu seinen Bürgern und zu anderen Staaten verbindlich fest. Legislative, Exekutive und Judikative sind an die Verfassung als oberste Norm gebunden. Die Verfassung begrenzt die Macht der Staatsgewalten.

Das Fehlen einer Verfassung lässt den Staatsgewalten Spielräume. Diese Spielräume werden in Israel immer wieder politisch genutzt.

Die rechtsgerichtete Regierung unter Ministerpräsident Benjamin Netanjahu und Außenminister Avigdor Lieberman zum Beispiel hat in den Jahren von 2009 bis 2012 eine Vielzahl von Gesetzen auf den Weg gebracht, die andersdenkende jüdische Israelis einschüchtern und neutralisieren sollen. Zu nennen wären hier unter anderem das Gesetz zur Untersuchung der Finanzquellen von Nichtregierungsorganisation (NGO) und das Gesetz zur Besteuerung der NGOs, das Boykottgesetz und das Verleumdungsgesetz.

Das Gesetz zur Untersuchung der Finanzquellen von NGOs war eine Idee der rechtsnationalen Partei Israel Beiteinu von Avigdor Lieberman und passierte die Knesset im Februar 2011. Es nimmt Friedens- und Menschenrechtsbewegungen ins Fadenkreuz. Diese müssen nun neuerdings vierteljährliche Berichte vorlegen, in denen sie offenlegen, welche ausländischen Regierungen, Stiftungen und Organisationen sie finanziell unterstützen. Das Gesetz nimmt die World Zionist Organisation, die Jewish Agency for Israel, den United Israel Appeal und den Jewish National Fund ausdrücklich von der neuen Regelung aus.

Das Boykottgesetz, das am 11. Juli 2011 verabschiedet wurde, definiert Aufrufe zum Boykott von israelischen Organisationen, Bürgern oder Produkten als zivilrechtlichen Verstoß, der mit bis zu 6000 Euro geahndet werden kann. Dabei muss der »Geschädigte« den Schaden nicht nachweisen.

Die Novelle zum Verleumdungsgesetz passierte die erste Lesung in der Knesset am 21. November 2011. Sie eröffnet die Möglichkeit, »Verleumdungen« künftig mit Geldstrafen von bis zu 61000 Euro zu bestrafen. Die Strafe kann sogar auf 306000 Euro anwachsen, wenn das betreffende Medium keine Gegendarstellung veröffentlicht. Wie auch beim Boykottgesetz muss das Opfer der angeblichen oder tatsächlichen Verleumdung nicht nachweisen, dass es einen Schaden erlitten hat. Es reicht aus, wenn sich jemand verleumdet fühlt. Das Verleumdungsgesetz richtet sich gegen unliebsame Berichterstattung in den Medien. Die Luft für profilierte kritische Journalisten wird somit dünner.

Mosche Negbi, Rechtsexperte des öffentlich-rechtlichen Hörfunks *Kol Israel*, fürchtet, Sender und Zeitungen könnten angesichts des Verleumdungsgesetzes vom Abdruck und der Ausstrahlung regierungskritischer Berichte absehen. Die drastische Erhöhung der Schadenersatzsumme auf das Sechsfache sei eine sehr effiziente Methode, jede kritische Berichterstattung schon im Ansatz zu ersticken. Das Verleumdungsgesetz, *Lashon Hara*, geht ursprünglich auf das Jahr 1965 zurück. Es zielte damals darauf ab, das wöchentlich erscheinende Magazin *Haolam haze (Diese Welt)* von Uri Avnery auszuschalten, das als erstes und über lange Zeit einziges Medium in Israel investigativ recherchierte, Korruption in der Regierung aufdeckte und offen für die Gründung eines Palästinensischen Staates eintrat. Die Novelle des Gesetzes von 1965 muss der Knesset noch in zweiter und dritter Lesung vorgelegt werden. Wenn das Gesetz tatsächlich in Kraft treten würde, wäre die Pressefreiheit in Israel ernsthaft bedroht.

All diese Gesetzesinitiativen zielen darauf ab, Israelis, die anders denken als die Vertreter der rechtsgerichteten Regierung von Ministerpräsident Netanjahu, einzuschüchtern, auszugrenzen und zu neutralisieren. Mit diesen Gesetzen werden linke Kritiker der Regierungspolitik als Feinde des Staates und Feinde des israelischen Volkes stigmatisiert.

Zynisch kommentierte Gideon Levy, Journalist der liberalen Tageszeitung *Haaretz*, die Serie antidemokratischer Gesetze im Januar 2011: »Lasst uns (…) eine ›Haftanstalt‹ für Fremde bauen, aber diesmal für interne Fremde – die Linken – und so unser Lager reinigen. Solch ein Schritt würde genau den Zeitgeist reflektieren, der den größten Teil der Israelis erfasst hat (…). Im Israel von 2011 ist es nicht mehr legitim, zur Linken zu gehören. Es ist illegitim, für die Menschenrechte zu demonstrieren oder gegen die Besatzung zu sein oder Kriegsverbrechen zu untersuchen. (…) Ein landraubender Siedler ist ein Zionist, ein Kriegstreiber vom rechten Flügel ist ein Patriot, ein aufhetzender Rabbiner ist ein geistlicher Führer, ein Rassist, der Ausländer vertreibt, ist ein loyaler Bürger. Nur der Linke ist ein Verräter.«

Das israelische Kollektiv lebt. Es stiftet Zugehörigkeit, Geborgenheit, Wärme. Zugleich aber fordert es Anpassung. Dazugehören kann, wer jüdisch ist, Hebräisch spricht und den Staat Israel bejaht. Der Grad der Integration in das israelische Kollektiv definiert sich auch über den Dienst in der Armee, die Bejahung grundlegender Normen und Werte wie der Familie oder des Zionismus, aber auch über körperliche und geistige Gesundheit. Wer eines dieser Kriterien nicht erfüllt, der ist ein »Anderer«. In Israel gibt es eine ganze Reihe »Anderer«. Um einige von ihnen soll es in diesem Kapitel gehen.

Vom Staat privilegiert: Ultraorthodoxe

In Israel gibt es eine wachsende Gruppe von Menschen, die sich ihrem Äußeren und ihren Lebensgewohnheiten nach von der israelischen Mehrheitsgesellschaft abhebt: Es sind die sogenannten Ultraorthodoxen. Der Begriff ultraorthodox hat sich in der europäischen und angelsächsischen Öffentlichkeit durchgesetzt. Er ist allerdings problematisch, denn er unterstellt den verschiedenen Gruppierungen streng religiöser Juden zum einen Homogenität in der religiösen und politischen Ausrichtung. Andererseits stigmatisiert er sie als Extremisten. Für eine nähere Betrachtung eignet sich der Begriff *Charedim* besser, was auf Hebräisch so viel heißt wie Gottesfürchtige.

Ungefähr zehn Prozent der 5,855 Millionen jüdischen Israelis sind *Charedim*, also rund 600 000. Etwa 80 Prozent der *Charedim* sind aschkenasischer, nur 20 Prozent sephardischer Herkunft.

Die *Charedim* interpretieren das jüdische Religionsgesetz besonders streng und fächern sich in eine schier schwindelerregende Vielzahl von Strömungen auf. Jede Gruppierung hat ihre eigenen Kleider- und Verhaltenscodes, Lebensregeln und politischen Überzeugungen. Die Spannbreite reicht von radikalen Gegnern des Staates Israel wie der Gruppe Neturei Karta über Gegner des säkularen Zionismus bis zu engagierten religiösen Zionisten.

Für die säkulare israelische Mehrheit ist die wachsende *charedische* Minderheit eine Anfechtung. Berührungspunkte zwischen den Welten der Säkularen und der *Charedim* gibt es kaum. Die *Charedim* leben in einer weitgehend selbstreferenziellen Parallelgesellschaft. Sie wohnen in Städten und Vierteln wie dem Tel Aviver Vorort Bnei Brak, den Jerusalemer Stadtvierteln Geulah oder Mea Schearim, Bet Schemesch, den Siedlungen Modiin Illit und Beitar Illit. Sie gehen in ihren eigenen Supermärkten einkaufen, schicken ihre Kinder in *charedische* Kindergärten und Schulen. Nur auf der Straße, in öffentlichen Verkehrsmitteln, bei Ärzten oder in Krankenhäusern überschneiden sich die beiden Welten.

Die *Charedim* leben nach strengen Regeln, lehnen das weltliche Bildungssystem ab, unterhalten fast ausschließlich Wirtschaftsbeziehungen innerhalb ihrer Community, lesen keine weltlichen Zeitungen, sondern Titel wie die prozionistische hebräischsprachige Wochenzeitung *Hamevasser*, die antizionistische, orthodoxe und hebräischsprachige Tageszeitung *Yated Neeman* oder die orthodoxe englischsprachige Tageszeitung *Hamodia*. Fernsehen ist verboten und Internet nur dann erlaubt, wenn es so gefiltert wurde, dass es als koscher durchgeht.

Die beiden orthodoxen Computerspezialisten Jossi Altmann und Chaim Weinreich haben die Suchmaschine *Koogle* entwickelt, die alle unkoscheren Elemente aus dem Netz filtert. Weil es den *Charedim* verboten ist, fremde Frauen und auch Bilder von Frauen anzusehen, wird ein Artikel über eine Auslandsreise der Politikerin Zipi Livni von der Partei Hatnua zum Beispiel nicht mit einem Porträt Livnis, sondern mit dem Foto einer El-Al-Maschine bebildert. Jeden Monat loggen sich 175 000 User bei *Koogle* ein. Auch die Mobiltelefone der *Charedim* müssen koscher sein. Sie dürfen keine SMS-Funktion haben, keine Fotokamera und kein Radio.

In der säkularen israelischen Gesellschaft wird viel über *Charedim* gespottet und noch mehr über sie geschimpft, denn nur wenige tragen zum israelischen Gemeinwesen bei, leisten Militärdienst und zahlen Steuern. Zugleich betrachten die Säkularen die Religiösen aber auch als Hüter des historischen Judentums.

Die Mehrheit der säkularen Israelis sind *Massortim*. *Massoret* heißt Tradition, und als *Massortim* gelten Juden, die die jüdische Tradition achten. Das heißt, sie arbeiten am Schabbat nicht, gehen aber nicht unbedingt in die Synagoge und fahren auch Auto. Sie befürworten eine moderne, demokratische und pluralistische Gesellschaftsordnung und bejahen die Gleichberechtigung zwischen den Geschlechtern.

Acht von zehn jüdischen Israelis glauben an Gott. Das belegt eine Studie, die das Israelische Institut für Demokratie im Januar 2012 veröffentlicht hat. 80 Prozent halten den Schabbat für einen wichtigen Tag, den man mit der Familie verbringen sollte. 70 Prozent wollen am Freitagabend ein feierliches Schabbat-Essen zelebrieren. 76 Prozent der Israelis essen zu Hause koscher, und 61 Prozent wollen, dass der Staat über die Einhaltung der jüdischen Traditionen wacht. Zugleich wollen 58 Prozent auch am Schabbat den öffentlichen Personennahverkehr nutzen und einkaufen gehen. 51 Prozent fordern die Einführung der Zivilehe.

Religiöse Rituale wie die Beschneidung sind für 94 Prozent der Befragten wichtig oder sehr wichtig, 92 Prozent halten die *Schiva*, die sieben Tage der Trauer nach einer Beisetzung, für sehr bedeutsam, 80 Prozent finden nach der Studie des Instituts für Demokratie eine orthodoxe Eheschließung durch einen Rabbiner unerlässlich. Eine Mehrheit von 85 Prozent der jüdischen Israelis wollen die jüdischen Feiertage auf traditionelle Weise begehen. 90 Prozent der Befragten nehmen am Seder-Abend an einem feierlichen Pessach-Mahl teil, 86 Prozent fasten an Jom Kippur, 82 Prozent zünden Chanukka Kerzen an.

Die Ergebnisse der Studie besagen auch, dass die meisten Israelis ein ausgeprägtes Zugehörigkeitsgefühl gegenüber dem israelischen Staat und dem Judentum empfinden. Den meisten bedeutet es viel, in Israel zu leben und zu spüren, dass sie Teil der israelischen Gesellschaft und des jüdischen Volkes sind.

In der Frage der Wehrgerechtigkeit sprachen sich 85 Prozent dafür aus, *Jeschiva*-Studenten zum Militärdienst einzuberufen. Deshalb konnte die neu gegründete Partei Jesch Atid (»Es gibt eine Zukunft«) des politischen Newcomers Jair Lapid mit ihrer Hauptforderung nach einem Ende der Privilegierung der Orthodoxen und einer »gerechten Verteilung der Belastungen« auf die Schultern aller Bürger Israels bei den Wahlen im Januar 2013 aus dem Stand 19 Sitze erringen.

59 Prozent der Befragten der Studie des Instituts für Demokratie gaben an, nur wenige oder keine Freunde zu haben, die von ihren religiösen Einstellungen und Empfindungen abweichen. Dieses Ergebnis deutet darauf hin, dass es zurzeit noch wenige Berührungspunkte zwischen den *charedischen* und den säkularen Teilen der israelischen Gesellschaft gibt.

Die *Charedim* passen nicht ins israelische Kollektiv. Viele von ihnen wollen auch gar nicht hineinpassen und interessieren sich nicht für das, was in der israelischen Gesellschaft geschieht. Sie setzen sich bewusst von der israelischen Mehrheitsgesellschaft ab, manche verurteilen den Lebensstil all derer, die nicht so leben wie sie selbst.

Die Ansiedlung von streng religiösen Juden aus Osteuropa im Palästina der Moderne geht auf das beginnende 19. Jahrhundert zurück. Zwischen 1808 und 1812 wanderten zum Beispiel drei Schülergruppen des Rabbiners und Gelehrten Elijah Ben Salomon Salman, der auch der Gaon von Wilna genannt wurde, auf dessen Wunsch von Litauen nach Palästina aus. Sie wurden *Perushim* genannt, was wörtlich so viel bedeutet wie »Abgesonderte« und sinngemäß »streng Gläubige«. Sie nahmen es mit der

Einhaltung der Gebote besonders genau und hielten sich von allen weltlichen Vergnügungen fern. Sie gründeten das Jerusalemer Viertel Mea Schearim (»hundertfach«), wo bis heute überwiegend *Charedim* leben, und haben sich maßgeblich am Wiederaufbau der 1721 von Muslimen zerstörten Hurva Synagoge beteiligt. Sie eröffneten auch mehrere *Kollelim*, Talmudschulen für verheiratete Männer. Die Schüler des Gaon von Wilna durften sich zunächst nicht in Jerusalem niederlassen. Die Osmanen, die Jerusalem und seine Umgebung 1514 erobert hatten und fast 400 Jahre lang beherrschten, erlaubten keine aschkenasische Ansiedlung in Jerusalem. Die *Perushim* ließen sich deshalb zunächst in Tzfat im Norden Israels nieder. Aber nach mehreren Pest-Epidemien und Erdbeben zogen sie doch nach Jerusalem, wo seit mehr als einem Jahrhundert kaum mehr aschkenasische, sondern fast ausschließlich sephardische Juden lebten.

Der Potsdamer Judaist Eik Doedtmann erinnert daran, dass die israelische Regierung in den Jahren nach der Staatsgründung die verschiedenen aschkenasischen *Charedim* für ein überkommenes Phänomen hielt. Sie ging davon aus, dass die *Charedim*, die nach Israel einwanderten, eine kleine Gruppe und damit eine gesellschaftliches Randerscheinung bleiben würden. »Sie dachte, das charedische Judentum sei in den Konzentrationslagern der Nationalsozialisten ein für allemal ausgelöscht worden.« Ministerpräsident David Ben Gurion handelte mit dem Repräsentanten der streng Orthodoxen, Rabbi Avraham Jishajahu Karelitz, einen Kompromiss aus. Der sah die Befreiung der *Jeschiva*-Studenten, der Studenten der Talmudschulen, vom Militärdienst und die Achtung des Schabbat im öffentlichen Raum vor. Seitdem dürfen in Israel am Schabbat keine Busse und Bahnen fahren.

1948 galten nur wenige tausend Israelis als streng orthodoxe Juden. Inzwischen sind aber mehr als zehn Prozent der israelischen Gesellschaft *Charedim*. Die hohe Geburtenrate von durchschnittlich 7,6 Kindern pro Frau führt dazu, dass ihr Anteil an der israelischen Gesellschaft ständig zunimmt. Da die Mehrheit der *Jeschiva*-Studenten nicht arbeitet, jeder von ihnen ein Stipendium vom Staat bekommt und für jedes Kind Kindergeld gezahlt wird, sind die Ausgaben des Sozialsystems in den vergangenen 20 Jahren drastisch gestiegen. Diese hohen, aus

Steuern finanzierten Sozialausgaben für die *Charedim* sind der säkularen Mehrheit ein Dorn im Auge.

Die Ursprünge des Konflikts zwischen säkularen Zionisten und *Charedim* reichen bis in das ausgehende 19. Jahrhundert zurück. Die Mehrheit der jüdischen Orthodoxie betrachtete das zionistische Projekt als menschliche Anmaßung gegenüber Gott. Ihrer Ansicht nach darf nur der Messias selbst einen jüdischen Staat gründen. Im Gegenzug sympathisierten die meisten frühen Zionisten mit dem Sozialismus. Für sie war Religion ein Anachronismus, ein Phänomen aus längst vergangenen Zeiten. Zionisten und Orthodoxe prallten schon zu Anfang des 20. Jahrhunderts heftig aufeinander. Die Zionisten betrachteten die Orthodoxen als »Primitive« und »Parasiten«. Die Orthodoxen titulierten die Zionisten als Häretiker (Ketzer) oder *Goyim* (Heiden).

Heute ist die Mehrheit der *Charedim* weder zionistisch noch antizionistisch eingestellt. Der Potsdamer Judaist Eik Doedtmann, der über die *charedische* Szene in Israel forscht, bezeichnet sie als »azionistisch«. Diesen azionistischen *Charedim* geht es darum, möglichst alle 613 Gebote und Verbote zu befolgen, die religiösen Rituale zu pflegen und dem *charedischen* Familienbild zu entsprechen, demzufolge der Vater in einer *Jeschiva* oder *Kollel* Talmud und rabbinische Literatur lernt und die Frau Kinder zur Welt bringt und aufzieht. Die azionistischen *Charedim* treten für ein striktes Befolgen der *Kaschrut*, der jüdischen Speisegesetze, ein, verteidigen den Schabbat und schicken ihre Kinder in Talmudschulen, um sie die heiligen Texte studieren zu lassen. Das staatliche Schulmodell, in dem die Kinder in weltlicher Literatur, Biologie und Profangeschichte unterrichtet werden, lehnen sie ab. Die Mehrheit der *Charedim* sympathisiert nicht mit dem Zionismus, bezieht aber auch nicht aktiv Stellung gegen ihn. Vielmehr haben sie parallel zum staatlichen System ihre eigenen Institutionen aufgebaut, ihr Schul- und ihr Wohlfahrtssystem. Den Staat dulden sie als Hüter des Freiraums, in dem sie sich sicher fühlen können und dank dessen finanzieller Unterstützung sie ihren religiösen Studien nachgehen und viele Kinder großziehen können.

Dies sind nach Einschätzung des Judaisten Eick Doedtmann die obersten Werte der *Charedim*. »Der Staat und das Land Israel sind zweitrangig.«

Unter den *Charedim* gibt es aber auch eine Gruppe von natio-nalistischen Zionisten, die in den besetzten Gebieten als Siedler leben, den Staat Israel und seine Ziele unterstützen und freiwil-lig Militärdienst leisten. Zu ihnen zählen auch einige Familien der litauischen Orthodoxen. Anders als die stärker mystisch ausgerichteten *Chassiden* gelten die Litauer unter den *Chare-dim* als Intellektuelle. In den litauischen Talmudschulen wird den ganzen Tag und sieben Tage die Woche diszipliniert gebetet und gelernt.

Die Mehrheit der Litauer und *Chassiden* arbeitet nicht. 58 Pro-zent der männlichen *Charedim* beschäftigen sich ausschließlich mit dem Studium der heiligen Schriften. Unter den säkularen Israelis sorgt das für Unmut. Sie betrachten die *Charedim* als Schmarotzer, die nicht nur keinen Militärdienst leisten und nichts zum Gemeinwesen beitragen, sondern auf Kosten der Steuerzahler für sich und ihren zahlreichen Nachwuchs auch noch reichlich soziale Unterstützung kassieren. Dabei haben Erhebungen des israelischen Amtes für Statistik belegt, dass 55 Prozent der *charedischen* Frauen arbeiten, viele in Teilzeit, und auch 42 Prozent der *charedischen* Männer einer Erwerbs-arbeit nachgehen.

Kürzlich zog ich mit Eli Raful durch Bnei Brak. Eli ist 24, in Bnei Brak aufgewachsen, einer Vorstadt von Tel Aviv mit knapp 180 000 Einwohnern, von denen nahezu 95 Prozent streng reli-giös leben, also *Charedim* sind, Gottesfürchtige. Bnei Brak ist die Hauptstadt der so genannten Ultra-Orthodoxen in Israel. Eli Ra-ful war bis vor zwei Jahren Student der Ponovezh Jeshiwa, einer der renommiertesten Talmudschulen der Welt. Ponovezh ist das Princeton der Litauer. Die Litauer sind eine der Hauptströmun-gen im *charedischen* Judentum. Vor dem Holocaust hatten sie ihr Zentrum in Wilna, der litauischen Hauptstadt. Eli ist in Bnei Brak geboren, er hat sechs Geschwister. Vor zwei Jahren hat er eine dramatische Entscheidung getroffen: Er hat sein Studium an der Ponovezh Jeshiwa abgebrochen und ist aus Bnei Brak und der Wohnung seiner Eltern ausgezogen. Jetzt lebt er in einer Wohngemeinschaft in Jerusalem, jobbt als Kellner in einem Fest-saal für Hochzeiten und Bar Mitzwas und manchmal verdient er sich ein bisschen Geld als Chazan dazu, als Vorsänger in einer Reformsynagoge. Eli hat Glück: Seine Eltern sprechen noch mit ihm. Sie sind traurig über die Entscheidung ihres Sohnes, der ein glänzender und viel versprechender Talmudschüler war, aber sie lassen ihn nicht im Stich. Vor kurzem also, hat Eli mich mitgenommen in die Straßen seiner Kindheit, hat mir gezeigt, wo die Praxis seines Kinderarztes war und wo ihm seine Mutter nach dem Arztbesuch süße Rugelach gekauft hat, kleine Hörnchen mit Schoko-Nuss-Füllung. Er hat mir die Straßenszenen vorgelesen wie einen Text. »Sieh' mal, der da, er ist der Sohn des Rabbiners X, und wenn er jetzt mitten am Tag hier herumläuft, dann bedeutet das, dass er gerade…«. Das Straßenbild in Bnei Brak ist codiert. Ein säkularer Mensch steht ihm gegenüber wie ein Analphabet einer Schriftrolle. Eli war mein Decoder.

Bnei Brak gilt als eine der ärmsten Städte Israels. Aber die Menschen sind geschäftig und gut vernetzt. Von Verwahrlosung ist zumindest auf den ersten Blick nichts zu sehen. Viele Einwohner von Bnei Brak leben am Existenzminimum, aber sie passen nicht zum westlichen Bild von Armut, das Schamgefühle und soziale Isolation mit sich bringt. Ihr Leben hat eine strenge äußere Form, und die *charedische* Gemeinschaft fängt die Schwächsten auf. „Im Volk Israel ist einer für den anderen verantwortlich", steht auf einem Plakat, das an einen Pfahl in der Innenstadt von Bnei Brak geheftet ist. Es zitiert ein rabbinisches Gebot. Die Straßen von Bnei Brak sind von Kästen gesäumt, in die man Geld- und Essensspenden werfen kann. »100% Zdaka« heißt es in großen gelben Lettern auf einem der Kästen: »Du kannst sicher sein: 100% Wohltätigkeit für bedürftige Familien«. Die Zdaka, die Wohltätigkeit, ist ein göttliches Gebot. »Öffne deine Hand deinem Bruder«, heißt es etwa in »Dwarim«, dem 5. Buch Moses.

Längst raten streng religiöse Rabbiner den weniger am Talmud Interessierten unter ihren Schülern, arbeiten zu gehen anstatt in der Jeshiwa Kaffee zu kochen, erzählt Eli. Aber wenn die *charedischen* Schulen nicht gleichziehen mit den nationalreligiösen und säkularen Schulen in Israel, dann werden viele zehntausend *charedischer* Jugendlicher auf dem israelischen Arbeitsmarkt niemals eine Chance haben. Denn sie lernen kein Englisch, kaum Mathematik und dürfen keine Computer benutzen. Sie hätten Anspruch auf Bildung jenseits des Studiums von Thora und Talmud. Nur durch Beschäftigung könnten sie der Mittellosigkeit auf Dauer entrinnen. Im Moment aber leben drei Viertel der *charedischen* Kinder unterhalb der Armutsgrenze. Eine *cha-redische* Familie hat im Durchschnitt acht Kinder, eine säkulare Familie knapp drei. Jedes dritte israelische Kind unter 18 ist *charedisch*.

Eidel kennt viele solcher Kinder. Sie ist Elis Tante und hat ein Schmuckgeschäft auf der Haupteinkaufsstraße von Bnei Brak. Man muss klingeln, wenn man hinein will. Eidel ist 58 und sieht aus wie 45. Sie hat sieben Kinder, das Jüngste ist 16, das Älteste 34. Sie erzählt von der überfüllten Drei-Zimmer-Wohnung einer Familie, die sie vor ein paar Tagen besucht hat. Die Eltern leben mit ihren 13 Kindern in drei Zimmern. Eine andere Familie lebt in einem Bunker ohne Fenster, ohne Küche und ohne Badezimmer. Wenn sie von einer Familie in Not hört, geht sie hin und handelt. Sie sammelt Spenden, organisiert Ärzte, Psychologen, Wohnungen, Essen, Möbel. Sie wartet nicht auf staatlich geprüfte Sozialarbeiter, bevor sie hilft.

»Es ist keine Sünde arm zu sein«, sagte mir der *chassidische* Gelehrte Maoz Kahana ein paar Tage nach meinem Besuch in Bnei Brak bei einem Gespräch in der Jerusalemer Nationalbibliothek. Kahana lehrt Geschichte des Judentums an der Universität Tel Aviv. »Aber es ist auch kein göttliches Gebot reich zu sein.« Es sei weder schlimm, arm zu sein, noch sei es schlimm, reich zu sein. »Es geht darum, was Du daraus machst. Es ist keine Schande, um eine wohltätige Spende zu bitten. Der, der darum bittet, ist nicht weniger ehrenwert als der, der gibt.« Maoz Kahana will den Staat nicht aus seiner Verantwortung für die Bildungs- und Sozialpolitik entlassen. Aber er sieht auch die Gemeinschaft und jeden Einzelnen in der Verantwortung, den Bedürftigen zu helfen. In Bnei Brak gibt es mehrere tausend G'machim, Werke der Barmherzigkeit. Jeder, der anderen etwas geben kann, eröffnet ein G'mach. Wer ein Hochzeitskleid braucht, geht zu einem G'mach und bekommt eins umsonst. Jeder Bedürftige hat irgendetwas, was er geben kann. Und seien es nur Schnuller oder Arbis, einen schlichten Kichererbsen-Snack, den man der Familie serviert, wenn ein Kind geboren wurde. »Jeder Schnuller zählt genauso viel wie eine Spende von 10 000 Dollar«, sagt Maoz Kahana. Vielleicht ist es diese tief verankerte Ethik des Gebens, selbst in der Not, die den Armen von Bnei Brak die Würde von Wohltätern verleiht.

Unter den *Charedim* gibt es auch fünf Prozent Antizionisten. Ihre Dachorganisation heißt *Neturei Karta*, das ist Aramäisch und bedeutet »Wächter der Stadt«. Die Anhänger von *Neturei Karta* sind ausnahmslos *Chassiden*. Zu ihnen zählen unter anderem die Jerusalemer Abspaltungen wie *Toldot Ahron*, die *Satmer, Dozinski* oder *Sikrikim*. Immer wieder einmal machen Mitglieder dieser Gruppierungen mit drastischen Aktionen auf sich aufmerksam.

In der israelischen Medienöffentlichkeit sind diese Teile der *charedischen* Community gemessen an ihrer tatsächlichen Größe allerdings überrepräsentiert. Wenn in den Abendnachrichten über gewalttätige Ausschreitungen von *Charedim* berichtet wird, die in Jerusalem gegen die Schabbat-Öffnungszeiten des Mamilla-Parkhauses am Jaffa-Tor demonstrieren, dann entsteht das Bild einer extremistischen Gruppe, die die Spielregeln der israelischen Gesellschaft in ihrem Sinne zu verändern sucht. Es wirkt so, als wollten alle *Dossim* (Abkürzung von *orthodoxim*), wie die *Charedim* von säkularen Israelis oft despektierlich genannt werden, dem Rest der israelischen Gesellschaft ihre religiösen und moralischen Standards aufzwingen. Und tatsächlich gibt es einen harten Kern extremistischer *charedischer* Aktivisten, deren erklärtes Ziel es ist, ihre Interessen dem Rest der israelischen Bevölkerung zu oktroyieren.

Aber zugleich ist ein großer Teil der *charedischen* Community im Begriff, sich zu israelisieren und die engen Grenzen ihrer Gruppe zu verlassen. Tausende *Charedim* studieren schon jetzt an staatlichen Universitäten und arbeiten in *nichtcharedischen* Unternehmen. Aus pragmatischen Gründen: Die großen *charedischen* Familien brauchen eine finanzielle Lebensgrundlage. Von staatlichen Zuschüssen allein kann sich die schnell wachsende Community nicht erhalten.

Extremisten wie etwa die Mitglieder der *Sikrikim*-Sekte versuchen mit gewalttätigen Übergriffen, der Mehrheit der *charedischen* Community ihre Regeln aufzuzwingen. Im September 2011 zum Beispiel überfielen und verwüsteten einige *Sikrikim* einen *charedischen* Buchladen im Jerusalemer Viertel Mea Schearim, weil der Buchhändler sich ihrem Moral-Diktat nicht unterwerfen wollte und Bücher verkaufte, die *Sikrikim* für unkeusch hielten. Derlei extremistische Gruppierungen provozieren immer wieder öffentlichkeitswirksame Konflikte, um den Prozess der Israelisierung bei den *Charedim* aufzuhalten.

Die Seifenoper »Das Gericht des Rabbi« versuchte eine Brücke des Verständnisses zwischen der Welt der säkularen und der religiösen Israelis zu bauen. Sie spielte im Milieu der chassidischen *Charedim* und wurde im September 2003 zum ersten Mal auf dem Kabelkanal *Tchelet* (Hellblau) ausgestrahlt. Die halbstündige Soap kam ohne Liebesszenen aus, und in den Dialogen wimmelte es von Ausrufen wie »Gepriesen sei der Herr« oder »Mit der Hilfe des Herrn«. Der Publizist und damalige Programmdirektor des Kabelkanals *Tchelet*, Uri Orbach, wollte mit dieser *charedischen* Seifenoper das Publikum nicht nur unterhalten, sondern auch dazu beitragen, die Kluft zwischen den religiösen und den säkularen Israelis zu verkleinern. Allerdings dürfen *chassidische* Juden wie die, die im »Gericht des Rabbi« als Protagonisten in Erscheinung traten, gar keine Fernseher besitzen. In den ersten 26 Folgen verfiel der Hauptdarsteller Hanoch, der Schwiegersohn eines Rabbiners, dem illegalen Glücksspiel und wurde deshalb aus der Gemeinschaft der *Chassiden* ausgestoßen. In einem anderen Handlungsstrang wird davon erzählt, wie die Polizei eine Gruppe von *Charedim* verfolgte, weil sie eine Bushaltestelle in Brand gesetzt hatte, die mit Werbeplakaten für Damenunterwäsche beklebt war. Oded Menaster war einer der Schauspieler von »Gericht des Rabbi«. Er glaubte an das erzieherische Potenzial der Serie: »Die Soap zeigt, dass chassidische Juden reale Menschen sind und dass wir alle etwas voneinander lernen können.« Uri Orbach sitzt inzwischen für die nationalreligiöse Siedlerpartei Habait Hayehudi in der 19. Knesset.

Das Konzept der Sendung ging allerdings noch nicht auf. Im richtigen Leben wurden die Extremisten unter den *Charedim* immer aggressiver. In Bet Schemesch zum Beispiel, einer Kleinstadt in den judäischen Bergen, 30 Kilometer westlich von Jerusalem, leben 90 000 Menschen. Säkulare, Nationalreligiöse und *Charedim*. Hier gibt es ein paar besonders »fromme« *Charedim*, die strikte Geschlechtertrennung in der Öffentlichkeit fordern. Frauen sollen in Bussen und Straßenbahnen hinten Platz nehmen, vor Synagogen sollen sie auf die andere Straßenseite wechseln und sich im Supermarkt an einer Kasse für Frauen anstellen. Damit fordern extremistische *Charedim* den israelischen Staat heraus, seine gesellschaftlichen Normen und Werte aktiv zu verteidigen. Meist geschieht das jedoch nicht, und einer Gruppe wie den extremistischen *Sikrikim* gelingt es auf diese Weise, die Spielregeln im öffentlichen Raum Schritt für Schritt umzudefinieren. Dabei stützen sie sich auf das Stillschweigen der übrigen, weniger radikalen *Charedim*.

Als sich in Bet Schemesch die Übergriffe von extremistischen *Charedim* auf andere Bürger häuften, hatte Ministerpräsident Benjamin Netanjahu die Idee, die Stadt in zwei Teile zu trennen: einen für die *Charedim* und einen für die Säkularen und Nationalreligiösen.

In Bet Schemesch sind alle *charedischen* Strömungen vertreten. Es leben dort auch säkulare und nationalreligiöse Juden. Die Stadt erstreckt sich über mehrere Hügel. Am nördlichen Rand liegt das in den 1950er Jahren entstandene Zentrum, und südlich davon liegen die beiden in den 1990er Jahren gebauten Stadtteile Ramat Bet Schemesch Alef und Bet.

Im Zentrum der Stadt wohnen säkulare Israelis und Nationalreligiöse. In Ramat Bet Schemesch Bet, das in der Mitte zwischen dem älteren Ortskern und Ramat Bet Schemesch Alef liegt, haben sich die besonders strengen *Charedim* zusammengefunden, die Hardliner unter den konservativsten Orthodoxen. Zu ihnen zählt auch die kleine Gruppe der *Sikrikim*, die erbitterte Feinde des israelischen Staates sind und am Unabhängigkeitstag israelische Flaggen verbrennen.

Eliezer Schenkolevsky lebt in Bet Schemesch. Er ist orthodoxer Rabbiner, Ende vierzig, trägt einen schwarzen Anzug und einen Vollbart. Auf dem Kopf hat er eine gehäkelte schwarzweiße Kippa. Schenkolevsky bezeichnet sich als religiösen Zionisten. Der Rabbiner ist keiner dieser Hardliner.

Im Januar 2012 bin ich für einen Tag nach Bet Schemesch gefahren, um mir für eine Reportage selbst ein Bild von der Situation zu machen. Eliezer Schenkolevsky hat mich in die unübersichtliche Topografie der Bekenntnisgrenzen von Bet Schemesch eingeführt. Er tut etwas Ungewöhnliches an diesem Tag, indem er mich empfängt.

»In Ramat Bet Schemesch Bet liegt das große Problem«, sagt Eliezer Schenkolevsky. Der Rabbiner ist in mein Auto gestiegen und dirigiert mich vom Beifahrersitz aus durch eine labyrinthische Stadtlandschaft. Die gleichförmigen Wohnblocks und zahllosen Kreisverkehre verwirren die Sinne. »Ramat Bet Schemesch Bet ist eine *charedische* Siedlung und die meisten *Charedim*, die hier wohnen, sind Radikale«, erklärt Schenkolevsky. »Das Problem ist, dass dieser Stadtteil in der Mitte liegt. Zwischen dem überwiegend säkularen Stadtzentrum und Ramat Bet Schemesch Alef. Jedes Mal, wenn die hier Lärm machen, beeinträchtigt das die anderen drum herum.«

Als Rabbiner Schenkolevsky zurück muss in seine *Jeschiva*, kehre ich alleine dorthin zurück, wo er »das große Problem« sieht: Ich will ein Gefühl dafür bekommen, wie es zugeht im Zentrum von Ramat Bet Schemesch Bet. Ich will erleben, was passiert, wenn eine eindeutig säkulare Frau mit offenen Haaren durch die Straßen läuft. Aber plötzlich habe ich wieder das leichte Tremolo in Schenkolevskys Stimme im Ohr, als er mir bei unserer Rundfahrt auf der Höhe des Boulevards Rabbi Jehuda Hanasi sagte: »Hier lebt der harte Kern der radikalen *Charedim.*« Ich parke mein Auto dort, wo das GPS »Ramat Nof Shopping Center« anzeigt, hole tief Luft, steige aus und gehe auf eine Heißmangel zu, in der zwei nationalreligiöse Männer arbeiten. »Wo ist hier ein Supermarkt?«, frage ich. Der eine schaut mich befremdet an und zeigt mit seinem Kinn auf die andere Straßenseite. »Da!«, das ist alles was er sagt. Ich überquere die Straße, sehe nirgends einen Hinweis auf einen Supermarkt. Keine Werbung, kein Schild. Es regnet heftig. Es ist einer dieser ungemütlichen nasskalten Tage, von denen es im israelischen Winter nur wenige gibt. Ich trage Stiefel, Hosen, eine lange Strickjacke. Alles hochgeschlossen. Alles schwarz in schwarz. Nur die Haare liegen offen zu Tage. Und die Hände natürlich. »Die werden Ihnen nichts tun«, hatte Schenkolevsky mich beruhigt. »Sie werden aber auch nicht mit Ihnen reden.«

Es ist nicht viel los an diesem verregneten Vormittag auf der Einkaufsmeile von Ramat Bet Schemesch Bet. Ein paar Männer mit schwarzen Anzügen und Plastiktüten über ihren breitkrempigen schwarzen Hüten eilen von hier nach da. Unwillkürlich denke ich an gekochten Fisch und Essen ohne Salz. Die Menschen, die hier leben, wollen ein Leben arm an sinnlichen Reizen. Ergebnis ist ein Alltag in Schwarz-Weiß, viel schwarz, wenig weiß. Auch Schattierungen von Grau kommen vor und hier und da ein bisschen Blassgrün, Blassblau oder Blassrosa auf den Köpfen der Frauen, die ihre Haare mit Hauben bedecken.

Schließlich finde ich den Supermarkt. Ein kleiner Laden mit schlichten Metallregalen, in denen viele Produkte im Zehnerpack angeboten werden und noch in dicke Plastikfolie eingeschweißt sind. Ich suche Mineralwasser und frage eine Kundin, die ihr Kind in einem Buggy durch den engen Laden schiebt und höchstens 20 ist, ob sie weiß, wo ich es finden kann. Sie weiß es und zeigt auf die Regalreihe nebenan. Dann stelle ich mich an der Kasse an. Ich bin die Dritte in der Schlange. Die Kassiererin ist sehr blass. Sie wirkt aufgeschwemmt, sitzt mit rundem Rücken in sich zusammengefallen hinter ihrer Kasse. Sie kann nicht älter sein als 25. Mit ihrer hochgeschlossenen weißen Bluse und ihrer Perücke aus dunkelrotem Kunsthaar, im Jiddischen *Sheitel* genannt, wirkt sie aber eher wie eine Frau um die 50. Ihre Augen sind hinter der dunklen Hornbrille kaum zu sehen. Es geht kaum vorwärts. Ein *Charedi* im blau-weiß gestreiften Kaftan bezahlt seinen bescheidenen Einkauf mit einer Handvoll Agoroth. Hundert Agoroth sind ein Schekel, fünf Schekel entsprechen einem Euro. Es dauert, bis sich die Kassiererin hier durchgezählt hat. Sie nimmt es kommentarlos hin. Es scheint nicht das erste Mal zu sein, dass sie so viele Agoroth in die Hände bekommt. Die Frau vor mir kauft eine grüne Packung »Wissotzky«-Beuteltee, einen Liter Milch im Schlauch und einen Topf Sesam-Mus. »Sechzehn dreißig«, raunzt ihr die Kassiererin auf Jiddisch zu. Sie wendet ihren Kopf mit der dunkelroten Langhaarperücke nicht von ihrer Kasse ab, schiebt sich nur kurz ihre schwarze Hornbrille zurecht und sortiert dann den Schein ein, den ihr die Kundin hinhält. Das Wechselgeld wirft sie achtlos aufs Förderband. Mich schaut sie auch nicht an. Aber sehen tut sie mich doch. Denn den Preis für Wasserflasche und Reiscracker sagt sie mir auf Hebräisch. Sie braucht nicht hinzuschauen um zu wissen, dass ich nicht eine von ihnen bin.

In Ramat Bet Schemesch Alef wohnen gemäßigte *Charedim*. Eliezer Schenkolevsky nennt sie »*Charedim* light«. Und religiöse Zionisten, von denen ein großer Teil aus den USA, Kanada und Australien nach Israel eingewandert ist.

Südwestlich von Ramat Bet Schemesch Alef schaufeln Bagger Baugruben für das Wohnviertel Ramat Bet Schemesch Gimel aus. Der *charedische* Bürgermeister von Bet Schemesch, Mosche Abutbul von der Schas-Partei, will dort noch mehr Wohnraum für *Charedim* schaffen.

»Er vertritt überhaupt nicht die Interessen aller Bürger«, sagt Eliezer Schenkolevsky. Der Rabbiner befürwortet den Plan von Ministerpräsident Benjamin Netanjahu, die Stadt in zwei Teile zu trennen. Einen für die *Charedim* und einen für die Säkularen und Nationalreligiösen. Aber der Bürgermeister und die anderen *Charedim* in Bet Schemesch und auch die radikalste Gruppe, die *Sikrikim*, bekämpfen diesen Plan mit Nachdruck. Noch eher wären sie bereit, unter einer säkularen Stadtregierung zu leben, erklären sie. Vermutlich sind es ziemlich irdische Erwägungen, die sie zu dieser Haltung bringen. Denn finanziell ist die Gemeindeverwaltung von den Abgaben der Säkularen und Nationalreligiösen abhängig. Schließlich sind alle *Charedim*, die an einer *Jeschiva* eingeschriebene Talmud-Studenten sind und mindestens drei Kinder haben, zu 70–90 Prozent von der Gemeindesteuer befreit.

Nachdem Ende Dezember 2011 ein achtjähriges Mädchen mehrfach auf seinem Schulweg von *Charedim* beschimpft und bespuckt worden war, weil es angeblich nicht züchtig gekleidet war, gingen mehr als 10 000 Menschen aus ganz Israel in Bet Schemesch auf die Straße, und Präsident Schimon Peres rief die Bürger Israels dazu auf, »Israel gegen eine Minderheit zu verteidigen, die den nationalen Zusammenhalt in skandalöser Weise gefährdet«. Niemand habe das Recht, ein Mädchen oder eine Frau zu bedrohen, warnte Peres. »Wir sind alle Bürger dieses Landes!«

Sarit Ramon wohnt in Bet Schemesch und ist eine säkulare Israelin. Sie selbst wurde vor einiger Zeit von *Charedim* bespuckt und beschimpft. »Als ich damals erzählte, was mir widerfahren ist, zogen die Leute eine Augenbraue hoch und scherten sich nicht weiter um die Sache. Die Lage ist schon seit Jahren katastrophal.«

Die Radikalisierung der *Charedim* ist kein neues Phänomen, und sie beschränkt sich nicht auf Bet Schemesch. Das bestätigt auch Rabbiner Schenkolevsky. »Es hat wie eine Krankheit im

Stillen angefangen. Jetzt ist die Krankheit sichtbar geworden, und die Probleme sind eskaliert. Es gibt diesen harten, gewalttätigen Kern von *Charedim*, die versuchen, die Normen in der israelischen Gesellschaft zu verändern und Regeln einzuführen, die nicht der Halacha (dem jüdischen Religionsgesetz) entsprechen und überhaupt nicht zur Mehrheitsgesellschaft passen.« Dieser gewaltbereite Kern versuche die Trennung der Geschlechter im öffentlichen Raum, in Bussen, auf Bürgersteigen und an Supermarktkassen durchzusetzen. Sie testeten ihre Grenzen aus, sagt Schenkolevsky. »Am Anfang sagen sie noch höflich ›bitte‹, und wenn ihnen keiner etwas entgegensetzt, dann gibt es irgendwann ein Schild auf dem Bürgersteig, das anzeigt, hier dürfen nur Männer gehen. Und wer sich dann nicht daran hält, dem wird mit Gewalt begegnet.« Schenkolevsky beobachtet mit großer Sorge, wie »diese Leute« die israelische Demokratie herausfordern. »Man kann das demokratische Spiel nur mit Menschen spielen, die die Regeln befolgen«, sagt der Rabbiner. »Die Demokratie muss sich jetzt verteidigen und klarstellen, welche Regeln im öffentlichen Raum gelten. Und die müssen dann durchgesetzt werden.«

Mir geschieht kein Leid an diesem verregneten Tag in Ramat Bet Schemesch Bet, wo die radikalsten *Charedim* der Stadt zu Hause sind. Aber ein Wohlfühlort ist Bet Schemesch nicht. Immerhin müssen hier Menschen wie ich, die anders denken und anders aussehen als die Mehrheit, mit allem rechnen.

Deshalb verlangen die säkularen und nationalreligiösen Israelis, dass sich auch die extremistischen Religiösen an die Spielregeln der israelischen Gesellschaft halten. Der Staat allerdings ließ sie bisher mit dieser Forderung im Stich.

Überhaupt genießen die Orthodoxen in Israel weitgehende Freiheiten. Denn seit Gründung des Staates Israel werden die politischen Vertreter der *Charedim* als Koalitionspartner zur Regierungsbildung gebraucht. Und über die Beteiligung an der Regierung können religiöse Parteien wie Schas (Abkürzung von Sephardische Wächter der Thora) oder Jahadut Hathora (Vereinigtes Thora-Judentum zusammengesetzt aus Agudat Israel, Vereinigung Israels, und Degel haThora, Fahne der Thora) die Interessen ihrer Klientel absichern. Im Gegenzug für ihr »Ja« bei Abstimmungen zu sicherheitspolitischen Fragen wie etwa der Strategie der Regierung im Konflikt mit den Palästinensern oder den Drohgebärden gegenüber Iran handeln sie die staatliche Unterstützung für ihre Synagogen, Kindergärten, Jeschivot und Sozialeinrichtungen heraus.

Obwohl die *Charedim* ganze Stadtviertel und Städte kulturell dominieren, fühlen sie sich im öffentlichen Raum doch in vielen Fragen von den in Israel geltenden Normen herausgefordert. Im öffentlichen Nahverkehr, in den Supermärkten und an den Wahlurnen fordern sie strikte Geschlechtertrennung.

Als der extremistisch gesinnte *Charede* im Dezember 2011 von der israelischen Polizei festgenommen wurde, weil er die bereits erwähnte Attacke auf den Buchladen in Mea Schearim organisiert haben soll, gingen 1500 *Charedim* im Jerusalemer Stadtteil Geulah auf die Straße. Viele von ihnen trugen dabei einen gelben »Judenstern« am Revers und schwarz-weiß gestreifte Kleidung, die an die Häftlingskleidung in den Konzentrationslagern der Nationalsozialisten erinnern sollte. Sie beschimpften israelische Polizisten als »Nazis«, bezeichneten den Zionismus als Rassismus und forderten den Einsatz internationaler Truppen zu ihrem Schutz. Der Protest richtete sich auch gegen die negative Berichterstattung über *Charedim* in den israelischen Medien.

Die israelische Öffentlichkeit war verstört. Der Leiter der Holocaust-Gedenkstätte Yad Vashem, Avner Schalev, warf den Demonstranten vor, die Gefühle von Überlebenden der Schoa zu verletzen: »Dieser Missbrauch des Holocaust ist inakzeptabel und verstößt gegen grundlegende jüdische Werte.«

Verteidigungsminister Ehud Barak nannte die Aktion in einem Hörfunkinterview »erschütternd und erschreckend«. Aber anstatt selbst Verantwortung zu übernehmen und eine politische Debatte über notwendige Maßnahmen anzuregen, forderte Barak als Vertreter der amtierenden Regierung, die Leitung der Orthodoxen müsse diesem »unannehmbaren Phänomen ein Ende bereiten«.

Chagit Atzmon arbeitet als Sozialarbeiterin in einem Amt für sozial schwache Familien in Netanja. Ihre Chefin heißt Chava, ist 36, hat acht Kinder, trägt eine Perücke, lange Röcke und flache Schuhe. Nie zuvor in ihrem säkular geprägten, 40 Jahre währenden Leben hatte Chagit persönlichen Kontakt zu einer *charedischen* Frau. Nicht im Kibbuz, in dem sie aufgewachsen ist, nicht in der Schule, nicht an ihrem College und nicht bei der Armee. An ihrem neuen Arbeitsplatz fordert Chava jetzt Chagits Feindbild von den unzugänglichen und arroganten *Charedim* heraus. Nach ein paar Wochen erzählt mir Chagit fassungslos, wie warmherzig, empathisch und klug Chava ist. Und dass sie so viele Gemeinsamkeiten mit ihr entdeckt. »Nie zuvor hätte ich es für möglich gehalten, überhaupt jemals näheren Kontakt zu einer *charedischen* Frau zu haben«, erzählt Chagit. »Für mich waren sie immer nur rückständige und bornierte Wesen, die sich freiwillig auf eine untergeordnete Rolle in ihrer Ehe und das Aufziehen von Kindern reduzieren lassen. Ich entdecke jetzt eine neue Welt und muss erkennen, dass keines meiner Vorurteile gegenüber den *Dossim* zutrifft.« Chava arbeitet schon seit fünf Jahren in dem Amt in Netanja. Sie muss Geld verdienen, um ihre Familie zu ernähren.

Kobi Arieli ist ein gutes Beispiel für einen *charedischen* Juden, der den Prozess der Israelisierung schon vollzogen hat. Er ist Moderator im Armee-Rundfunk *Galei Zahal*. Jeden Morgen um zehn hat er seine eigene Sendung. Kobi Arieli hat Militärdienst geleistet und danach beim Armee-Rundfunk angefangen, in einem ganz und gar säkular geprägten Umfeld. »Der harte Kern wird hart bleiben«, sagt er und meint damit extremistische Gruppierungen wie die Sikrikim. »Ich bin zu hundert Prozent überzeugt, dass die orthodoxen Juden auf eine absolute Israelisierung zugehen. Sie werden sich einfügen und ein Teil der israelischen Gesellschaft werden.« Zehn Jahre wird es brauchen, meint Kobi Arieli, bis *Charedim* als Ärzte und Pflegekräfte in Krankenhäusern oder Busfahrer arbeiten werden. »Auch in der Armee wird es orthodoxe Kommandeure geben. Ich habe nicht den geringsten Zweifel daran. Das ist ein Prozess, der zwangsläufig eintreten wird.«

Die *Charedim* mizrachischer und sephardischer Herkunft sind den aschkenasischen *Charedim* auf diesem Weg schon um einige Schritte voraus. Ein großer Teil von ihnen geht einer Erwerbsarbeit nach und leistet Militärdienst. Ihr politisches Sprachrohr ist die Schas-Partei.

Der Rabbiner Chaim Ansalem war bis zum November 2010 Abgeordneter der Schas-Partei. Nach einem innerparteilichen

Zerwürfnis wurde er aus der Schas-Partei ausgeschlossen. Für die 19. Knesset kandidierte er mit seiner eigenen Partei Am Shalem, was übersetzt so viel bedeutet wie Gesamte Nation. Er errang allerdings kein einziges Mandat. Chaim Ansalem versteht sich zugleich als Zionist und orthodoxer Jude: »Für mich ist ein orthodoxer Jude jemand, der die Gebote einhält, und ich bin Zionist, weil ich denke, dass wir den Staat Israel stark machen müssen, dass wir Militärdienst leisten und arbeiten müssen.« Ansalem fordert: »Wir müssen das Ghetto verlassen. Wir sind nicht aus den Ghettos geflohen, um hier ein neues, großes Ghetto aufzumachen.« So weit wollte die Schas-Partei nicht gehen und trennte sich von ihrem Gründungsmitglied und Abgeordneten Ansalem.

Eine Israelisierung ist für viele streng Religiöse ein Schreckensbild. Sie wollen an ihrer Weltferne festhalten und umgekehrt das überwiegend säkulare Israel in einen Staat verwandeln, in dem die göttlichen Gebote, die Mitzwot, höher geachtet werden als die irdischen Gebote und Verbote. Der Jerusalemer Rabbiner Aharon Schapira erklärt warum: »Die Welt der Thora wacht eifersüchtig über ihren Weg und ihre Traditionen. Sie ist nicht bereit und wird nie bereit sein, irgendetwas zu verwässern. Die Welt der Thora wird es nicht zulassen, dass eine Israelisierung passiert.«

Die *charedische* Minderheit und die säkulare Mehrheitsgesellschaft befinden sich in einem paradoxen Stadium ihrer Beziehungen. Einerseits vertiefen sich die kulturelle Kluft und das Unverständnis zwischen ihnen. Dabei sah der Staat bislang nur wehrlos zu. Andererseits gibt es im Alltag an den Universitäten und in öffentlichen Einrichtungen wie Krankenhäusern und Ämtern immer häufiger Kontakte zwischen *Charedim* und Säkularen. In der konkreten Begegnung mit dem »Anderen« stellen manche überrascht fest, dass ihr Bild nicht mit der Realität übereinstimmt. Möglicherweise wird diese noch kaum sichtbare Unterströmung die israelische Gesellschaft in den kommenden Jahren auf unerwartete Weise umwälzen.

Im Schatten: Menschen mit Behinderungen

Avraham Rabby ist blind. Vor fünf Jahren ist er aus den USA nach Israel eingewandert. Er lebt in Tel Aviv und fühlt sich ausgegrenzt. Avraham Rabby würde gern Dienst in der israelischen Armee tun, doch die will ihn nicht haben. Bei seiner Einwanderung wurde seine Behinderung in seinem Staatsbürgerprofil vermerkt. Deswegen wurde er automatisch vom Dienst in der Armee entbunden. Avraham Rabby ist empört. In einem Artikel für die Tageszeitung *Jerusalem Post* aus dem September 2012 beruft er sich auf eine Rede von Präsident Schimon Peres, in der dieser an den Gemeinsinn der jüdischen Israelis appellierte: »Wir alle sind dazu verpflichtet, unsere Nation aufzubauen, und wir müssen alle dazu beitragen, sie zu verteidigen«, sagte Peres. »Wie sehr wünschte ich, dass Peres meint, was er sagt!«, antwortet ihm Rabby.

»Indem ich aufgrund meiner Blindheit automatisch vom Wehrdienst befreit wurde, wurde mir eine lebenswichtige Erfahrung vorenthalten, die jeder andere junge Israeli macht«, schreibt Rabby. »Damit mindert der Staat die Chancen eines Menschen mit Behinderung auf gesellschaftlichen Erfolg. Hört damit auf, Menschen mit Behinderung zu Außenseitern in ihrem eigenen Land zu machen.« Rabby fordert, dass die IDF das körperliche und geistige Vermögen jedes einzelnen Menschen mit Behinderungen prüfen und dann gemäß seinen Fähigkeiten in die Armee integrieren soll. Denn ansonsten degradiere die Armee jeden Menschen mit Behinderung zu einer Existenz zweiter Klasse. Die Beschwerde von Avraham Rabby zeigt, welche Bedeutung die israelische Armee für die Integration von Einwanderern in die israelische Gesellschaft hat. Wenn Juden in der Diaspora sich entscheiden, nach Israel auszuwandern, dann nehmen sie den Dienst in der Armee ganz bewusst mit in Kauf. Sie wollen sich in die israelische Gesellschaft integrieren und einer der wichtigsten Orte der gesellschaftlichen Integration ist die Armee. Weil das so ist, hat Oberstleutnant Ariel Almog das Programm »Besonders in Uniform« gegründet, das es Menschen mit besonderen Bedürfnissen ermöglicht, in der IDF Dienst zu tun. Almog, der im Jahr 2001 bei einem Terroranschlag selbst schwer am Kopf verwundet wurde, begegnete während seiner Zeit im Krankenhaus und in der Rehabilitation vielen Menschen, die selbst auch unter physischen, psychischen oder mentalen Einschränkungen litten. Er machte die Integration dieser jungen Leute in die Armee zu seinem Anliegen. Bislang haben rund 1000 Menschen mit besonderen Bedürfnissen das dreijährige Programm »Besonders in Uniform« absolviert. Die Nachfrage ist groß. Seit 2014 wird Almogs Integrationsprogramm vom Jewish National Fund unterstützt. »Wenn wir sagen, die israelische Armee sei die Armee des Volkes für das Land Israel«, betont Almog, »dann müssen wir Menschen aus allen Bereichen der Gesellschaft einschließen, auch Menschen mit Behinderungen«. Die Öffnung der israelischen Armee für Menschen mit besonderen Bedürfnissen zeigt, wie dynamisch sich die noch nicht einmal 70 Jahre junge israelische Gesellschaft entwickelt: ein innenpolitisches Thema wie die rechtliche Gleichstellung und praktische Inklusion von Menschen mit besonderen Bedürfnissen in alle gesellschaftlichen Bereiche wird umgesetzt, sobald sich jemand dessen annimmt.

Beim Entzünden der Fackeln zum Unabhängigkeitstag im April 2015 hat Yuli Edelstein »die Hoffnung auf eine rechtliche Gleichstellung der Menschen mit besonderen Bedürfnissen und Behinderungen« an prominenter Stelle zum Ausdruck gebracht. Edelstein ist Sprecher der Knesset und nach der protokollarischen Rangordnung Israels der zweite Mann im Staat nach dem Staatspräsidenten. Indem er Menschen mit besonderen Bedürfnissen ausdrücklich als einen Teil der israelischen Bevölkerung erwähnte, nahm er sie mit hinein in die israelische Gesellschaft. Ein Novum und ein eindrückliches Zeichen. Und zugleich auch ein beredter Hinweis auf Handlungsbedarf. Nach Erhebungen des Joint Distribution Committee (JDC), einer Hilfsorganisation US-amerikanischer Juden, aus dem Jahr 2014 sind es 800 000 bis eine Million Israelis im arbeitsfähigen Alter, die an gesundheitlichen Einschränkungen leiden, die sie in ihrem Alltag beeinträchtigen. 2012 waren rund 220 000 erwachsene Israelis mit schweren körperlichen, geistigen oder seelischen Einschränkungen registriert, 470 000 lebten mit mittelschweren und weitere 220 000 mit geringen Einschränkungen. Außerdem werden auch etwa 22 000 Kinder und Jugendliche als Menschen mit besonderen Bedürfnissen eingestuft, das entspricht einem

Anteil von 8,5 Prozent. Im Schuljahr 2011/2012 waren rund 182 000 Kinder mit Behinderungen an Kindergärten und Schulen eingeschrieben. 35 000 Kinder besuchten Förderschulen, 112 000 gingen auf Regelschulen.

Die »Menschen mit besonderen Bedürfnissen«, wie sie auf Hebräisch genannt werden, treten im öffentlichen Raum kaum in Erscheinung. Ein Grund dafür ist, dass sie sich in Israel nicht barrierefrei bewegen können. Kaum ein Nahverkehrsmittel, kaum ein Supermarkt und kaum ein öffentliches Amt sind auf die besonderen Bedürfnisse dieser Menschen eingestellt. Auch die meisten Restaurants und Cafés haben keine behindertengerechten Eingänge und Toiletten. Auch an den Zeremonien zum *Jom Hazikaron*, dem Gedenktag zu Ehren der gefallenen Soldaten, können viele verwundete Veteranen nicht teilnehmen, weil die Veranstaltungsorte für Rollstuhlfahrer nicht zu erreichen sind. Im Frühjahr 2005 hat die Regierung von Ariel Sharon umgerechnet eine halbe Million Euro zur Verfügung gestellt, um bis 2019 öffentliche Einrichtungen, Schulen, Plätze und Krankenhäuser behindertengerecht zu modernisieren. Das zeigt, dass es kein öffentliches Interesse an der Wahrung der Rechte von Menschen mit Behinderungen gibt. Denn diese 500 000 Euro sind kaum mehr als ein Tropfen auf den heißen Stein.

Nur 15 Prozent der Menschen mit Behinderungen gehen einer Erwerbsarbeit nach, die meisten von ihnen an geschützten Arbeitsplätzen. 34 Prozent geben an, aufgrund ihrer Behinderung nicht arbeiten zu können. 19 Prozent sagen, sie würden gern arbeiten.

Menschen mit Behinderungen leben an der Peripherie der Städte und am Rand der Gesellschaft. Die Mieten in den Zentren der großen Städte sind für jemanden, der auf staatliche Unterstützung angewiesen ist, viel zu hoch.

Aber in Israel gibt es auch andere Lebensentwürfe für Menschen mit Behinderungen. Zum Beispiel Kishorit: Der Kibbuz liegt eingebettet in eine sanft wogende Landschaft, in der das helle Grau von Feldsteinen, das Ocker des fetten Lehmbodens, das dunkle Grün der Pinien und das Silber der Olivenbäume zu einer rauen Lieblichkeit verschmelzen. Von Kishorit aus reicht der Blick bis zur libanesischen Grenze, die 16 Kilometer Luftlinie entfernt liegt. Karmiel, die nächst größere jüdisch-israelische Stadt, liegt unterhalb von Kishorit im Beit-Hakerem-Tal. Dort gibt es Supermärkte, Cafés und Restaurants. 15 Autominuten sind es von Kishorit nach Karmiel, eine halbe Stunde bis an die Mittelmeerküste nach Akko.

Kishorit muss man suchen, um es zu finden. Nur eine schmale Serpentinenstraße führt auf den Hügel. Manche sagen, die Existenz von Kishorit sei eines der bestgehüteten Geheimnisse Israels.

In Kishorit leben 155 Menschen mit besonderen Bedürfnissen. An den meisten anderen Orten auf der Welt wären sie Blinde, Autisten oder Lernbehinderte. Hier, in Kishorit, sind sie Menschen mit Namen: Shachar, Dror und Ma'anit.

Kishorit ist eine Herzensgeburt, die Geschichte seiner Entstehung ein Mythos: Es war einmal ein sehr reicher Mann. Der hatte einen Sohn, und der Sohn hatte »besondere Bedürfnisse«. Er war zwar längst erwachsen, konnte aber nicht selbständig leben. Ein Sozialarbeiter kümmerte sich um ihn. Da begab es sich, dass der sehr reiche Mann noch einmal heiratete. Seine neue Frau nahm sich des Sohnes an. Und so begegneten sich Yael Shilo, die Künstlerin, und Shuki Levinger, der Sozialarbeiter. Das war 1988. Yael war damals 40, Shuki 29.

Yael und Shuki erkannten sich. Es war Liebe. Keine irdische. Beide sind mit anderen Partnern verbunden, haben Kinder, Yael inzwischen auch Enkel. Die Liebe, die Yael und Shuki verbindet, ist eine von der Art, die die Grenzen des Vorfindlichen sprengt. Aus ihr wurde die Vision von einem selbstbestimmten und doch geborgenen Leben für Menschen mit besonderen Bedürfnissen geboren. Yael, die im Kibbuz »Kfar Szold« am Fuße des nördlichen Golan aufgewachsen war, wusste, wie eine Gemeinschaft Menschen mit Schwächen stärken und wachsen lassen kann. Shuki wusste, dass der gesellschaftliche Trend in Israel genau die entgegen gesetzte Richtung ging, in Richtung Inklusion, oder Normalisierung, wie man auf Hebräisch sagt. Menschen mit besonderen Bedürfnissen sollten mit »normalen« Menschen gemeinsam wohnen, lernen und arbeiten. Aber Shukis Erfahrung in der Praxis stand im Widerspruch zu dieser Idee. Viele Menschen mit besonderen Bedürfnissen fühlen sich in Inklusions-Projekten nicht gleichrangig, sondern minderwertig. Zum Beispiel Amir. »Für ihn ist es frustrierend, immer schlechter zu sein als andere«, erzählt seine Mutter Dorit. »Für Amir ist die so genannte Normalisierung nicht gut. Er möchte nicht der Schwanz der Löwen sein, sondern der Kopf der Füchse.«

Die Vision von Yael und Shuki ging in eine andere Richtung: Sie wollten einen Kibbuz gründen, eine Gemeinschaft, die besondere Bedürfnisse stillen kann ohne dabei zu entmündigen. Aber als sie anfingen, anderen von ihrer Vision zu erzählen, merkten sie, dass sie allein waren. »Niemand hat uns applaudiert«, sagt Yael. Und nicht nur das: Einen Kibbuz zu gründen, das war nur den Israelis vorbehalten, die beim medizinischen Eignungstest der Armee mindestens 72 Punkte erreichten und damit als tauglich für eine Kampfeinheit eingestuft wurden, Menschen, die einen akademischen Abschluss hatten und verheiratet waren. Shuki und Yael wollten einen Kibbuz für Menschen gründen, die keines dieser Kriterien erfüllten. Nach dem Regelwerk der Jewish Agency, der offiziellen Einwanderungsorganisation Israels, die auch die Entwicklung der Siedlungstätigkeit im Land maßgeblich mitgestaltete, war es schlicht unmöglich, dass Menschen mit Behinderungen in Israel siedelten. »Es gab kein Modell, auf das wir Bezug nehmen konnten«, sagt Shuki.

Menschen mit Behinderungen haben kein Recht auf Ansiedlung in Israel? Ein Fall für den Menschenrechtsausschuss der Knesset, fanden Yael und Shuki. Immer wieder hörten die beiden, ihr Projekt sei »vollkommen aussichtslos«. Sie hätten »keine Chance«. Heute sagt Yael, es sei »eine Mischung aus Naivität, Kühnheit und Sturheit« gewesen, die sie auf ihrem langen Weg durch die Institutionen antrieb. »Wir waren beseelt davon, uns mit dem Guten in der Welt zu verbinden.«

Yael und Shuki kämpften weiter. Im September 1997 zogen die ersten vier *Chavrei Kibbuz* nach Kishorit. In *Chavrei Kibbuz* steckt der *Chaver*, und das heißt auf Hebräisch Freund. Es kann aber auch Mitglied bedeuten. Oder Kollege. Von allen drei Bedeutungen schwingt etwas mit, wenn von *Chavrei Kibbuz* die Rede ist. Vier *Chavrei Kibbuz* also, drei Mitarbeiter, Shuki und Yael, das war die neunköpfige Pionier-Gruppe von Kishorit.

Heute, 16 Jahre nach der Gründung, leben 155 *Chavrei Kib-*

buz in Kishorit. Sie haben die Wahl, ob sie in der berühmten und vielfach preisgekrönten Hundezucht, dem Reitstall, dem Weinberg, der Küche, der Bäckerei, der Wäscherei, der Ziegenfarm, dem Gemüseanbau, dem Fernsehstudio oder der international erfolgreichen Fabrik für Holzspielzeug arbeiten wollen. Sie bestimmen, ob sie nachmittags singen, schwimmen, joggen, Krafttraining, Volkstanz, Kunst oder Yoga machen. Jeder *Chaver* hat einen Sozialarbeiter, der sich um ihn kümmert und einen freiwilligen Betreuer, der sich regelmäßig mit ihm trifft. Dann gibt es auch noch Dalia, die Krankenschwester ist und die Medikamenteneinnahme der *Chaverim* überwacht. Psychologen und Psychiater bieten den Mitarbeitern Supervision an und betreuen die, die psychologische oder psychotherapeutische Betreuung wollen. »Wir müssen lernen, die Menschen mit besonderen Bedürfnissen zu fragen ›Was willst Du?‹, und zugleich müssen wir uns selbst fragen ›Was wollen wir?‹«, sagt Shuki Levinger. Shuki hält kurz inne und formuliert dann das Bekenntnis von Kishorit: »Wenn wir Partner von Menschen mit besonderen Bedürfnissen sein wollen und ihnen ehrlich und auf gleicher Augenhöhe gegenüber treten wollen, dann ist das wunderbar.« Aus eben dieser Achtsamkeit und Achtung gegenüber dem Willen des Anderen ist das Projekt Alfanara entstanden. Alfanara ist Arabisch und heißt Leuchtturm. Alfanara wird das arabische Pendant zu Kishorit. Es gab einmal eine muslimische Bewohnerin in Kishorit. Sie fühlte sich nicht wohl mit den jüdischen Festen, dem jüdisch-israelischen Essen, der Freizügigkeit zwischen den Geschlechtern. Und Shuki hörte ihr zu. Uneitel. Mit offenem Herzen. Er verstand die Botschaft, und gemeinsam mit Yael übersetzte er sie in ein Konzept. Karim Rafa wird die Leitung von Alfanara übernehmen. Er ist arabischer Israeli, Muslim, seit 20 Jahren eng mit Yael und Shuki befreundet und arbeitet im Leitungsteam von Kishorit mit. »Karim ist für mich fast wie ein Bruder«, sagt Shuki. Die arabische Schwester von Kishorit wird dieselbe Form der Unterstützung und des Umgangs gegenüber ihren Mitgliedern pflegen, aber es wird arabisches Essen, arabische Musik und arabische Feste geben. Arbeiten werden sie zusammen, die Bewohner Kishorit und Alfanara. Prominentester Unterstützer des Projektes ist Staatspräsident Schimon Peres. Bei der Grundsteinlegung von Alfanara im Oktober 2010 sagte er, Kishorit sei ein kleines Dorf mit einer großen Botschaft: »Wenn kranke Juden sich in die Hände von arabischen Ärzten begeben und kranke Araber sich jüdischen Ärzten anvertrauen, frage ich mich, ob wir das nicht auch unter den Gesunden hinbekommen können.«

Alfanara ist noch nicht fertig. Aber im September 2013 ließ sich die Vorhut von Alfanara auf dem neuen, sonst noch unbebauten Gelände nieder: die demokratische Ziv-Getz-Schule zog vom Gelände Kishorits auf das Nachbargrundstück Alfanara. Die Schule, an der 54 psychisch kranke Jugendliche aus jüdischen, muslimischen, christlichen und drusischen Familien aus der ganzen Region mit 37 Mitarbeitern lernen, überbringt die Botschaft von Kishorit und Alfanara: In Israel sind Gemeinschaft und Gleichwürdigkeit möglich, zwischen Drusen, Christen, Muslimen und Juden, zwischen Lernenden und Lehrenden, zwischen Menschen mit Behinderungen und solchen ohne.

Zahara Antebi ist die offizielle Überbringerin dieser Botschaft. Sie ist eine zierliche Frau mit blonden Locken und warmen Augen. Die jüdische Israelin gründete die Ziv-Getz-Schule im September 2003 und leitet sie noch heute. »Hier gibt es viel Freude und keine Gewalt«, sagt Zahara mit ihrer zarten und zugleich eindringlichen Stimme. »Das zeigt, dass wir auf dem richtigen Weg sind.« An der Ziv-Getz-Schule gibt es keine Regeln, die die Schüler nicht selbst infrage stellen oder per Mehrheitsbeschluss ändern könnten. Den Segensspruch zum Beispiel, mit dem sie jeden Tag beginnen, haben Schüler und Mitarbeiter im ersten Jahr des Bestehens der Schule gemeinsam verfasst. Seitdem finden sie sich jeden Morgen in einem großen Kreis auf der überdachten Terrasse des Schulgebäudes zusammen und sprechen diesen Segensspruch, der über den Religionen steht: »An diesem einzigartigen und besonderen Tag stehen wir hier alle zusammen, öffnen unser Herz, reichen einander die Hand, um mit Lust zu geben und mit Segen zu empfangen: Wissen, Freundschaft und Freude.« Über den Segensspruch wurde lange debattiert, damals. Eine Schülerin schlug zum Beispiel vor, auch das Wort Liebe aufzunehmen. Allein die anschließende Diskussion über die Liebe dauerte Stunden, erinnert sich Zahara. Am Ende beschloss das Schulparlament, dass die Liebe nicht aufgenommen werden sollte. Der Segensspruch wurde dann einstimmig angenommen. Zahara glaubt an die Kraft der Mitbestimmung: »In dem Moment, in dem die Schüler spüren, dass es Raum dafür gibt, dass sie sagen können, was sie denken, hat das eine unglaubliche Wirkung.« Die Existenz der Ziv-Getz-Schule ist so ungewöhnlich in Israel, dass sie schon fast unwirklich wirkt. Manchmal kann der eine oder andere jüdische Absolvent der Schule in den Kibbuz umziehen. Wenn ein Platz frei ist. Aber die meisten Absolventen, vor allem die arabischen, kehren in eine Welt zurück, in der sie als »Kranke« bevormundet und fremdbestimmt, manchmal auch versteckt werden. Sie hoffen, dass Alfanara bald fertig sein und ihnen eine Perspektive für ein selbstbestimmtes Leben bieten wird. Die Ziv-Getz-Schule ist nicht sehr bekannt in Israel. Zahara Antebi ist darüber allerdings ganz froh. Sie zitiert ein jüdisches Sprichwort, das besagt, dass Segen den Augen verborgen bleibe. »Wir existieren hier an der Peripherie. An der Peripherie des Landes und des Schulsystems.«

Kishorit ist einzigartig in Israel, einzigartig auf der Welt. Der Alltag von Menschen mit besonderen Bedürfnissen sieht in Israel meistens anders aus. Zum Beispiel gibt es da die Veteranen der israelischen Armee. 50 000 von ihnen haben bei ihren Einsätzen Verwundungen davon getragen, die aus ihnen Menschen mit besonderen Bedürfnissen gemacht haben. Sie erhalten zwar Unterstützung vom Staat, aber die liegt unter dem Existenzminimum. Staatliche Zuschüsse für Medikamente und medizinische Hilfsmittel wurden drastisch gekürzt.

Im Jahr 2012 haben die Veteranen landesweite Protestveranstaltungen organisiert. Auf ihren Transparenten stand geschrieben: »Wir lassen uns nicht länger verarschen!« Sie trugen schwarze T-Shirts, auf denen in goldener Schrift zu lesen stand: »Wir wurden eingezogen, verwundet und im Stich gelassen.«

Bei den Kundgebungen treten Veteranen im Rollstuhl auf und rufen laut nach »Gleichberechtigung für alle«. Dann stimmen die ehemaligen Soldaten selbstbewusst die Nationalhymne *Hatikva* an, und die Demonstranten stimmen ein. Damit markieren sie ihren Anspruch auf Teilhabe an der Gesellschaft. Es ist so, als wollten sie sagen »*Wir* sind Israel«.

Im Sommer 2012 verschaffte das Drama um Mosche Silman der Situation der Veteranen mit Behinderungen schlagartig nationale und internationale Aufmerksamkeit. In einem Akt äußerster Verzweiflung hatte sich der Kriegsveteran im Rollstuhl bei einer Demonstration mit Benzin übergossen und angezündet. Kurz zuvor hatte er Flugblätter mit einem offenen Brief an die Regierung verteilt. Darin war zu lesen: »Der Staat Israel hat mich bestohlen und beraubt. Er lässt mir nichts. (…) Ich klage Israels öffentlichen Dienst an: das staatliche Versicherungsinstitut. Ich klage den Staat Israel, Benjamin Netanjahu und Finanzminister Juval Steinitz der kontinuierlichen Demütigung der Bürger Israels an, welche diese täglich ertragen müssen. Sie nehmen den Armen und geben den Reichen. Ich kann mir keine Medikamente oder Miete leisten. Ich kann kein Geld mehr verdienen, nachdem ich Millionen an Steuern gezahlt und bis ich 46 Jahre alt war in der Armee und der Reserve gedient habe. Ich weigere mich, obdachlos zu werden und protestiere gegen all das Unrecht, was der Staat Menschen wie mir antut.«

Kurz zuvor hatte die Nationale Versicherungsgesellschaft nach einem langwierigen bürokratischen Verfahren endlich anerkannt, dass der Veteran der IDF Mosche Silman zu 100 Prozent behindert war und ihm eine Unterstützung von umgerechnet 460 Euro im Monat zugestanden. Zugleich aber wurde ihm der Anspruch auf eine Sozialwohnung abgesprochen. Erst wenn er tatsächlich obdachlos gewesen wäre, hätte der Staat ihn in der Wohnungsfrage unterstützt. Sieben Jahre hatte Silman in der Armee gedient, danach noch viele Jahre als Reservist. Sechs Tage nachdem Mosche Silman sich selbst angezündet hatte, erlag er seinen schweren Verletzungen.

Der israelische Staat tut sich schwer mit dem Thema Behinderung. Zwar gibt es seit 1998 ein Gesetz über die gleichen Rechte für Menschen mit Behinderungen. Darin erkennt der Gesetzgeber die »Verpflichtung der israelischen Gesellschaft« an, Menschen mit Behinderungen »gleiche Rechte zu garantieren«. Die NGO Bizchut (Mit Recht) hat maßgeblich am Entwurf des Gesetzes mitgearbeitet. Aber das Gesetz wird in der Praxis kaum umgesetzt. Die Rechte von Menschen mit Behinderungen rangieren auf der politischen Agenda der Regierungsmitglieder weit unten. Der staatliche Ombudsmann Micha Lindenstrauss kritisierte 2005 offiziell, dass die »Regierung die benötigten Ressourcen für die Entwicklung von Beschäftigungsmöglichkeiten auf dem Arbeitsmarkt zugunsten der Menschen mit Behinderung nicht zur Verfügung gestellt und die Forderungen gegenüber den öffentlichen Nahverkehrsgesellschaften zurückgestellt hat«. In einem Artikel der Vierteljahreshefte für Studien zu Behinderung (»Disability Studies Quaterly«) aus dem Jahr 2005 verweisen die Autoren Arie Rimmermann, Tal Araten-Bergman und Faisal Azaiza von der Universität Haifa sowie Shirley Avrami vom Forschungs- und Informationszentrum der Knesset darauf, dass das Gesetz noch kaum Auswirkungen auf die konkreten Lebensbedingungen der Menschen mit Behinderungen gehabt habe. Nach Einschätzung von israelischen Menschenrechtsaktivisten hat die Regierung kein Interesse an einer weiteren Entwicklung des Gesetzes über die Gleichen Rechte für Menschen mit Behinderungen. Sie befürchte, eine zu weitgehende Integration dieser Menschen in die Gesellschaft könne die wirtschaftliche Entwicklung des Landes bremsen. Die Autoren des Artikels fordern einen »offenen Dialog zwischen Menschen mit Behinderungen, dem Gesetzgeber und der Öffentlichkeit im Ganzen«.

Das Thema Behinderung berührt einen empfindlichen Punkt der israelischen Gesellschaft. In der Öffentlichkeit kommt es kaum vor. Prominente zum Beispiel sprechen nicht öffentlich darüber, wenn sie ein Kind haben, das mit einer Behinderung lebt. Der Politiker Jair Lapid zum Beispiel, der Anfang 2012 dem Journalismus den Rücken kehrte, um mit seiner eigenen Partei Jesch Atid, »Es gibt eine Zukunft«, bei den Wahlen vom 22. Januar 2013 anzutreten, hat zwei Söhne und eine Tochter. Seine Tochter Jael leidet an Autismus und wird bei ihm zu Hause betreut, großgezogen und unterrichtet. Wenn Lapid, der bei den Wahlen zur 19. Knesset mit seiner neu gegründeten Partei aus dem Stand 19 Mandate erzielte, bei Interviews auf die Behinderung seiner Tochter angesprochen wird, antwortet er einsilbig. Ob das Thema Leben mit Behinderung nicht auch ein Thema für seine politische Arbeit sei? Nein, findet Jair Lapid.

Das Anderssein von Menschen mit Behinderungen passt nicht zu dem tief im Bewusstsein der israelischen Gesellschaft verankerten zionistischen Idealbild vom »Muskeljuden«. Max Nordau, der Mitbegründer der Zionistischen Weltorganisation und enge Vertraute Theodor Herzls, hatte den Begriff des »Muskeljuden« in einer flammenden Rede beim Zweiten Zionistischen Kongress 1898 in Basel dem intellektuell orientierten »Nervenjuden« oder »Talmudjuden« gegenübergestellt. Nordau, der auch Arzt war, rief dazu auf, die körperliche Ertüchtigung aktiv zu fördern. Er betrachtete physische Stärke als eine Voraussetzung für das Gelingen des zionistischen Projekts.

Um den Umgang der israelischen Gesellschaft mit Behinderung tiefer zu verstehen, ist es sinnvoll, etwas genauer auf den Zugang der Israelis zu bioethischen Fragen zu blicken. Die Frage nach dem Beginn des Lebens wird im Talmud und den rabbinischen Schriften anders beantwortet als etwa im Christentum. Leben beginnt nach dem jüdischen Religionsgesetz, der Halacha, ab dem 40. Tag der Schwangerschaft. Bis zum 40. Tag wird der Embryo Golem genannt. Nach den jüdischen Schriften ist der Golem noch nicht beseelt. Deshalb sind jüdische Gelehrte damit einverstanden, wenn an Embryonen geforscht wird, und haben auch nichts gegen Präimplantationsdiagnostik (PID) einzuwenden. Der israelische Genforscher Michel Revel vom Weizmann-Institut in Rehovot schrieb 2003, mit Hilfe der PID wolle die Medizin helfen, die Geburt von mit Erbkrankheiten belasteten Kindern zu verhindern: »Wenn PID aus dem freien Willen der Eltern heraus geschieht, ist das ein sehr moralisches Vorgehen.« Im Judentum wird die Schöpfung nicht als perfekt, sondern als verbesserungswürdig und -fähig betrachtet. Der Mensch ist gemeinsam mit dem Schöpfergott dafür verantwortlich, die Welt zu heilen, zu verbessern und zu verändern. Diese Vorstellung drückt sich in dem hebräischen Begriff *tikkun olam* aus. Der *tikkun olam* nimmt einen wichtigen Platz in der jüdischen Gebetspraxis ein. Er ist Teil des *Aleinu*, eines Gebetes, das drei Mal am Tag gesprochen wird. Es lobt Gott dafür, dass er das jüdische Volk ihm dienen lässt. Es formuliert die Hoffnung, dass die ganze Welt eines Tages Gott anerkennen und den Götzendienst aufgeben möge. Wenn alle Völker der Welt die falschen Götter aufgeben und Gott als den Einzigen anerkennen, dann wird die Welt geheilt und vervollkommnet sein im Sinne des *tikkun olam*.

Doch zurück zum Beginn des menschlichen Lebens: Im Judentum gelten Fötus und Embryo nicht als eigenständige Person, sondern als Teil der Mutter. Das Leben und die Gesundheit der Mutter haben während der gesamten Schwangerschaft und noch während der Geburt Vorrang vor dem ungeborenen Leben.

In Israel gilt es grundsätzlich nicht nur als ethisch vertretbar, sondern als ethisch geboten, gesunde Kinder zur Welt zu bringen und der Geburt eines kranken oder behinderten Kindes zuvorzukommen. Erbkrankheiten und Behinderungen sollen verhindert werden, wenn Ärzte dazu in der Lage sind.

Bei streng orthodoxen Juden sind Abtreibungen zwar verboten. Deshalb dürfen Frauen und Männer, die Träger versteckter Krankheiten sind, gar nicht erst heiraten. Gentests sind in den *charedischen* Gemeinschaften Voraussetzungen für einen *Schiduch*, eine Heiratsvermittlung. Wenn ein Gentest zutage fördert, dass Frau und Mann ein- und dieselbe Genmutation aufweisen, werden die Treffen zur Eheanbahnung abgebrochen.

Im Judentum werden Menschen mit Behinderungen zwar einerseits grundsätzlich als Geschöpfe und Ebenbild Gottes betrachtet, zugleich aber gelten sie als unvollkommen. Ihnen haftet ein Makel an. Sie können kein eigenständiges Leben führen und sind auf die Hilfe anderer angewiesen. Die Gemeinschaft ist nach der jüdischen Ethik gegenüber Menschen mit Behinderungen in der Verantwortung, sie muss ihnen zur Seite stehen und sie in das Leben der Gemeinde integrieren.

Wenn eine jüdische Israelin schwanger wird, ist das noch kein Anlass zu feiern. Der Moment, in dem die Schwangerschaft vom Arzt festgestellt wird, ist vielmehr ein Moment heiligen Ernstes. Für die Schwangere bricht jetzt eine 40-wöchige Phase in ihrem Leben an, in der sie sich ganz in die Hände medizinischer Spezialisten gibt. Die Schwangere schultert eine heilige Aufgabe: ein gesundes Kind zur Welt zu bringen.

Ärzte bestimmen, was eine Schwangere isst, welchen Sport sie machen darf und welche Untersuchungen sie über sich ergehen lassen muss. In einer unauffälligen Schwangerschaft werden mindestens zehn Gentests vorgenommen. Unter anderem wird nach dem Gen der Stoffwechselstörung Tay-Sachs, der zystischen Fibrose, der Lippen-Kiefer-Gaumenspalte, der Canavan-Krankheit, der Fanconi-Anämie, der Mukoviszidose und dem Gaucher-Syndrom gesucht. Auch nach verschiedenen genetisch bedingten Formen der Sterilität wird gefahndet. Außerdem werden mehrere Blutuntersuchungen zur Überprüfung des Hormonspiegels durchgeführt, und zwischen der 11. und 13. Schwangerschaftswoche wird die Nackenfalte des Embryos vermessen, um die Wahrscheinlichkeit einer Erkrankung am Down-Syndrom zu berechnen. Zwischen der 14. und 16. Schwangerschaftswoche dann wird die Fruchtblase punktiert, um die fetalen Zellen des Fruchtwassers zu untersuchen. Darüber hinaus untersucht der betreuende Frauenarzt regelmäßig per Ultraschall die Entwicklung des Embryos. Er schickt seine Patientin außerdem im ersten und im zweiten Drittel der Schwangerschaft zu einem einstündigen Ultraschall-Screening bei einem Spezialisten, der die Entwicklung der Organe und Knochen überprüft.

Wenn bei den Ultraschalluntersuchungen oder Gentests eine Normabweichung auffällt, wie zum Beispiel eine Spalte zwischen Lippen, Kiefer und Gaumen, raten die Ärzte routinemäßig zum Schwangerschaftsabbruch. Auch Spätabtreibungen nach der 22. Schwangerschaftswoche sind möglich, wenn sie medizinisch begründet sind. Die Gründe müssen vor einem Komitee vertreten werden, das dann meist die Genehmigung zur Abtreibung erteilt.

Eine kritische Debatte über die Frage nach der ethischen Vertretbarkeit einer Spätabtreibung gibt es in der säkularen israelischen Öffentlichkeit nicht. Hingegen gelten unter nicht-religiösen Israelis Eltern als verantwortungslos, die wissend in Kauf nehmen, ein Kind mit Behinderungen zur Welt zu bringen. Die Soziologin Jael Hashiloni-Dolev von der Universität Tel Aviv hat die humangenetische Beratung in Israel mit der in Deutschland verglichen. Ihre Promotion trägt den Titel »Ein Leben, (un)wert gelebt zu werden: Reproduktive Genetik in Israel und Deutschland« und ist im Jahr 2007 erschienen. In Israel erwarte man von einer »guten Mutter«, dass sie eine »genetische Verantwortung« für ihr zukünftiges Kind, für andere Familienmitglieder und die Gesellschaft insgesamt übernehme. In Israel gelte eine Gesellschaft als »gut«, wenn sie »frei von genetischen Abweichungen« sei.

Inzwischen gibt es sogar die Möglichkeit, Ärzte für die Geburt eines Kindes mit Behinderungen rechtlich zu belangen. Eltern von Kindern mit Behinderungen können Ärzte auf Schadenersatz verklagen, die den körperlichen Defekt eines Embryos nicht erkannt haben. »Wrongful life«, fehlerhaftes Leben, heißt dieser Tatbestand. So hat es der Oberste Gerichtshof in Jerusalem 1986 entschieden. Er begründete seine Entscheidung damit, dass es Fälle gebe, in denen es besser sei, wenn ein Mensch nicht geboren worden wäre.

Seitdem sind Hunderte Kinder für ihr Leben mit dem Down-Syndrom, einer Lippen-Kiefer-Gaumenspalte oder einer Verstümmelung der Gliedmaßen entschädigt worden.

Sobald aber in Israel ein Kind mit einer unheilbaren Krankheit oder einer Behinderung zur Welt kommt, werden alle medizinischen Möglichkeiten ausgeschöpft, um seine Situation zu verbessern. Ab dem Moment der Geburt ist das Leben heilig.

Für diese Kinder beginnt ein Leben in einer Gesellschaft, die viel auf die Gesundheit, die körperliche Stärke und Fitness ihrer Mitglieder gibt. Es beginnt ein Leben in einem jungen und von vielen Seiten bedrohten Staat, der knapp 70 Jahre nach seiner Gründung Menschen mit besonderen Bedürfnissen Schritt für Schritt Wege in die Gesellschaft erschließen muss.

Ohne Rechte: Fremdarbeiter und Flüchtlinge

Die 25-jährige Angelika, deren Eltern vor mehr als 30 Jahren von den Philippinen nach Israel kamen, um hier zu arbeiten, hat es zu etwas gebracht. Obwohl sie als in Israel geborene Frau noch immer kein dauerhaftes Bleiberecht hat und ihr Visum jedes Jahr erneuern muss, leitet sie eine Entwicklungsabteilung in einem Tel Aviver IT-Unternehmen. Angelika arbeitet engagiert und zuverlässig. Sie ist ehrgeizig und außerdem bescheiden. Letzteres ist eine Eigenschaft, die in Israel nicht weit verbreitet ist. Das Lebensmotto junger Israelis in Angelikas Alter heißt eher »magìali«, »das steht mir zu«.

Immer mal wieder wird Angelika verwundert von israelischen Kollegen gefragt, was sie eigentlich an ihrem Schreibtisch mache. »Bist du hier nicht die Putzfrau?«

Neulich hat sie einen Mietvertrag für eine neue Wohnung unterschrieben und dann die Nachbarn kennengelernt. Als die sie fragten, was denn eine Philippina in ihrem Haus verloren habe und ob sie sich sicher sei, dass sie sich die Wohnung leisten könne, wollte sie nicht mehr einziehen. Sie hatte Angst, fühlte sich nicht mehr sicher. Der Vermieter aber ließ sie nicht mehr aus dem Vertrag, obwohl sie ihm schon 15 Interessenten vermittelt hatte. Angelika musste sich Unterstützung von einem Anwalt holen.

Die 25-Jährige hat in ihrem Leben schon viele rassistische Sprüche gehört. In öffentlichen Verkehrsmitteln und der Universität, bei ihren Berufspraktika und an ihrem Arbeitsplatz. Angelika ist in Israel geboren, aufgewachsen, zur Schule und zur Universität gegangen. Und dennoch ist sie keine Israelin. Weil sie keine sein darf. Es sei denn, sie würde zum Judentum konvertieren, denn der Erwerb der israelischen Staatsbürgerschaft ist an die Religionszugehörigkeit gekoppelt.

Angelikas Mutter kam Anfang der 1980er Jahre nach Israel. Damals gab es nur ein paar hundert philippinische Hausangestellte in Israel. Erst mit Beginn der ersten Intifada 1987, als die israelisch-palästinensischen Checkpoints häufiger geschlossen wurden und die palästinensischen Arbeiter nicht zu ihren israelischen Arbeitgebern kommen konnten, begannen die Arbeitgeber in Thailand und auf den Philippinen, in Lateinamerika und Osteuropa nach nichtjüdischen Arbeitern zu suchen, die sie zeitlich befristet einsetzen könnten.

Angelikas Mutter ist eine von rund 39 000 Philippinos, die in Israel leben und in privaten Haushalten als Putzfrauen und Betreuerinnen älterer Menschen ihr Geld verdienen. Sechs von sieben Philippinos in Israel sind Frauen.

Nach einer Studie des Euro-Mediterranen Netzwerks für Menschenrechte und des Internationalen Verbands für Menschenrechte aus dem Jahr 2003 leben geschätzte 300 000 ausländische, nichtjüdische Arbeitskräfte in Israel. 65 Prozent von ihnen haben keine Papiere. Nach dem israelischen Gesetz dürfen ausländische Arbeitskräfte höchstens fünf Jahre in Israel bleiben. Länger bleiben dürfen sie nur dann, wenn sie weiterhin für denselben Arbeitgeber tätig sind. Die meisten ausländischen Arbeitskräfte fangen als legale Arbeiter an und rutschen in die Illegalität, sobald sie ihren Arbeitsplatz verlieren oder wechseln.

Sie leben dann in fortwährender Angst, von der Einwanderungspolizei auf der Straße aufgegriffen und in Abschiebehaft genommen zu werden. 2002 rief das Innenministerium die sogenannte Oz-Einheit ins Leben, die Einwanderungspolizei. Ihre Aufgabe ist es, illegale Migranten aufzuspüren. Sie ist für ihre Razzien in den Internetcafés, den asiatischen Supermärkten und Imbissbuden im Viertel rund um den Zentralen Busbahnhof in Tel Aviv bekannt. Wer schon einmal in den Händen der Einwanderungspolizei war, vergisst das nicht mehr. Angelikas Mutter ist das einmal passiert. Sie fuhr im Bus zur Arbeit, wurde kontrolliert und konnte kein gültiges Visum vorweisen. Kurze Zeit später war sie in der Abschiebehaft am Flughafen Ben Gurion. Mit Hilfe eines ihrer Arbeitgeber konnte ein Anwalt sie gegen Kaution auslösen. Wenn sie davon erzählt, fängt sie unwillkürlich an zu zittern. Manchmal kommt die Einwanderungspolizei auch zu ihr nach Hause. Abends. Die Beamten klopfen dann laut an die Tür ihrer Wohnung in der Nähe des Zentralen Busbahnhofs in Tel Aviv und wollen ihre Papiere kontrollieren.

Besonders belastend ist das Leben in der Illegalität für die Kinder der Fremdarbeiter. Die Pfarrerin Ruby Austria ist 36 und leitet eine philippinische Gemeinde in Tel Aviv. Sie selbst hat auch keine Papiere und fürchtet sich deshalb natürlich davor, von Beamten der Oz-Einheit aufgegriffen zu werden. Ihre Gemeindemitglieder sind oft völlig verängstigt. »Die Mütter kommen zu mir und weinen. Sie fühlen sich bedroht. Und das wirkt sich natürlich auch auf die Kinder aus. Sie spüren, was in ihren Müttern vorgeht. Die Kinder weinen viel, und manche haben aufgehört zu essen, andere haben aufgehört zu sprechen.« Viele Philippinos empfinden die Politik der Regierung Netanjahu gegenüber den Fremdarbeitern, die angeblich den jüdischen Charakter des Staates Israel bedrohten, als rassistisch.

Im Sommer 2010 hat das Kabinett von Ministerpräsident Netanjahu schon einmal beschlossen, 400 von insgesamt 1200 Kindern, die mit ihren Eltern um der Arbeit willen nach Israel eingewandert sind, in die Herkunftsländer ihrer Eltern abzuschieben. Netanjahu begründete die Entscheidung damit, er wolle keinen Anreiz dafür schaffen, dass Hunderttausende Arbeitsmigranten ins Land kämen.

Weite Teile der nationalreligiösen Community feierten die Abschiebung der Kinder als »Schritt in die richtige Richtung«. Die drei Zeitungen der nationalreligiösen Allianz in der Knesset, Vereinigtes Thora Judentum, atmeten auf: Der »jüdische

Charakter Israels« werde nun nicht länger von Fremdarbeiter-kindern in Gefahr gebracht.

Ein Leitartikel der prozionistischen *charedischen* Wochenzeitung *Hamevasser* hetzte: »Die Geschichte lehrt uns, dass ausländische Elemente, die in Länder kommen, die ihnen Arbeit anbieten, dazu vorherbestimmt sind, entweder das Land zu zerstören, das sie aufnimmt, oder es zu übernehmen.« Die »Hunderttausenden christlichen, buddhistischen, muslimischen und hinduistischen Fremdarbeiter (zusammen mit Hunderttausenden nichtjüdischen Immigranten)« seien eine Gefahr für den »jüdischen Charakter« des Staates. Die Kritiker der Abschiebungen bezichtigte das Blatt eines »abgrundtiefen Hasses gegen das Judentum«. Nicht nur die sogenannten Fremdarbeiter, sondern sämtliche säkulare Zionisten seien Feinde der Orthodoxie, ja des Judentums insgesamt.

In der ebenfalls streng religiösen englischsprachigen Tageszeitung *Hamodia* wurden die Kritiker der Abschiebungen schließlich als »Demagogen« stigmatisiert. Aufgrund der Haltung dieser Leute werde Israel künftig nicht mehr als jüdischer Staat betrachtet werden können, sondern als Land »mit vereinzelten religiösen Inseln«. Die zionistische Bewegung sei von einem »Stein überrollt und ohne Sarg beerdigt« worden, hieß es weiter. »Sogar der wahnhafteste Zionist hätte sich nie träumen lassen, dass Sudanesen, Russen, Thailänder, Ukrainer, Etritreer und Rumänen die israelische Staatsbürgerschaft erhalten.«

Rassismus ist in der israelischen Gesellschaft weit verbreitet. In der kulturell so heterogenen israelischen Gesellschaft gibt es reichlich Möglichkeiten, Menschen zu diskriminieren, weil sie »anders« sind.

Aschkenasim und Mizrachim, europäische und orientalische Juden, begegnen sich gegenseitig immer noch mit rassistischen Vorurteilen, obwohl es inzwischen unzählige Familien gibt, in denen sich aschkenasische und mizrachische Wurzeln mischen. Gemeinsam blicken Aschkenasim und Mizrachim auf die Juden herab, die aus Äthiopien nach Israel eingewandert sind. Und alle zusammen pflegen rassistische Vorurteile gegenüber den nichtjüdischen Flüchtlingen aus Afrika.

Im liberalen Tel Aviv zum Beispiel machten im Sommer 2010 Rabbiner gegen illegale Einwanderer mobil. Sie warnten israelische Bürger in Zeitungsannoncen davor, Wohnungen an Ausländer ohne Aufenthaltsgenehmigung zu vermieten. Nach jüdischem Recht sei es verboten, Wohnraum an derlei *aliens* zu vergeben. Wer gegen dieses Recht verstoße, bringe sich in Gefahr, warnten die Autoren des Anzeigentexts, die sich aus einer Nachbarschaftsinitiative und 25 orthodoxen Rabbinern zusammensetzten und sich hinter dem Stadtrat BinJamin Babayof sammelten. Babayof gehört der religiös-sephardischen Schas-Partei an. In ihrem Aufruf ermutigten die Rabbiner die jüdischen Bürger Tel Avivs, dazu beizutragen, den »jüdischen Charakter« der Stadt zu bewahren. Die illegalen Einwanderer trieben die Kriminalitätsrate in die Höhe, hieß es. Einer der unterzeichnenden Rabbiner erklärte gegenüber dem Nachrichtenportal Ynet, die »Eindringlinge« belästigten »unsere Mädchen«. Es gelte, die Gefahr von »Mischehen« abzuwenden.

Eine der wenigen Stimmen aus Politikerkreisen, die gegen die Kampagne Babayofs und der Rabbiner protestierten, war die von Jael Dayan, der Tochter des früheren Verteidigungs- und Außenministers Mosche Dayan. Sie nannte den Aufruf »rassistisch und illegal«.

Im Jahr 2012 eskalierten die Spannungen zwischen den jüdischen Israelis und den etwa 60 000 illegalen Einwanderern aus dem Sudan, Somalia, Ghana, der Elfenbeinküste, Äthiopien und Eritrea. Tausende Israelis gingen auf die Straße und forderten die Abschiebung der afrikanischen Asylbewerber. »Hört auf zu reden, schmeißt sie raus!« stand auf den Transparenten der Demonstranten zu lesen. Als im Herbst 2012 die Zahl der von afrikanischen Flüchtlingen begangenen Verbrechen nach Angaben der Polizei deutlich zunahm, ließen viele jüdische Israelis ihrem Fremdenhass freien Lauf. Ein Reporter der Tageszeitung *Maariv* erlebte, wie eine Gruppe von Demonstranten ein Auto angriff, in dem mehrere Schwarzafrikaner saßen. Die Demonstranten schmissen in einem Ausbruch blinder Raserei die Scheiben mit Steinen ein, traten gegen das Auto, rissen Plastikteile ab und versuchten die Insassen zu fassen zu bekommen. Der Fahrer schrie verzweifelt: »Ich bin nicht aus dem Sudan, ich bin nicht aus dem Sudan!« Aber seine Schreie gingen im Lärm des Nahkampfs unter. An diesem Abend wurden immerhin 17 Demonstranten von der israelischen Polizei festgenommen.

Nach der Demonstration ging Ministerpräsident Benjamin Netanjahu auf das Thema der Flüchtlinge ein. Er sagte: »Illegale Eindringlinge überfluten unser Land. Das ist ein sehr schwerwiegender Tatbestand, der die Sozialstruktur unserer Gesellschaft und die nationale Sicherheit bedroht.« Netanjahu übernahm damit die rassistische Terminologie der Schas-Partei.

Innenminister Eli Jishai behauptete, die Mehrheit der afrikanischen Flüchtlinge seien Straftäter, ohne dies belegen zu können. In einem Interview mit der Tageszeitung *Maariv* vom 31. Mai 2012 erklärte er, die einzige Lösung, die er sehe, seien »mehr Gefängnisse, Internierungslager und Militärbasen, wo wir alle ohne Ausnahme inhaftieren können«.

Damals schaltete sich auch die Abgeordnete des Likud, Miri Regev, in die Debatte ein und verunglimpfte die sudanesischen Flüchtlinge als »Krebsgeschwür«. Sie versprach, alles in ihrer Macht Stehende zu tun, um sie »dorthin zurückzubringen, wo sie hingehören«. Ihrer Karriere haben diese Äußerungen nicht geschadet. Miri Regev ist seit 2015 Ministerin für Kultur und Sport.

Die Regierung kündigte an, entlang der israelisch-ägyptischen Grenze einen Zaun zu bauen, der die »illegalen Eindringlinge« aufhalten solle. Außerdem setzte sie sich für den Bau eines Internierungslagers im Negev ein, das bis zu 11 000 Flüchtlinge aufnehmen kann. Mehrere hundert sudanesische Flüchtlinge protestierten daraufhin in Tel Aviv gegen diese Pläne und betonten, sie seien keine »illegalen Eindringlinge, sondern Flüchtlinge«. Das Lager wurde dennoch eingerichtet und im Dezember 2013 wurden die ersten Flüchtlinge interniert. »Holot«, das Lager in der kargen Wüstenlandschaft, soll die letzte Station für Flüchtlinge vor ihrer Abschiebung sein. 3300 kann es höchstens aufnehmen. Die Flüchtlinge leben in dem »offenen« Baracken-Lager, manchmal über viele Monate hinweg. Im September 2014 hat der Oberste Gerichtshof die Internierung der afrikanischen Flüchtlinge in »Holot« als illegal bezeichnet und die Schließung des Abschiebelagers innerhalb von 90 Tagen angeordnet. »Einwanderer verlieren nicht ihr Recht auf vollkommene Würde, indem sie mit allen Mitteln ins Land kommen«, hieß es in dem Spruch des Gerichts. Das Lager aber wurde nicht geschlossen.

Sarah Kreimer gehört dem Direktorenausschuss der reformjüdischen Gemeinde Kol Haneshama (Die ganze Seele) in Jerusalem an. Sie fragte sich im Juli 2012 in der Zeitung *Haaretz*, was wohl ihr Großvater, der als Migrant und Flüchtling nach Israel kam, über den beißenden Hass und die rohe Gewalt sagen würde, die sich gegen afrikanische Flüchtlinge und Migranten richteten. »Angst ist ein schlechter Ratgeber«, schreibt Kreimer. »Der Innenminister und viele Angehörige der Knesset dämonisieren Asylsuchende und berufen sich auf die Rhetorik einer rassischen Reinheit. Selbst der Ministerpräsident hat demagogische Anmerkungen zu ›den afrikanischen Aliens‹ gemacht, die den jüdischen Charakter des Staates bedrohten.« Schließlich rief Kreimer dazu auf, die afrikanischen Asylsuchenden und ausländischen Arbeitskräfte so zu behandeln, wie »wir auch unsere Großeltern hätten behandelt wissen wollen, als sie damals hier Zuflucht gesucht haben«.

Aber genau zu der von Kreimer geforderten Empathie für und Identifikation mit den afrikanischen Flüchtlingen sind viele Israelis heute nicht bereit. Sie fühlen sich vielmehr von den Flüchtlingen in ihrer Existenz bedroht. So stark die Bindung der Einzelnen an das Kollektiv unter den jüdischen Israelis ist, so heftig ist die Abwehr gegenüber allem »Anderen«, allen »Fremden«.

Der israelische Erfolgsautor Sami Michael sieht die Ursachen dafür in der »Ghetto-Mentalität« derjenigen, die Theodor Herzls Vision von einem jüdischen Staat umgesetzt haben. Die osteuropäischen Juden seien mehrheitlich auf sich selbst bezogen gewesen und hätten unter Unterdrückung, Isolation und Pogromen gelitten und deshalb alle, die anders waren als sie selbst, als Gefahrenquelle betrachtet.

Sami Michael ist 90 Jahre alt, lebt in Haifa und meldet sich ab und an in der israelischen Öffentlichkeit zu Wort. Im Juni 2012 hielt er bei einer Konferenz in Haifa eine viel diskutierte Rede, in der er Israel als das »rassistischste Land der industrialisierten Welt« bezeichnete. So seien bis zum heutigen Tage die Juden, die aus arabischen Ländern nach Israel eingewandert seien, in staatlichen Institutionen, insbesondere aber in akademischen und kulturellen Einrichtungen, unterrepräsentiert. Als weitere Festung des Rassismus bezeichnete Michael die *chare-*

dische Community. So betrachteten die streng religiösen aschkenasischen Juden schon die orientalischen Juden als »unrein« und als existenzielle Bedrohung.

Sami Michael macht den »anhaltenden Druck des religiösen Nationalismus« dafür verantwortlich, dass »die Bollwerke der Demokratie und der säkularen Normen« zerfallen. »Machen wir uns nichts vor«, sagte der Schriftsteller. »Die Kultur in Israel ist inzwischen nicht weniger vergiftet als die radikalen Entwicklungen im Islam. Vom Kindergarten bis ins hohe Alter halsen wir den Seelen unserer Kinder das schwere Gewicht des Hasses, des Misstrauens und der Abneigung gegenüber dem Fremden und dem Unähnlichen auf, vor allem gegenüber den Arabern.«

Michaels scharfe Rede zeigt, wie lebendig die israelische Diskurskultur ist. In deutschen Debatten über die Politik der israelischen Regierung wird gern der abgenutzte Satz eingestreut, es müsse doch möglich sein, Israel zu kritisieren. In diesem Satz verbirgt sich die anmaßende Selbstüberschätzung, kein anderer habe je zuvor diesen bahnbrechenden, mutigen und kritischen Einwand gegen die israelische Politik vorgebracht. Das Zitat von Sami Michael ist nur eines von unzähligen Beispielen, die das Gegenteil belegen.

Die ultimativ »Anderen«: Arabische Israelis

Als ich im Oktober 2012 Jamal Majadla in Baqa El-Gharbia besuchen will, einer arabisch-israelischen Kleinstadt direkt an der Grünen Linie, versuchen mich einige meiner israelischen Freunde in Tel Aviv davon abzuhalten. »Kannst du dein Interview nicht am Telefon führen?«, fragt mich Eliane. Als ich verneine, fordert sie von mir, dass ich, wenn ich mich schon partout in Gefahr begeben müsse, wenigstens jeweils vor der Einfahrt in die Stadt, vor meinem Interview, nach meinem Interview und nach Verlassen der Stadt meinen Mann telefonisch über mein Wohlbefinden informieren müsse. Insgesamt vier Mal. Als ich erwidere, dass ich sogar schon ganze Tage im Gaza-Streifen verbracht habe, und so ihre Befürchtungen zu entkräften versuche, schüttelt sie nur stumm den Kopf über meine Naivität. »Bei den Arabern kann man nie wissen«, sagt sie noch. Es sind tief verankerte Kindheitsängste, die Eliane das sagen lassen. Sie wuchs im marokkanischen Marrakesch auf und erlebte dort, wie ihre muslimischen Nachbarn und Bekannten ihrer Familie und Verwandten mit Misstrauen begegneten, ihnen auflauerten, versuchten, vor allem nach der Gründung des Staates Israel, ihre Beziehungen dorthin auszukundschaften und sie zu denunzieren. 1956 wanderte Eliane mit ihren Eltern und sieben Geschwistern nach Israel aus.

Ich fahre jedenfalls trotzdem nach Baqa El-Gharbia und verschone meinen Mann mit Anrufen. Die Ängste von Eliane aber gehören zum Thema: Für die Mehrheit der jüdischen Israelis verkörpern die arabischen Israelis ebenso wie die Palästinenser in der Westbank und im Gaza-Streifen den ultimativ »Anderen«.

»Wir stecken alle in der Falle«, sagt Jamal Majadla beim Interview in seinem Büro und meint mit »wir« die 1,592 Millionen arabischer Israelis. Er ist 56 Jahre alt, wohnt in Baqa El-

Gharbia, einer arabischen Stadt im Verwaltungsbezirk Haifa, hat einen israelischen Pass und leitet ein Unternehmen, das Frauen bei der Existenzgründung berät und begleitet. »Mati Hameshulash« heißt seine Firma. Als ich ihn frage, ob er Israeli oder Palästinenser ist, sagt er: »Mein Vater ist Palästinenser, meine Verwandten sind Palästinenser. Ich bin palästinensischer Herkunft. Aber ich bin Israeli.« Ob er sich eher als Palästinenser oder als Israeli fühle, hänge unmittelbar mit dem Verhalten der Israelis ihm gegenüber zusammen: »Wenn die Beziehungen gut sind und der Staat, die Gesellschaft, die Institutionen mir das Gefühl geben, dass ich einbezogen werde, dann fühle ich mich als Israeli. Wenn sie aber das Gegenteil tun, mich ausschließen und ausgrenzen, dann reagiere ich in einem spontanen Reflex damit, dass ich mich eher als Palästinenser fühle.«

Die Sätze von Jamal Majadla klingen ausgereift. Sie klingen, als hätte er den Horizont möglicher Hoffnungen und Enttäuschungen schon viele Male in seinem Leben vermessen. Majadla ist erfolgreicher Unternehmer und studiert nebenbei an einem College in Herzliya Politikwissenschaften. Er hat viele jüdische Freunde und spricht ein sehr gutes Hebräisch. Mein Kollege und Freund Eran Singer, der Korrespondent des öffentlich-rechtlichen Hörfunksenders *Reschet Bet* für die arabische Welt, empfahl ihn mir mit den Worten: »Er spricht besser Hebräisch als ich selbst.«

Jamal Majadla bekennt sich zum israelischen Staat: »Wir wollen Israelis sein, denn trotz aller Probleme ist es immer noch viel besser hier zu sein als an irgendeinem anderen Ort.« Majadla fordert aber Gleichberechtigung und demokratische Partizipation für arabische Israelis. Der Staat und auch die jüdischen Mitbürger nähmen sie, die israelischen Araber, nicht als Partner ernst. »Das ist ein Fehler«, sagt Majadla. Denn die arabischen Israelis wünschten sich, eine »ernsthafte Aufgabe« in der Gesellschaft und im Staat übernehmen zu können. »Wir möchten gehört werden«, erklärt Majadla und fordert: »Die Israelis müssen uns als Teil des Kollektivs annehmen.«

Da dies nicht geschehe und israelische Araber unablässig aus der israelischen Gesellschaft ausgegrenzt würden, seien sie »frustriert«. »Wir stecken alle in der Falle und sind verwirrt«, sagt Majadla. »Unsere Kinder sind Israelis in der Art sich zu kleiden, in ihrem Verhalten. Wir möchten Teil des israelischen Kollektivs sein und uns an der Gestaltung Israels beteiligen, werden aber zurückgewiesen.«

Jamal Majadla weiß, dass die arabischen Israelis bereit sind, sich für den israelischen Staat und die Gesellschaft zu engagieren. So wie sein älterer Bruder Ghaleb zum Beispiel. Er ist Mitglied der Arbeitspartei und wurde in der Regierung von Ehud Olmert von 2007 bis 2009 zum Minister ohne Geschäftsbereich ernannt. Damit war er der erste muslimische Minister in der Geschichte des Landes. Von 2010 bis 2013 war er wieder für die Arbeitspartei in der Knesset.

Viele arabische Israelis seien sehr stolz auf seinen Bruder Ghaleb, sagt Jamal Majadla. Sie hätten das Gefühl, durch ihn eine Stimme im Jerusalemer Parlament zu haben. In der 18. Knesset sind zehn der 120 Abgeordneten arabischer Herkunft, sechs drusischer und einer beduinischer Herkunft. »Aber das ist natürlich nicht genug«, findet Jamal Majadla.

Die rund 26 000 Einwohner von Baqa El-Gharbia leben auf der israelischen Seite, direkt an der sogenannten Grünen Linie, die seit dem Sechstagekrieg von 1967 die Grenze zwischen den palästinensischen Gebieten und Israel markiert. Die Mauer verläuft entlang des östlichen Ortsrands.

Jamal Majadla fährt mit mir zur Mauer. Bis vor acht Jahren gab es die Mauer hier nicht. Vor dem Beginn der Zweiten Intifada im Jahr 2000 herrschte reger Grenzverkehr. 30 000 Palästinenser überquerten jeden Tag den Checkpoint, um in Israel zu arbeiten. Auch die Schulkinder passierten ihn jeden Tag. »Ich hätte nie im Leben geträumt, dass wir hier mal diese Mauer haben würden«, sagt Majadla. »Das wird nicht so bleiben können. Vielleicht noch fünf oder zehn Jahre, aber dann wird das kollabieren. Wir brauchen hier Lösungen, gute Lösungen für unsere Probleme.«

Majadla fordert keinen Umbau der gesamten Staatsstruktur. Es stört ihn nicht, dass Israel ein jüdischer Staat ist. Was ihn stört, ist die Politik gegenüber den arabischen Bürgern des Staates in der Praxis. Die müsse geändert werden, sagt er. Israel müsse ein Staat werden mit gleichen Rechten für alle Bürger: Juden, Drusen, Beduinen und Araber.

In der Unabhängigkeitserklärung vom Mai 1948 garantierte

der Staat genau das. Dort heißt es: »Der Staat Israel (...) wird all seinen Bürgern ohne Unterschied von Religion, Rasse und Geschlecht soziale und politische Gleichberechtigung verbürgen.« Die »in Israel lebenden Araber« werden aufgerufen, »den Frieden zu wahren und sich aufgrund voller bürgerlicher Gleichberechtigung und entsprechender Vertretung in allen provisorischen und permanenten Organen des Staates an seinem Aufbau zu beteiligen«.

Aber diese Zusicherung steht nur auf dem Papier. In der Praxis wird sie nicht umgesetzt. Im Gegenteil: In Israel gilt nicht gleiches Recht für alle Bürger. Wer nicht jüdisch ist, wird als Bürger zweiter Klasse eingestuft. Der von politischen Repräsentanten des israelischen Staates immer wieder öffentlich behauptete Anspruch, Israel sei »die einzige Demokratie im Nahen Osten«, hält in einigen Bereichen der Überprüfung nicht stand. Die Regierung von Ministerpräsident Netanjahu hat eine ganze Reihe von Gesetzen auf den Weg gebracht und verabschiedet, die die Rechte der arabischen Israelis immer weiter beschneiden.

Die NGO »Adalah«, ein Rechtshilfezentrum für die arabische Minderheit in Israel, stellte im Juni 2011 eine Liste von insgesamt 23 Gesetzen und Gesetzesnovellen zusammen, die antidemokratischer Natur sind und die Rechte der israelischen Araber beschneiden.

Zum Beispiel das sogenannte Nakba-Gesetz. Es stellt die direkte oder indirekte Beteiligung von öffentlichen Institutionen an Gedenkfeiern unter Strafe, die an die Vertreibung der Araber im ersten Israelisch-Arabischen Krieg von 1948 erinnern. Oder das Loyalitätsgesetz, das es dem Obersten Gericht ermöglicht, die Staatsbürgerschaft eines jeden zu widerrufen, der wegen Spionage, Verrat oder der Feindeshilfe zu Kriegszeiten verurteilt wurde.

Auch das Gesetz zu den »genossenschaftlichen Kooperativen« richtet sich gegen arabische Israelis. Im Norden Israels gibt es derzeit knapp 700 solcher »genossenschaftlichen Kooperativen«. Die Knesset schrieb das Recht der Aufnahmekomitees der Kooperativen fest, Anwärter auf eine Aufnahme zuzulassen oder abzulehnen. Das Gesetz ermöglicht es den Komitees, Kandidaten abzulehnen, die als »ungeeignet für das Gemeinschaftsleben der Kooperative oder den sozialen und kulturellen

Zusammenhalt der Stadt« betrachtet werden. Ausdrücklich erlaubt ist auch die Begründung, Kandidaten entsprächen nicht den »speziellen Charakteristiken« der Kooperative oder ihrer »zionistischen Vision«. Mordechai Kremnitzer lehrt Rechtswissenschaften an der Hebräischen Universität in Jerusalem. Er verurteilte das Gesetz scharf, denn es schließe arabische Israelis aus und verströme »den fauligen Geruch des Rassismus«, sagte Kremnitzer.

Außerdem wurden die Besetzungsregeln des Obersten Gerichts zugunsten eines größeren Einflusses der Politik geändert. Dorit Beinisch, die von 2006 bis Februar 2012 Präsidentin des Obersten Gerichtshofs war, setzte sich zur Wehr und warf Ministern und Abgeordneten vor, das Gericht zu delegitimieren und seine Möglichkeiten zur Verteidigung demokratischer Werte einzuschränken. Amos Schocken, der Verleger der Tageszeitung *Haaretz* und eine moralische Instanz in Israel, prangerte den antidemokratischen und rassistischen Geist dieser Gesetze an: »Nicht nur sind die Palästinenser der besetzten Gebiete bedeutungslos, sondern auch die palästinensischen Bürger Israels sind Opfer derselben Unterdrückung und Verweigerung der Bürgerrechte. Diese Strategie bringt die Beschlagnahmung von Land und Apartheid mit sich.«

Aber die Diskriminierung der arabischen Israelis findet nicht nur in neuen Gesetzen ihren Ausdruck. Sie wird täglich von den staatlichen Institutionen in konkrete Politik umgesetzt. Im September 2009 zum Beispiel veröffentlichte Nir Hasson in der Tageszeitung *Haaretz* einen Vergleich der materiellen Ausstattung arabischer und jüdischer Schulen in Jerusalem. Hasson zeigte, dass die Stadtverwaltung für einen arabischen Schüler Ost-Jerusalems 577 Schekel, also etwa 115 Euro im Jahr, ausgab, während sie einen jüdischen Schüler West-Jerusalems mit 2372 Schekel, also umgerechnet 480 Euro, jährlich förderte.

Im Oktober 2012 informierte *Haaretz* über die mangelnde Chancengleichheit zwischen jüdischen und arabischen Schülern und Studenten. Der Rat für Höhere Bildung hatte tags zuvor seine neuen Zahlen publiziert. Daraus ging hervor, dass die Kluft zwischen Juden und Arabern auf jeder Stufe der höheren Bildung sichtbar wird. Demnach sind 57 Prozent der arabischen Schüler geeignet, Prüfungen für die Erlangung der Hochschulreife abzulegen. Aber nur 28 Prozent von ihnen bestehen die Examina und 22 Prozent erreichen die erforderliche Mindestpunktzahl, um an einer Hochschule angenommen werden zu können. 75 Prozent der jüdischen Schüler dagegen sind geeignet für die Abiturprüfung, 51 Prozent bestehen sie, und 44 Prozent qualifizieren sich für ein Hochschulstudium. Unter den Bachelor-Studenten in Israel sind nur elf Prozent Araber, unter den Doktoranden sogar nur drei Prozent. Nur zwei Prozent der Hochschullehrer sind arabischer Herkunft.

Araber werden aber nicht nur von staatlichen Institutionen diskriminiert. Geringschätzung und Verachtung von Arabern gehören bei der Mehrheit der jüdisch-israelischen Gesellschaft geradezu zum guten Ton. Oder sie wird aus Gedankenlosigkeit praktiziert.

Der 26-jährige Pädagogik-Student Maor Damari hielt Araber sein Leben lang nur für Feinde: »Ich war davon überzeugt, dass alle Araber dumme Leute ohne Bildung sind. Barbaren und Kriminelle, vor denen man sich in Acht nehmen muss.«

Rami Nadjar ist ein Palästinenser aus Tulkarem. Er ist 51 und lebt seit fast 20 Jahren in Haifa. Illegal. Er hat viele jüdische Freunde. Mit einem von ihnen aß er neulich zu Mittag, als dieser ihm, dem Palästinenser, sagte: »Ich traue keinem Araber. Nicht einmal dann, wenn er schon seit 30 Jahren unter der Erde ist.«

Das Zerrbild vom primitiven, bösen und gefährlichen Araber verfestigt sich schon in der Schule. Juden und Araber lernen in getrennten Schulen und leben bis auf wenige Ausnahmen wie Haifa oder Jaffa in getrennten Stadtvierteln und Städten.

Nurit Peled-Elhanan untersuchte 2006, was jüdische Kinder in der Schule über Palästinenser und israelische Araber lernen. Peled-Elhanan lehrt Komparatistik an der Hebräischen Universität in Jerusalem und ist eine Mitgründerin des Parents Circle. Nachdem ihre 13-jährige Tochter 1997 bei einem Selbstmordanschlag in Jerusalem getötet wurde, gründete sie eine Organisation für jüdische und arabische Familien, die Angehörige im israelisch-palästinensischen Konflikt verloren haben.

Die Wissenschaftlerin weist darauf hin, dass es in keinem israelischen Geografiebuch eine Landkarte mit den Grenzen des Staates Israel gebe. Die israelischen Kinder lernten, dass das

Land, das den Juden gehöre, mit dem mythologischen Begriff zusammenfalle, mit »Erez Israel«, »Land Israel«, und von dem der Staat Israel nur ein kleiner Teil ist.

Die Palästinenser, gleich, ob sie Bürger des Staates Israel seien oder in den besetzten Gebieten lebten, würden in keinem Schulbuch als moderne Städter beschrieben, die sich mit intellektueller, kreativer oder wertvoller Arbeit beschäftigten. Vielmehr würden sie in stereotypen Bildern dargestellt. Die arabischen Israelis würden mit Schnurrbart und Turban gezeigt, spitzen Clown-Schuhen und einem Kamel, das im Hintergrund grast (*Geographie des Landes Israel*, 2002). Sie würden auch als vorindustrielle Bauern abgebildet, die hinter einem von Ochsen gezogenen Pflug herlaufen (*Leute in der Region*, 1998). Die palästinensischen Einwohner der besetzten Gebiete würden durch Bilder maskierter Terroristen dargestellt *(Moderne Zeiten II)* oder als Gruppen barfüßiger Flüchtlinge, die mit Matten auf ihren Köpfen von Nirgendwo nach Nirgendwo gehen (*Reisen in die Vergangenheit*, 2001).

Über die Flucht der Palästinenser nach dem Massaker von Deir Jassin im April 1948 steht in dem als progressiv gelobten Schulbuch *Moderne Zeiten* von Eli Bar Navi und Eyal Naveh zu lesen: »Die Flucht der Araber löste zumindest teilweise ein erschreckendes demografisches Problem, und sogar ein moderater Mann wie Chaim Weizman sprach von ihr als von einem ›Wunder‹.« Daraus könnten jüdische Kinder nur lernen, dass ein Land ohne Araber die Verwirklichung des zionistischen Ideals bedeute, schreibt Nurit Peled-Elhanan.

Die Wissenschaftlerin fordert Gesetze gegen rassistische Erziehung. Ziel der Erziehung müsse es sein, ein »wahres und tiefes Wissen über den anderen« zu erwerben.

»Wir wissen nichts über die Araber, die mit uns in einem Land leben, und schon gar nichts über die, die um uns herum leben«, stellt auch Eran Torbiner fest. »Wir leben im Zentrum der arabischen Welt und schauen immer nach Europa.« Torbiner ist Dokumentarfilmer und bekennender Antizionist. Für ihn bedeutet Antizionismus allerdings nicht, dass er die Existenz des Staates Israel oder seine Identität als Israeli infrage stellt. Die Bevorzugung der Juden vor allen anderen Bürgern des Landes aber, die mit dem zionistischen Staatsentwurf verbunden ist, lehnt der 40-Jährige radikal ab. Er will einen gemeinsamen Staat für Juden, Araber, Drusen und Beduinen, der säkular verfasst ist und allen Bürgern gleiche Rechte einräumt. Privilegien für Juden dürfe es nicht geben. Eran Torbiner fordert eine »Dezionisierung« Israels. Das Land müsse die Schoa und die daraus erwachsene Opfermentalität »endlich ablegen«, um ein »normales Land« werden zu können, das nicht fortwährend Krieg führen muss. Es gelte ein neues »Wir« zu entwickeln, das alle Bürger des Landes einschließt.

Ähnlich denkt auch Nir Baram: »Wir müssen eine israelische Supra-Identität entwickeln«, fordert der 36-jährige Autor. »Der jüdische Staat muss in einen israelischen Staat verwandelt werden. Wenn man in einer demokratischen Gesellschaft mit gleichen Rechten für alle leben will, muss man die israelische Staatsbürgerschaft konsolidieren. Damit man ein christlicher Israeli, ein muslimischer und ein jüdischer Israeli sein kann.«

Der palästinensische Philosoph und Politiker Sari Nusseibeh beschreibt in seiner Autobiografie *Es war einmal ein Land* sehr eindringlich das berührungslose Nebeneinander von Juden und Palästinensern. Bei der Lektüre von Amos Oz' Autobiografie *Eine Geschichte von Liebe und Finsternis* wurde ihm bewusst, dass er keine 50 Meter von Amos Oz entfernt in Jerusalem aufgewachsen war und nichts von dessen Welt geahnt hatte: »Dass die Araber in den Kindheitserfahrungen von Amos Oz praktisch nicht vorkamen, veranlasste mich, darüber nachzudenken, wie ich selbst groß geworden war. Was hatten meine Eltern von seiner Welt gewusst? Hatten sie von den Vernichtungslagern gehört? Waren nicht beide Konfliktparteien so auf ihre je eigene Tragödie fixiert, dass sie einfach vergaßen oder nicht hören wollten, was die andere Seite zu erzählen hatte? Ist diese Unfähigkeit, sich das Leben der ›anderen‹ vorzustellen, nicht der Kern des israelisch-palästinensischen Konflikts?« So fragt Sari Nusseibeh im Prolog seiner Autobiografie *Es war einmal ein Land. Ein Leben in Palästina.* Seine Antwort auf diese Aporie verarbeitet er in einem Märchen zu einer großen Erlösungsszene: Gemeinsam wollen das kleine englische Mädchen Louise, der arabische Abdul und Sohn des Türhüters der Grabeskirche und der jüdische Amos den seit Jahrhunderten vor der Jerusalemer Grabeskirche schlafenden Kreuzritter erwecken. Der hatte einst geschworen, sich nicht eher wieder von der Stelle zu rühren als bis Frieden herrsche im Heiligen Land. Nusseibeh schreibt in *Es war einmal ein Land*: »Der Schlüssel zur Erweckung des Ritters liegt im süßen Duft des Geißblatts. Eine Wahrsagerin führt Louise erst zu Abdul, dann zu Amos. Die drei gehen zum Ecce-Homo-Bogen und befragen den Zauberer, der (in der Nähe wohnt und) ihnen das Geheimnis enthüllt. Die drei müssen gemeinsam den Boden bestellen, bis die Blüten des Geißblatts erscheinen und sich ihr befreiender Duft über die Stadt ausbreitet.« (Sari Nusseibeh: Es war einmal ein Land. Ein Leben in Palästina. München 2008. S. 19.)

Zurück nach Baqa El-Gharbia: Als ich Jamal Majadla erzähle, dass mich jüdische Freunde davon abbringen wollten, ihn zu besuchen, weil sie es für ein unberechenbares Risiko hielten, lacht Majadla und sagt: »Die wenigsten Israelis waren je aus einem privaten Anlass in einer arabischen Stadt. Sie haben keine Ahnung, wie es bei uns aussieht und wie es bei uns zugeht.« Und weil das so ist, bietet der Unternehmer seit einigen Jahren in seiner Freizeit Führungen für jüdische Israelis in hebräischer Sprache durch seinen Geburtsort Baqa El-Gharbia an.

Jamal Majadla scrollt mit dem rechten Zeigefinger durch seine digitalen Fotoalben auf dem Computer. Ich sehe Bilder von Gruppen in kahlen Seminarräumen und an reich gedeckten Tischen. Jamal Majadla ist immer mittenmang. Mal ernst und mit hochgezogenen Augenbrauen, mal mit beiden Händen gestikulierend, mal lachend. »Die Leute sind jedes Mal völlig überrascht von dem, was sie hier sehen und erleben. Viele wollen wiederkommen«, erzählt er. Ein paar seiner jüdisch-israelischen Baqa-Touristen sind über die Jahre zu Freunden geworden.

An dieses Potenzial zur Freundschaft zwischen arabischen und jüdischen Israelis glaubt auch Muawia Kabha. Er ist israelischer Araber und lebt im arabischen Dorf Um el-Khutuf bei Harish im Bezirk Haifa. 15 Jahre hat er als Rettungssanitäter nach Terroranschlägen Schwerverletzte stabilisiert, erstversorgt und mit Blaulicht ins Krankenhaus gebracht. Er hat viele Menschen gerettet. Er hat viele Menschen nicht mehr retten können. Er hat viele Tote gesehen. Manchmal, wenn er schlafen geht, hat er den Geruch der 29 Leichen im Park-Hotel in Netanya in der Nase. Ein Geruch, den er vor 14 Jahren im März 2002 einatmen musste, nachdem ein palästinensischer Selbstmordattentäter sich im Auftrag der Hamas als Frau verkleidet und während des festlichen Seder-Mahls am ersten Pessach-Abend mit einem zehn Kilogramm schweren Sprengstoffgürtel in die Luft gesprengt hatte. Muawia war als erster Rettungssanitäter am Ort des Anschlags. Oder ein paar Jahre später, 2011, in der Siedlung Itamar. Als zwei junge Palästinenser das Ehepaar Ehud und Ruth Fogel und drei ihrer Kinder ermordeten. Sie erwürgten, erstachen und erschossen das Ehepaar sowie die vier- und elfjährigen Söhne Elad und Yoav und köpften die drei Monate alte Hadas, während sie schlief. Muawia versuchte Elad zu retten. Vergeblich. Dann versorgte er die drei überlebenden Kinder Tamar, Ro'i und Yishai. Auch die kleine Adele Biton konnte er 2013 zunächst retten. Nachdem das Auto ihrer Mutter Adva von palästinensischen Steinewerfern angegriffen, sie das Steuer verrissen und mit einem Lastwagen kollidiert war. Nach dem Anschlag lebte Adele noch zwei Jahre – sie wurde vier. »Der Hass hat über mich gesiegt«, sagt Muawia heute und stellt fest: »Adele wurde ermordet.« Diesen Satz nehmen ihm viele Palästinenser übel. Sie halten ihn für Verrat und verfluchen Muawia, weil er ihre Logik des »gerechten Mordens« durchkreuzt. Gleichzeitig rufen jüdische Extremisten an den Orten der Anschläge oft »Tod den Arabern«. Und das, während er, der Araber, versucht, ein jüdisches Terroropfer am Leben zu halten.

Über all dem Wahnsinn hat Muawia seine Angst verloren. Er sieht jetzt klar: »In unserer Gesellschaft beginnt die Gewalt in der Erziehung«, sagt er. »Wenn ich meine Kinder nicht so erziehe, dass sie wissen, dass ein Jude ein Mensch und ein Bürger Israels ist wie ich und du, dann ist das schon Gewalt.« Muawia verweigert die Einteilung der Welt in Freunde und Feinde. Er kennt den Preis des Hasses genau. Er sah den Tod zu oft. In seiner Liebe zu den Menschen und zum Leben ist Muawia unerbittlich. Ihn verbindet heute eine tiefe Freundschaft mit Adva Biton, der Mutter der kleinen Adele. Muawia und Adva, der israelische Araber und die jüdische Siedlerin, gehören zur israelischen Avantgarde: Sie verkörpern die gesellschaftliche Vision von einem gewaltfreien Miteinander von Arabern und Juden in Israel. Muawia und Adva sind eine Provokation für all diejenigen, die diese Vision für wirklichkeitsfremd halten.

Lebensentwürfe

In Israel bin ich vielen Menschen mit ungewöhnlichen Lebensläufen und außergewöhnlichen Lebensgeschichten begegnet. Ich traf Menschen, die eine Vision hatten von ihrem Leben und dem Zusammenleben in der israelischen Gesellschaft. Menschen, die den Mut hatten zu versuchen, diese Vision umzusetzen. Einige von ihnen haben Großes bewegt.

Andere haben nicht die eine lebensbestimmende Vision, sondern sind unterwegs und lassen zu, dass sich ihr Blick auf das Leben immer wieder verändert. Sie haben die Courage, ihr Leben diesem sich ändernden Blick anzupassen. Sie fürchten sich nicht davor, einen einmal eingeschlagenen beruflichen Weg infrage zu stellen.

Das Neue hat in Israel einen hohen Wert an sich. Alles, was neu ist, ist positiv besetzt. Ob es eine neue App, eine neue Brotsorte oder ein neuer Beruf ist, neu ist gut.

Wenn ich mir in Tel Aviv ein Paar Schuhe, einen Handmixer oder eine Luftpumpe gekauft habe, wünschten mir die Verkäufer »Titchadshi!«, was so viel heißt wie »Erneuere dich!«. Dieser Imperativ geht vermutlich auf den Kommentar des polnischen Rabbiners Moses Isserles zum »Shulchan Aruch« zurück, einer für aschkenasische Juden verbindlichen Gesetzessammlung. Er muss ursprünglich als Segen für ein langes Leben gemeint gewesen sein. Heute aber wird dieser Segen immer dann gespendet, wenn jemand etwas Neues erstanden hat, das haltbar ist. Das »Titchadshi!« ruft den Zauber ins Bewusstsein, der allem Neuen innewohnt.

Auch das Lernen von Neuem und das Entwickeln neuer Fähigkeiten haben einen hohen Wert an sich. Weiterzulernen, sich weiterzuentwickeln und zu verändern, das sind für Israelis selbstverständliche Bestandteile des Lebens. Die Lebendigkeit,

Dynamik und Risikobereitschaft der Israelis versetzte mich immer wieder in Staunen. Sie sind meiner Ansicht nach der Motor, der Israel zu einer Nation der Visionäre, Pioniere und Erfinder macht.

In Israel ist das Verständnis von »Karriere« dynamischer als in Deutschland, wo ein Richtungswechsel womöglich kritische Nachfragen im Vorstellungsgespräch provoziert. Hier werden Veränderungen nicht misstrauisch beäugt und abfällig kommentiert, sondern die Gesellschaft betrachtet einen bunten Lebenslauf als vielfältig und reich.

Überhaupt steht weniger der Beruf im Zentrum des gesellschaftlichen und persönlichen Interesses aneinander, sondern mehr der Mensch. Wenn sich zwei Israelis kennenlernen, fragen sie sich nicht – wie in Deutschland üblich – sofort: »Was machst du?«, sondern »Wer bist du?«

Der Philosoph, Politiker und Militärtheoretiker Doron Avital sagte mir in unseren Gesprächen über die Armee, in der IDF werde weniger Wert auf äußere Form gelegt und darauf, welchen gesellschaftlichen Status jemand außerhalb der Armee hatte. Entscheidend sei vielmehr, welche Substanz ein Mensch habe. Wer und wie derjenige sei. Jetzt und hier.

So ist es in der israelischen Gesellschaft insgesamt, und das lässt dem Einzelnen viel Spielraum für äußere Veränderungen. In Israel gibt es viele Beispiele für Menschen, die ihren eigenen Weg suchen. Um sie soll es in diesem Kapitel gehen.

Visionäre Kraft: Pioniere und Idealisten

Als ich Alon Porath treffe, liest er gerade Kafkas *Prozess*. Nicht zum ersten Mal. Immerhin ist der Maler kurz davor, 60 zu werden. Alon liest den *Prozess* jetzt noch einmal, weil er sich und sein Leben gespiegelt sieht in dem von Kafka beschriebenen Vexierspiel aus unbekannten Vorwürfen und sich ständig verändernden Regeln, weil er sich verfangen fühlt in einem undurchschaubaren Gewirr aus Vorschriften, Anklagen und Androhungen. Wie auch Josef K. ist Alon Porath einer sich verselbständigenden Bürokratie ausgeliefert. »Ich befinde mich momentan in einer frontalen Konfrontation mit dem Staat Israel«, sagt er.

Aber anders als Josef K. weiß der Künstler Porath, worum es im Vexierspiel seines Lebens geht: Es geht um Klil. Klil, das ist Alons Dorf. Klil, das ist ein Dorf wie kein anderes in Israel. Es liegt im Westen Galiläas, nicht weit von Naharija, und hat ungefähr 370 Einwohner, die sich als Gemeinschaft verstehen. Das Wort »klil« bedeutet im Hebräischen so viel wie »vollkommen«. Der Name des Dorfes ist aber keine von seinen Einwohnern selbst erwählte Anmaßung, sondern bezieht sich auf die »Horvat Klil«, die »Klil-Ruinen«, antike Überreste, die in der Gegend des Dorfes gefunden worden sind.

Noch bevor es Klil gab, gab es die Vision von Klil. Entstanden in Alons Kopf und Herz: »Eine kleine Gemeinschaft, so verwandt wie nur irgend möglich mit der attischen Demokratie und mit so viel geteiltem Eigentum wie es im Hier und Jetzt möglich ist.« Das war Alons Vision von Klil. Weil er sich nicht an der zionistischen Enteignung der Araber beteiligen wollte, hatte er vor, Land von Arabern oder Drusen zu kaufen. Je nachdem, wo er einen geeigneten Flecken Erde finden würde. Land von Arabern oder Drusen zu kaufen, das ist in Israel unüblich.

Gemeinsam mit seinem Freund Yosef Zenou aus dem Kibbuz Amiad und einem australischen Ehepaar haben Alon und Ora Porath Klil kurz nach Pessach 1978 gegründet. Alon und Ora waren ein Jahr zuvor aus London zurückgekommen, wo sie beide von 1973 bis 1977 Kunst studiert hatten. Eigentlich hatte Alon sich nach seiner Zeit in der Armee geschworen, nie wieder nach Israel zurückzukommen. »Ich wollte nicht mehr Teil eines Krieges sein und Stellung beziehen müssen«, sagt er. Er hatte unter anderem 1970 in einer kleinen Kampfeinheit in Jordanien gegen die PLO gekämpft. »Ich hatte großes Glück, dass ich niemanden getötet habe«, sagt er. »Ich kenne viele aus meiner Generation, die schwer traumatisiert sind und bis heute nicht schlafen können. Einer meiner Freunde arbeitet auf einem Schrottplatz und braucht es, jeden Tag die Schrottpresse beim Zerquetschen von Autos zu beobachten. Seine größte Befriedigung ist es, wenn er ab und an einen Tank explodieren sieht. Diese Explosionen helfen ihm dabei zu verarbeiten, was er in der Armee erlebt hat.«

Schließlich kehrten Ora und Alon 1977 nach Israel zurück, als Ora mit dem zweiten Kind schwanger war. Es schien ihnen natürlich, ihre Kinder in der Nähe ihrer Familie großzuziehen. Aber sie waren sich nicht sicher, ob es ihnen gelingen würde, sich tatsächlich dauerhaft in Israel niederzulassen. Sie zogen zunächst nach Jerusalem, und dort lernte Alon Yosef Zenou kennen, den im Sinai geborenen Hirten, der fließend Arabisch sprach und lange im Kibbuz Amiad in der Nähe von Tzfat gelebt hatte. »Er brachte alles mit, was ich nicht hatte«, sagt Alon. »Yosef war meine Verbindung zur Erde. Ich hatte die Idee im Kopf, und er hatte alles, was wir brauchten, um sie umzusetzen. Er sprach Arabisch, kannte sich mit Landwirtschaft aus, wusste, wo bei einer Ziege hinten und wo vorn ist, und kannte die Gegend.« Yosef begann in West-Galiläa nach einem geeigneten Stück Land zu suchen. »Er kam hierher«, erzählt Alon »und verliebte sich sofort in diese Ecke. Und ich auch.« Yosef nahm Kontakt auf zu der drusischen Familie Cher, den Großgrundbesitzern, denen die Ländereien gehörten, und machte ihnen ein Angebot. »Damals kostete das Land dort 250 Dollar pro Dunam. Von uns wollten sie 700 Dollar. Wir konnten hier siedeln ohne jede Reibung mit den Einheimischen. Die Drusen hießen uns willkommen.« Das ist bemerkenswert und in der israelischen Siedlungsgeschichte einzigartig.

Klil ist eine Gemeinschaft aus Menschen, die auf dem zu fairen Preisen gekauften Land mit ihren eigenen Händen Häuser gebaut haben. Die Häuser liegen weit verstreut. Sie sind luftig in die lieblich geschwungene Landschaft hineingetupft. Die Häuser verschmelzen mit den Olivenhainen, Zypressen, Dattelpalmen und Orangenbäumen, den Wiesen und Feldern, die sie umgeben, zu einer toskanischen Harmonie. Klil hat nichts von einer in die Landschaft hineingefrästen Siedlung wie so viele Kibbuzim und Moschavim in Israel.

Klil ist ein Ort mit viel nichtkultivierter Natur, in der sich hier und da eines der etwa 100 Stein- und Holzhäuser versteckt. Das Dorf ist nicht an die öffentliche Stromversorgung angeschlossen. Die Häuser sind mit Solarzellen ausgestattet, die Kühlschränke in Klil funktionieren mit Gas, Klimaanlagen gibt es hier nicht. Die meisten Bewohner haben keine Telefonleitung, sondern nur Mobiltelefone. Und da der nächste Mobilfunkmast weit entfernt ist, ist der Mobilfunkempfang für die meisten eine Frage der Windrichtung. Das Lebenstempo in Klil ist entschleunigt. Die Menschen leben hier in dem Rhythmus, den Sonne und Mond vorgeben.

Das Kataster von Klil sieht aus wie ein wildes Patchwork. Es gibt da Flächen, die der israelische Staat reklamiert hat, weil sie lange nicht bewirtschaftet wurden. Es gibt Flächen, die nach wie vor drusischen Bauern gehören, und Flächen, die von den jüdischen Einwohnern von Klil bewohnt und bewirtschaftet werden. »Hier ist alles ein kruder Mix aus britischen Rechtsvorschriften, die noch aus der Mandatszeit übrig geblieben sind, Vorschriften aus der osmanischen Zeit und biblischen Rechtsvorstellungen.« Alon seufzt. Er wirkt erschöpft. Der jahrzehntelange Kampf um die Legalisierung der einzelnen Häuser und des Dorfes als Ganzem hat ihn viel Kraft gekostet.

»Die Jewish Agency war eine der ersten staatlichen Institutionen, die uns genauer unter die Lupe nahmen«, erzählt Alon. »Und am Anfang waren sie begeistert von unserem Projekt.« Auch das Landwirtschaftsministerium hat den ersten Familien, die sich in Klil niedergelassen haben, viel praktische Unterstützung gegeben. Inzwischen aber erteilt der Staat keine Baugenehmigungen mehr. Das alternative Siedlungskonzept von Klil passt nicht in die sonstige Siedlungspolitik der rechtsnationalistischen Regierung. Außerdem leben in Klil nicht die Wähler des rechtskonservativen Likud von Benjamin Netanjahu oder der nationalistischen Partei Israel Beiteinu von Avigdor Lieberman. Die Bewohner von Klil wählen entweder die kommunistische Partei Chadasch, die liberale Partei Meretz oder die Arbeitspartei. Sie sind Dichter, bildende Künstler, Musiker, Tänzer und Homöopathen. Trotz aller Widerstände, die der Staat ihnen in den Weg legt, sind sie noch da, die Bewohner von Klil. Und Alons Vision eines alternativen Siedlungsprojektes lebt.

Die Vision von Stef Wertheimer ähnelt der von Alon Porath, der Weg, den er wählt, um sie umzusetzen, ist allerdings ein ganz anderer: Stef Wertheimer sieht Israel als ein Land, in dem Araber, Drusen, Beduinen und Juden friedlich zusammenleben und sich auf ihre Arbeit konzentrieren. Eine naive Vision, möchte man vielleicht denken. So einfach kann es doch nicht sein.

Aber Stef Wertheimer hat bewiesen, dass qualifizierte Arbeit der Entwicklung einer Region und einem einträchtigen Zusammenleben von Juden, Arabern und Drusen den Weg ebnet.

Der reichste Mann Israels, der 1926 im südbadischen Kippenheim geboren und mit zehn Jahren nach Palästina ausgewandert ist, gründete 1952 die Firma ISCAR (Israel Carbide), die Geräte zur Bearbeitung von Hartmetall produziert. 2006 verkaufte Wertheimer 80 Prozent seiner Unternehmensanteile für vier Milliarden Dollar an seinen Freund, den US-Investor Warren Buffet. Heute macht ISCAR einen Jahresumsatz von mehr als 378 Millionen Euro.

Stef Wertheimer ist ein israelischer Industriepionier und ein Friedensvisionär. Sein Friedenskonzept heißt »Industriepark«. Die ganzheitliche Idee des »Industrieparks« beruht auf der These, dass junge Unternehmen und Unternehmer ein förderliches, ruhiges und angenehmes Produktions- und Lebensumfeld brauchen, um erfolgreich sein zu können.

Der erste und wichtigste seiner vier Industrieparks in Israel ist der in Tefen in Nord-Galiläa. Die rund 50 dort angesiedelten Firmen erzielen gemeinsam einen Jahresumsatz von etwa 1,1 Milliarden Euro. Mehr als zehn Prozent der Industrieexporte Israels werden in Tefen produziert. Wertheimer hat Tefen 1982 als Modell für sein Konzept eines »neuen Israel« gegründet. Inzwischen gibt es zwei weitere Industrieparks in Nord-Galiläa in Tel Hai und Lavon und einen im Negev, Omer, in denen sich zusammen noch einmal 110 Unternehmen angesiedelt haben.

Lavon liegt nur drei Kilometer von Tefen entfernt. Dort gibt es neben den jungen Unternehmen auch ein Zur Lavon Training Center. Dort können sich junge jüdische, arabische und drusische Schüler aus der Region auf eine technische Berufsausbildung vorbereiten, später können sie auch einen Meisterbrief in Metallverarbeitung der Baden-Württembergischen Industrie- und Handelskammer erwerben.

Für Stef Wertheimer ist das in Deutschland entwickelte duale Berufsausbildungssystem die Krone der Bildungspolitik. Es ist sein großes Ziel, dem dualen Berufsausbildungssystem in Israel zum Durchbruch zu verhelfen. Bisher stößt er beim Bildungsminister in Jerusalem allerdings auf taube Ohren. Und weil Stef Wertheimer eben nicht irgendjemand, sondern Stef Wertheimer ist, hat er das duale Berufsbildungssystem schon mal auf eigene Faust im Industriepark Lavon eingeführt.

Zu Tefen gehört auch das Gartendorf »Gan Vradim«, Rosengarten. In dieser idyllischen Oase der Ruhe, der Ordnung und des Friedens leben 3000 Menschen und genießen ein für die Region weit überdurchschnittliches Maß an Lebensqualität. Es gibt dort eine Schule, ein Sportzentrum, ein Automobilmuseum, einen Skulpturengarten, ein Museum über den Beitrag der Deutschen Juden, der *Jeckes*, zur Entwicklung in Israel und ein Kunstmuseum.

»Die einzige Methode, um den Menschen hier in der Region Sicherheit zu geben, ist, zu kopieren, was in Baden-Württemberg passiert«, sagt mir Stef Wertheimer in einem Gespräch im Sommer 2012 in Tel Aviv. Im ersten Moment denke ich, er, der 1936 mit seinen Eltern und seinen drei Geschwistern aus Baden fliehen musste, scherzt. Aber Wertheimer meint es ernst: »In Baden-Württemberg gibt es eine wunderbare technische Erziehung. Die Leute sind sehr stolz auf das, was sie machen. Sie verdienen gut, und sie lernen früh aufzustehen und was zu tun. Und nicht zu viel zu reden.« An Baden-Württemberg sollten sich die Israelis heute ein Beispiel nehmen. Israel brauche Arbeitsplätze und Industrie, mehr mittlere und kleine Betriebe. »Wenn alle Arbeit haben, dann hört der Streit auf«, glaubt Wertheimer. Ihm sei nicht mehr wichtig, ob die Juden geliebt würden. »Ich habe schon gelebt, als alle uns gar nicht gern hatten«, sagt er trocken. »Wenn wir uns darauf konzentrieren zu exportieren und stolz darauf zu sein, was wir exportieren, dann wird alles o. k. sein.«

Wertheimer weiß aber auch, dass dieses Ziel nicht von heute auf morgen erreicht werden kann. »Das braucht Zeit«, sagt er gelassen.

Er lässt bei aller Begeisterung für die duale Berufsausbildung und den Arbeitsethos der Baden-Württemberger keinen Zweifel daran, dass er ein israelischer Patriot ist. »Ich bin sehr froh«, sagt er in einem Deutsch mit leichter badischer Einfärbung, »dass ich hier in Israel lebe und nicht in Deutschland. Wir haben großes Glück. Meine Familie wusste nie, wo sie hingehen soll. Das Problem war immer, Visa zu bekommen, wenn man auf Reisen gehen wollte. Und später sind ein Teil meiner Familie und viele Juden aus Kippenheim in Konzentrationslager gekommen und umgekommen.« Er sei sehr stolz, dass die Juden jetzt ein eigenes Land hätten. »Ich möchte nie mehr in einem Land leben, in dem ich nicht dazugehöre«, betont Wertheimer. »Ob das Land gut ist oder schlecht, ob man es gern hat oder nicht, ich möchte mein eigenes Land haben.«

Staatspräsident Schimon Peres hat in seinem Vorwort zu dem 2012 erschienenen Buch *Start-Up Nation Israel* von Dan Senor und Saul Singer geschrieben: »Will man ein ›Experte‹ für die Zukunft werden, so muss man die Erfahrung durch Visionen ersetzen.« In diesem Sinne ist Stef Wertheimer ein Visionär.

Diese Bezeichnung passt auch auf Jossi Vardi. Der 70-jährige Vardi wurde 1942 in Tel Aviv geboren. Er studierte Industrie-Management am Technion, der Technischen Universität in Haifa, und wurde Unternehmer. Er war einer der Mitbegründer und Geschäftsführer von Tekem, einem der ersten Soware-Unternehmen in Israel. Jossi Vardi hatte einen sicheren Instinkt für neue, vielversprechende Technologien. Im Laufe seines Lebens hat er mehr als 60 High-Tech-Unternehmen mitgegründet und -finanziert. Er soll einer der wohlhabendsten Männer in Israel sein. Ich habe ihn zufällig kennengelernt, als Großvater. Seine Enkelin und mein Sohn gingen in den gleichen Kindergarten. An einem Nachmittag in der Woche holte er sie aus dem Kindergarten ab, und bei ihrem Kindergeburtstag stand er am Grill. Jossi Vardi ist ein bescheidener Mann, den Status und Macht nicht interessieren. Er begeistert sich für Inhalte. Er begeistert sich für Neues. Zum Beispiel, als sein Sohn Arik 1996 zusammen mit drei Freunden die Firma Mirabilis gründete. Die jungen Männer entwickelten den ersten Internet-Chat, den Instant Messaging Service. Ein Jahr später verkaufte der Vater die Erfindung für 400 Millionen Dollar an den amerikanischen Internet-Anbieter AOL. Der Erfolg von Mirabilis hat eine Gründungswelle von High-Tech-Start-Ups ausgelöst. Jossi Vardi förderte, finanzierte, verkaufte.

Vardi ist sich sicher, dass der Erfindergeist, die kreative Unruhe und der Drang zu neuen Ufern zu den Charakteristika des jüdischen Volkes gehören. »Wir nehmen nicht alles, was da ist, als gegeben hin, sondern wir suchen immer nach neuen Möglichkeiten. Das ist eigentlich die Geschichte dieses Staates. Dieser Staat ist ein einziges großes Start-Up-Unternehmen.« Jossi Vardi fördert auch palästinensische High-Tech-Unternehmen im Westjordanland. Mit Erfolg: Der Anteil der High-Tech-Branche am Bruttoinlandsprodukt der Palästinenser macht heute schon fünf Prozent aus. Ähnlich wie Stef Wertheimer glaubt auch Vardi, dass die Zukunft der Region von der wirtschaftlichen Entwicklung abhängt.

Nir Baram ist anderer Ansicht. Wirtschaftliche Entwicklung allein kann nicht den tiefen Graben an Unverständnis, Entfremdung und Unwissen überbrücken, der Israelis und Palästinenser trennt, sagt Baram. Seine Vision sieht anders aus.

Nir Baram ist einer der großen israelischen Schriftsteller. Nir Barams letzter Roman *Gute Leute* ist 2010 auf Hebräisch erschienen und wurde schon in fünf Sprachen übersetzt. Seit 2012 liegt auch die deutsche Übersetzung vor. Die Meister der israelischen Literatur, Amos Oz und Avraham B. Jehoshua, preisen das Werk. Für Jehoshua ist *Gute Leute* ein »Meilenstein« der israelischen Literatur. »Mutig und brillant« geschrieben. Auch Amos Oz bescheinigt Barams neuem Roman »Wucht und Brillanz«. *Gute Leute* erschließe der jungen Literatur »neue Landschaften«.

Nir Baram ist der Enkel von Mosche Baram, der im Kabinett von David Ben Gurion das Amt des Arbeitsministers und des Sozialministers innehatte, und er ist der Sohn von Uzi Baram, der unter anderem Tourismusminister und Innenminister im Kabinett von Jitzhak Rabin war. Beide, Großvater und Vater, gehörten der Arbeitspartei beziehungsweise ihren Vorläufern, der Mapai und der Hamaarach, an. Beide waren sozialdemokratische Zionisten.

Auch Nir Baram ist ein politischer Mensch. Die Entwicklung seines Landes treibt ihn im Innersten um. Er stellt fest, dass sich der Zionismus in einen gefährlichen Rassismus verwandelt hat.

Der Schriftsteller wuchs im Jerusalemer Viertel Nahalat Achim auf. In direkter Nachbarschaft zu seinen arabischen Altersgenossen. Aber zwischen seiner jüdischen Kindheit und der arabischen Kindheit nebenan gab es fast keine Berührungspunkte, erinnert er sich: »Als Kind bin ich überhaupt nicht mit arabischen Kindern in Kontakt gekommen. Später habe ich ab und zu gegen arabische Jugendliche Fußball gespielt. Aber die Trennung zwischen jüdischen und arabischen Kindern war fast total. Inzwischen ist die Trennung zwischen Juden und Arabern noch umfassender. Wir Juden schließen uns immer mehr nach außen hin ab. Wir leben immer mehr wie in einem Ghetto.« Er findet es empörend, dass nicht alle jüdischen Israelis Arabisch in der Schule lernten.

Die Ablehnung des »Anderen« habe ihren Ursprung in der »großen Angst des jüdischen Volkes«, sagt Baram. »Die Angst ist begründet in der Erfahrung von Verfolgung und Pogromen durch Christen und Nazis. Und diese Angst wird seit vielen Jahren ausschließlich auf die Araber projiziert. Das ist eine enorme Menge an Energie. Der Araber verkörpert den absolut Anderen in diesem jüdischen Drama.«

Das Gefährliche am Rassismus in Israel sei, dass er nicht mehr auf Erfahrungen und persönlichen Kontakten beruhe, sondern auf Narrativen und Geschichten, Mythen, Büchern und Fernsehsendungen. All das habe nichts mehr mit den wirklichen Arabern zu tun, sagt Nir Baram. Der Schriftsteller verschreibt den nachwachsenden jüdischen und arabischen Israelis eine gemeinsame Erziehung. Nur ein gemeinsames Aufwachsen könne aus der Angst vor dem Anderen befreien.

»Die Rechten haben seit der Ermordung Jitzchak Rabins ihre Interpretation des jüdischen Staates durchgesetzt«, sagt Baram. »Sie betrachten die Araber nicht mehr als Teil des Staates Israel. Was sich durchgesetzt hat, ist die ethnische Definition von Judentum, die Sicht auf das Judentum als einem Stamm. Alles in Israel dreht sich um die jüdische Überlegenheit.« Das Behaupten einer jüdischen Überlegenheit sei Teil der DNA Israels, konstatiert Baram. Seine Diagnose beschönigt nichts.

Aber Nir Baram belässt es nicht bei der Diagnose. Er ist davon überzeugt, dass die meisten arabischen Israelis ebenso in Israel leben wollten wie die meisten Angehörigen der zweiten Generation von Fremdarbeitern. Nir Baram will eine neue Partei gründen, eine arabisch-jüdische Partei. Er ist sich sicher, dass »die alte Rhetorik von Leuten wie Bibi Netanjahu oder Ehud Barak bei den jungen Israelis nicht mehr funktioniert«. Seine neue arabisch-jüdische Partei soll bei den nächsten Parlamentswahlen antreten.

Immerwährender Neuanfang: Einwanderer, Umsteiger und Selbsterfinder

Israel ist ein Schauplatz der Neuanfänge. Jedes Jahr fangen mehrere tausend Menschen in Israel ein neues Leben an. Im jüdischen Jahr 5771, also zwischen September 2010 und September 2011, wanderten mehr als 21 000 Menschen ein. Seit der Gründung des Staates im Jahr 1948 haben mehr als drei Millionen Menschen aus der ganzen Welt in Israel eine neue Heimat gefunden. Zwischen 1948 und 1952 kamen mehr als 600 000 *Olim chadaschim*, Neueinwanderer, nach Israel, in dem bis dahin überhaupt nur 600 000 Juden lebten. Nach dem Zerfall der Sowjetunion verzeichnete das Land die größte Einwanderungswelle seiner Geschichte: 1,3 Millionen Menschen emigrierten aus den Ländern der ehemaligen Sowjetunion und gingen nach Israel. Juden und ihre nichtjüdischen Familienangehörigen.

Juden auf der ganzen Welt können sich auf das sogenannte Rückkehrgesetz vom 5. Juli 1950 berufen. Die Einwanderung von Juden aus der Diaspora nach Israel wird als *Alija* bezeichnet, was zu Deutsch Aufstieg heißt. Gemeint ist damit eigentlich die Wallfahrt gläubiger Juden zum Jerusalemer Tempelberg, dem Zion.

In der Phase der Vorbereitung der *Alija* und der Ankunft in Israel ist die 1929 gegründete Jewish Agency der entscheidende offizielle Ansprechpartner der Neueinwanderer. Sie versucht, Juden aus der Diaspora zur Einwanderung nach Israel zu bewegen, prüft Einwanderungsanträge und begleitet den Prozess der Zuwanderung.

Die *Alija* bedeutet einen großen Einschnitt in der Biografie jedes Einwanderers, einen fast vollständigen Neustart an einem neuen Ort mit neuen Menschen in einer neuen Sprache. Alle Einwanderer müssen zunächst in einem *Ulpan*, einer Sprachschule, Hebräisch lernen. Die Kosten dafür übernimmt der Staat. Obwohl die Zuwanderung mit Steuererleichterungen, Zollprivilegien und finanziellen Zuschüssen wie zum Beispiel einer monatlichen Unterstützung im ersten Jahr nach der Einwanderung, Mietbeihilfen oder Beihilfen für Schulungen und Umschulungen gefördert wird, ist dieser Neuanfang meistens nicht einfach. Und er ist umso schwieriger, je älter die Einwanderer sind.

Leonid Pekarovsky kennt das Gefühl. Er ist vor über 20 Jahren nach Israel eingewandert. 1991. Er war damals 43 Jahre alt. Leonid Pekarovsky wurde 1948, im Jahr der Gründung des Staates Israel, in Kiew geboren. Vor seiner Einwanderung war er Kunsthistoriker und arbeitete als Forscher und Kunstkritiker in der Ukraine und Russland. Er schrieb eine Dissertation über Albrecht Dürer, die er allerdings nicht mehr verteidigte, weil die Perestroika die Sowjetunion von Grund auf zu verändern begann und er plötzlich mit seinem Wissen Geld verdienen konnte. Er organisierte und kuratierte Kunstausstellungen und gab die Promotion auf.

Als die Sowjetunion zerfiel und sich die Tore zur Welt plötzlich öffneten, wanderte Leonid Pekarovsky nach Israel aus. Aviva Lori porträtierte Pekarovsky Anfang Juni 2012 in der Tageszeitung *Haaretz*. Sie erzählt, Pekarovsky sei sich sicher gewesen, dass sein Wissen und Können in Israel gebraucht würden. Aber schon kurz nach seiner Ankunft war er aller Illusionen beraubt. In Israel sei er mit einem Mal nichts als ein einfacher Arbeiter gewesen, schreibt Lori. Dieser Teil der Geschichte ist nichts Besonderes. Das ist das Schicksal der meisten Neueinwanderer in Israel.

Pekarovsky fand einen Job als Parkplatzwächter im Parkhaus der Tel Aviver Daihatsu-Repräsentanz. Seit 17 Jahren hilft er Menschen, dort einen Stellplatz für ihren Wagen zu finden. Er beginnt seine Arbeit morgens um sechs und hört in seinem zwei Quadratmeter kleinen Wächter-Büdchen Chopin. Es macht ihm nichts aus, dass er nur 4200 Schekel im Monat verdient, also umgerechnet 840 Euro. »Geld ist nur ein Werkzeug«, sagt er. Was ihm etwas ausmacht ist die Respektlosigkeit, mit der man dem Parkwächter begegnet.

Inzwischen ist Pekarovsky 64 Jahre alt. Nebenbei liest er Romane und schreibt Kurzgeschichten. Er erzählt darin von einfachen Leuten der israelischen Arbeiterschicht. Seine Helden sind Automechaniker, Prostituierte und mittellose Einwanderer. Sie leben im Tel Aviver Vorort Bat Jam oder in schäbigen Hütten im Tel Aviver Süden.

Als Pekarovskys Sohn eine der Kurzgeschichten seines Vaters

an Benny Ziffer schickte, den Redakteur der Literaturbeilage von *Haaretz*, geschah etwas Unerwartetes: Ziffer rief bei Pekarovsky an und sagte, er wolle die Geschichte publizieren.

Inzwischen hat *Haaretz* fast alle Kurzgeschichten des beinahe promovierten Parkplatzwächters abgedruckt. Der Verlag Hakibbuz Hameuchad verlegte einige seiner Texte als Buch.

Das Leben des Parkplatzwächters Pekarovsky hat sich seitdem verändert, schreibt die Journalistin Aviva Lori: »Nicht sein materielles Leben, sondern sein Innenleben: Das Selbstbild des entfremdeten neuen Immigranten hat sich verändert.« Und außerdem sind alle Parkhausnutzer, die ihn früher nervten, jetzt freundlich zu ihm.

Anders als beim Kunsthistoriker Leonid Pekarovsky gibt es in Israel eine große Zahl an Menschen, die sich aus freien Stücken entscheiden, sich beruflich neu auszurichten.

Zum Beispiel Gal Golan. Bei der Armee absolvierte sie den Offizierskurs, danach machte sie ein Jahr lang eine Gesangsausbildung an einer Musikhochschule, wechselte dann an ein College, um Verhaltenswissenschaften und Management zu studieren und arbeitete zugleich sieben Jahre lang erfolgreich in der High-Tech-Industrie. Dann begann sie eine Ausbildung zur Energieheilerin in den USA und Brasilien. Die Methode heißt *Frequencies of Brilliance* und ist eine Frequenztherapie. Als 37-jährige Mutter einer neu geborenen Tochter gründete sie *Nuli*, ein Online-Business für ökologische Babyprodukte, und vertiefte zugleich ihre Kenntnisse der *Frequencies of Brilliance* weiter. Das Öko-Business hat sie nach vier Jahren wieder verkauft, um sich ganz der Behandlung ihrer Patienten zu widmen.

Oder Noam Sinuani. Er studierte zunächst Biologie, dann IT-Management. Als Computer-Fachmann betreute er Firmen und Privatleute. Mit 40 machte er eine Ausbildung zum *Shomer Hagan*, zum Bewacher des Gartens. Die *Shomrei Hagan* vertreten eine ganzheitliche Ökologie. Sie lehnen den Lebensstil der westlichen Industrienationen ab und kehren zu einer ursprünglichen Form des Lebens mit und in der Natur zurück. Heute trainiert Noam in Nachmittags- und Wochenendkursen Kinder und Jugendliche darin, sich von Pflanzen und Beeren zu ernähren, mit Steinen Feuer zu machen und Hütten aus Zweigen, Ästen und Blättern zu bauen.

Ori Tulguy studierte Filmwissenschaften und arbeitete beim Fernsehen. Nebenbei beschäftigte er sich mit Aromatherapie, Naturheilkunde, Bachblüten und Kosmetik. Mit 30 gründete er sein eigenes Unternehmen und produziert seitdem selbst kreierte Naturkosmetik unter dem Namen »LAOR«. Mit 40 hat er jetzt ein elegantes Geschäft in der Tel Aviver Innenstadt und macht einen sechsstelligen Jahresumsatz.

Oder Jair Margalit. Er war Professor für Chemie am Technion in Haifa. Jetzt verdingt er sich als Winzer. Gemeinsam mit seinem Sohn Asaf macht er in der Küstenregion zwischen Tel Aviv und Haifa die kostbarsten Rotweine des Landes aus Cabernet-Sauvignon-, Merlot- und Cabernet-Franc-Trauben. Nebenbei hat er einen Lehrauftrag an seiner früheren Wirkungsstätte, dem Technion, und lehrt dort jetzt Weintechnologie und Weinchemie am Institut für Lebensmitteltechnik.

Odelia Taizi studierte Mathematik und unterrichtete an einer Schule für orthodoxe Kinder im Zentrum von Tel Aviv. Mit 40 machte sie sich selbständig und eröffnete ein Boutique-Bed-and-Breakfast im Tel Aviver Stadtteil Neve Zedek.

Auch Karni Reshef und Lior Livne sind Umsteiger. Karni war Stylistin, und Lior Livne arbeitete als Grafiker. Inzwischen entwerfen beide gemeinsam Schuhe. Karni und Lior sind zusammen *Liebling*. Und *Liebling* steht für handgearbeitete lederne Kostbarkeiten. Die Schuhe ihrer Sommerkollektion 2012 sind senfgelb, knallrot und moosgrün, heißen Naama, Mor und Nura. Jeder *Liebling*-Schuh hat einen eigenen Charakter, jedes Modell eine Seele. Das merkt sofort, wer den kleinen Laden in einer ruhigen Seitenstraße der Dizengoff, der größten Einkaufsmeile von Tel Aviv, betritt. Die Schuhe werden in schlichten, an der Wand aufgehängten Holzkuben ausgestellt. Ein Kubus für jedes Modell. Es ist, als bewohnten Naama, Mor und Nura den Laden.

Die Tel Aviver Designer Karni Reshef und Lior Livne sind beide 36 Jahre alt. Vor langer Zeit waren sie zusammen im Gymnasium. Dann haben sie sich aus den Augen verloren und erst in einer Akademie für Schuhdesign in Herzlija bei Tel Aviv wiedergefunden. Die Akademie gibt es nicht mehr, die Partnerschaft von Lior und Karni schon. Ein Paar sind sie aber nicht. Wirtschaftlich wirft *Liebling* noch kaum Gewinn ab, klagt Lior.

Denn die Materialien sind teuer und die Mieten in Tel Aviv sehr hoch. Lior wünscht sich, dass sie ihre Schuhe auch im Ausland verkaufen können. Der Online-Shop von *Liebling* ist ein kleiner Anfang. Als Karni und Lior sich auf das gemeinsame Abenteuer einließen, wussten sie nicht, was daraus werden würde. Das Projekt hat seine eigene Dynamik entfaltet. »Manchmal kommt mir *Liebling* wie ein wildes Pferd vor«, sagt Karni. »Ein wildes Pferd, das uns am Zügel führt und nicht umgekehrt. Mal sehen, wo es uns noch hinbringt«, sagt sie und lacht.

Die Geschichte von Keren Naftali ist die einer Nonkonformistin, die den Mut hatte, sich selbst zu erfinden und neue Wege zu gehen.

Keren Naftali ist eine israelische Modedesignerin mit einer exklusiven Boutique auf der Frishman-Straße, gleich um die Ecke vom Rabin-Platz, im Herzen von Tel Aviv. Sie beschäftigt elf Mitarbeiter. Die Geschichte von Keren Naftali ist einzigartig und zugleich doch charakterisch für israelische Karrieren. Deshalb soll sie hier erzählt werden.

Schon als kleines Mädchen wusste Keren, dass sie Kleider erfinden und in Paris studieren wollte. Sie wuchs in Jamit auf, einer israelischen Siedlung auf dem Sinai, in der Zeit, als der Sinai nach dem Sechstagekrieg von 1967 von Israel besetzt war. Die kleine Keren nähte sich verrückte Verkleidungen und versuchte, ihre Freunde und Lehrer in der Schule damit zu provozieren. Mit dem Einverständnis ihrer Mutter. Die hat ihr die Freiheit gelassen, sich auszuprobieren, und sich nicht darum gesorgt, »was die Leute sagen« würden. Dieser Zug zum Nonkonformismus in den Lebensbereichen, die das Kollektiv nicht tangieren, ist in Israel weit verbreitet. »Ich war immer gut darin, mir die Freiheit zu nehmen. Es hat mich nicht interessiert, was die anderen über mich denken«, sagt sie beim Gespräch im Kibbuz Haogen, der eine Dreiviertelstunde nördlich von Tel Aviv im fruchtbaren Hefer-Tal liegt. Dort hat sie heute ein Studio, in dem sie entwirft und ihre Mitarbeiter die Entwürfe in Schnittmuster umsetzen und nähen. Keren Naftalis Kleider sind »made in Israel«. Die Stoffe kauft sie in Israel und Europa.

»Ich war eine schlechte Schülerin«, erinnert sich Keren Naftali und lacht. »Mich hinsetzen und lernen, das war nichts für mich.« Ihre Lehrer waren schon kurz davor, sie in eine Sonderschulklasse zu versetzen, als ihre Mutter eine Schule ausfindig machte, an der es einen Modezweig gab. Dort hatte sie zum ersten Mal das Gefühl, etwas zu lernen, was sie wirklich interessierte. »Bis spät nachts saß ich und arbeitete für die Schule«, erzählt sie. Auf diese Weise schaffte sie – zur Überraschung aller – das Abitur. Dann kam die Armee. Keren war bei einer Marine-Einheit. Sie kümmerte sich um Jugendliche, die aus sozial schwachen Familien kamen und Probleme mit Drogen und Alkohol hatten. Das vollständige Eintauchen in das Kollektiv bei der Armee fiel Keren überhaupt nicht schwer. Im Gegenteil: »Meine Aufgabe war nicht leicht, aber irgendwie gut«, sagt sie. »Ich mochte die weiße Uniform und hatte viel Spaß. Ich hatte viele Freunde bei der Armee. Es war eine phantastische Zeit!«

Als sie am letzten Tag ihres zweijährigen Armeedienstes nach Hause kam, erwartete ihre Mutter sie mit einem Flugticket. »Wir fliegen morgen nach Paris und finden heraus, ob und wo du dort studieren kannst«, sagte Eliane. »Ich möchte, dass du endlich aufhörst, uns mit deinem Paris in den Ohren zu liegen.« Sie hatte die Reise minutiös vorbereitet. Bei der Botschaft hatte sie sich über die formalen Anforderungen für ein Studentenvisum informiert und drei Vorstellungsgespräche bei verschiedenen Modeschulen vereinbart. Keren war überwältigt. Am Tag danach stieg sie mit ihrer Mutter ins Flugzeug und reiste zum ersten Mal in ihrem Leben nach Europa. Paris war ihr fremd und vertraut zugleich. Kerens Mutter Eliane kommt aus Marokko und spricht fließend Französisch. Keren hatte die Sprache also schon im Ohr, als sie nach Paris kam. Allerdings ohne sie selbst zu sprechen. Zuhause wurde nur Hebräisch gesprochen. Keren und Eliane besichtigten drei verschiedene Modeschulen. »Bei der dritten hat's gefunkt«, sagt Keren. Es war die private Modekunsthochschule »Ecole Supérieure de la Mode« (kurz: Esmod) am Boulevard du Montmartre, die es ihr angetan hatte. »Eine wunderbare Schule«, findet sie noch heute. Die Eingangstests waren nicht allzu schwer, die Studiengebühren dafür umso höher. Zurück in Tel Aviv, beriet die Familie, wie sie Keren das Studium in Paris ermöglichen könnte. Die Rettung kam von Kerens Großmutter. Sie übernahm die Studiengebühren.

Ende August 1996, mit 21 Jahren, flog Keren dann allein

nach Paris. Diesmal mit ein bisschen mehr Gepäck. Im Koffer hatte sie auch die Adresse eines Onkels, der im Pariser Umland lebte. »Als ich in Paris landete, hat niemand am Flughafen auf mich gewartet«, erzählt Keren. »Es hat einen ganzen Tag gedauert, bis ich meine Verwandten gefunden habe. Am ersten Abend rief ich meine Mutter an, weinte schrecklich und flehte ›Mama, hilf mir!‹« Ihre Verwandten nahmen sie liebevoll auf und umsorgten sie. Nach zwei Monaten im Gästezimmer ihres Onkels in einem Vorort von Paris zog Keren in eine »chambre de bonne« um, ein Hausmädchenzimmer unter dem Dach eines Mietshauses im eleganten 16. Arrondissement, in einer Parallelstraße der Champs-Elysées. Keren war selig.

Kerens Großmutter finanzierte das Studium, auch ihre Eltern beteiligten sich, so gut sie konnten. Und den Rest musste sie selbst dazuverdienen. Morgens um fünf dekorierte sie Auslagen eines Veranstalters von Bar-Mitzwa-Feiern. »Die Räume lagen genau gegenüber des Studios von Louis Vuitton«, erzählt sie mit leuchtenden Augen. Denn genau das war es, was sie in Paris gesucht hatte: die Nähe der großen Modeschöpfer und Designer. Abends arbeitete sie als Garderobiere und nahm die Mäntel der Gäste entgegen. Dann erfuhr sie von der Möglichkeit, bei Modenschauen als Anzieherin zu arbeiten, und war nicht mehr zu bremsen. Zusammen mit einer schwedischen Studienfreundin bewarb sie sich beim japanischen Modemacher Issey Miyake, obwohl Modedesign-Studenten erst im dritten Studienjahr bei den Designern jobben dürfen. »Das dürfen wir doch nicht«, warnte ihre schwedische Freundin Sophie. »Dann müssen wir eben lügen«, entschied Keren. »Ich bin eben Israelin«, erklärt sie lachend ihren entspannten Umgang mit der Wahrheit. Der Schwindel funktionierte, und die beiden jungen Frauen wurden engagiert. Als Miyake den Arbeitsvertrag zur Unterschrift an die Esmod schickte, flog der Schwindel allerdings auf. Aber Keren überstand das strenge Tribunal, in dem über ihren Rauswurf aus der Schule beraten wurde, mit einer vollen Dosis israelischer Tugenden: viel Chuzpe, also Dreistigkeit, abgeschmeckt mit direkter Emotionalität: »Die Regeln der Schule sind das Eine«, sagte sie selbstbewusst. »Aber dieser Job ist genau das, was ich immer schon machen wollte. Das ist mein Traum!« Am Ende konnte Keren die Stimmung drehen. Die damalige Schulleiterin, Annette Goldstein, muss davon beeindruckt gewesen sein, wie entschieden und unerschrocken diese junge Israelin war. Keren durfte nicht nur an der Schule bleiben, sondern auch zwei Tage pro Woche bei Issey Miyake arbeiten. Zuerst als Mädchen für alles. Sie leerte Mülleimer, putzte Toiletten und bügelte Kleider. »Ich kann gut mit Schwulen«, erklärt Keren ihren Erfolg bei Issey Miyake. Schon nach wenigen Monaten stieg sie ins Team der Stylisten des Japaners auf. Das Studium interessierte sie weniger als das echte Leben. Sie wollte Modenschauen besuchen, Modedesigner und Models treffen. In kürzester Zeit lernte sie »die richtigen Leute« kennen, wie sie sagt. Sie zog mit Naomi Campbell und Linda Evangelista durch die angesagten Clubs der Stadt. Keren sah damals selbst atemberaubend gut aus. »Haiti nora chaticha.« So beschreibt sie heute die Keren von damals. »Ich war ein unglaubliches Schnittchen.« Fotos aus dieser Zeit belegen das. Natürlich wurden die schönen Frauen überall umsonst reingelassen. »Die Schule war mir langweilig«, gibt Keren zu. »Ich hatte keine Geduld zu lernen, wie man Kleider anfertigt.« Die Lehrer duldeten ihre Extravaganzen.

Da sie Französisch zwar verstand, aber nicht auf Französisch schreiben konnte, hatte die Schule für sie noch eine Ausnahmeregelung geschaffen: Keren durfte ihre schriftlichen Hausarbeiten auf Kassette sprechen. »Ich war sehr gut darin, Aufgaben, die mir keinen Spaß machten, an Freundinnen zu delegieren.« Keren lacht über sich selbst. »Ich bin eben Israelin. Wir sind Meister darin, uns durchzuwursteln. Irgendwie finden wir immer einen Weg.«

Am Ende des zweiten Studienjahres starb Kerens Großmutter. Keren zog es zurück nach Tel Aviv. Zurück zur Familie. »Ich konnte es nicht ertragen, in diesem Moment nicht bei meiner Familie zu sein«, erinnert sie sich. 23 Jahre zählte sie damals. Sie schloss ihr Studium nicht ab. »Aber ich kam zurück nach Israel mit einem Ego von hier bis zum lieben Gott.« Mit ihrer rechten Hand beschreibt sie einen großen Bogen vom Boden bis zum Himmel. An ein eigenes Label dachte sie zwar noch nicht. Aber sie interessierte sich für Styling und Modejournalismus, Partys und das glitzernde Showbiz.

Eines Tages sah sie auf der Sheinkin-Straße in Tel Aviv den

israelischen Modepapst Motti Reif. Der frühere Dressman zieht bis heute die Fäden bei allen großen Mode-Events des Landes. Fürs Fernsehen hat er Reality-Fashion-Formate produziert wie »Die Verwandlung« (»Mahapah«), »Herzlichen Glückwunsch« (»Mazal Tov«) und »Der Mode-Oscar«. Keren sah also Motti Reif und warf sich auf ihn: »Du bist doch Motti. Ich bin Keren. Ich habe in Paris Mode studiert, bei Issey Miyake als Stylistin gearbeitet und möchte jetzt für dich arbeiten.«

Motti Reif muss einigermaßen überrascht gewesen sein von diesem Monolog. Er raunzte knapp: »Ruf' Pnina an!«, drehte sich auf dem Absatz um und ließ Keren mit diesem Rätsel allein. Natürlich fand sie heraus wer Pnina ist und ließ Motti Reif keine Ruhe. »Jede Woche um dieselbe Zeit rief ich bei Motti an und fragte, ob er nicht Arbeit für mich hätte.« Irgendwann sagte er: »Du nervst!« Worauf Keren unerschrocken erwiderte: »Wie es scheint, musst du mich einfach ausprobieren und sehen, ob du mit mir etwas anfangen kannst. Dann werde ich dich nicht länger nerven.« Von da an dauerte es nur noch eine Woche, bis Kerens Telefon klingelte und Motti Reif fragte, ob sie für ihn arbeiten wolle. Reif richtete die Modenschauen großer israelischer Modelabels wie Gideon Oberson, Gottex und Castro aus. Er engagierte Keren als Stylistin. Nach einem Jahr wurde sie seine Assistentin. »Das hat mir eine ganze Welt eröffnet«, sagt Keren. Sie hat die besten und wichtigsten israelischen Modedesigner und Models durch ihn kennengelernt, alle Großen des israelischen Show- und Fernsehbusiness. An der Seite von Motti Reif machte Keren Naftali sich einen Namen als inspirierte und stilsichere Stylistin mit den richtigen Instinkten. Designer wie Sigal Dekel oder israelische Modeketten wie Renoir und Hagara buchten sie, um die Trends der kommenden Saison zu bestimmen.

Aber irgendwann fühlte sie, dass sie rausmusste aus dem atemlosen Tel Aviver Modehype. Sie kaufte zwei Flugtickets nach Delhi, eins für ihren Freund Itamar und eins für sich, legte sie am Abend auf den Esstisch ihrer Wohnung in Jaffa und eröffnete ihrem Liebsten: »Wir fliegen nach Indien.«

Die Kraft eines solchen Indikativs hatte sie ja schon selbst kennengelernt, als ihre Mutter ihr Jahre zuvor das Flugticket nach Paris hingehalten hatte. Kaum in Delhi gelandet, kauften sie sich ein Motorrad und bereisten damit das ganze Land. Und während sie durch den Subkontinent brausten, kehrte Keren langsam zu sich selbst zurück. »Backstage ist die Mode ein Scheißgeschäft«, sagt sie. »Alle sind voll von ihrem eigenen Ego. Und ich mochte mich selbst nicht mehr nach diesen Jahren im Mode-Business. Ich hatte die Nase voll von den ganzen Partys und Pseudo-Freundschaften. Ich sehnte mich nach etwas Echtem. Ich war irgendwie raus aus dem Party-Alter.« In Indien entschied sie sich, sich zehn Tage lang zur Vipassana-Meditation in ein Zen-Kloster zurückzuziehen. »Es fiel mir unglaublich schwer am Anfang. Ich habe mich übergeben und furchtbar viel geweint.« Als Keren das Vipassana abbrechen wollte, hielt ihr spiritueller Lehrer in dem Zen-Kloster ihr einen Spiegel vors Gesicht und sagte: »Wenn du dein Leben verändern willst, musst du in den Spiegel schauen. Wirklich schauen.« Und plötzlich fand Keren die innere Ruhe, um sich selbst anzusehen. Sie mochte nicht, was sie sah, und beschloss, ihr Leben zu ändern. Sie begann, in einer kleinen Nähstube in Delhi zu arbeiten, nähte Kleider für sich und andere. Für ein paar Wochen lebten sie und ihr Freund dieses einfache Leben mitten in Delhi. Dann flogen sie nach New York weiter, um Itamars Schwester zu besuchen, die dort lebte. In New York angekommen, verstand Keren plötzlich, warum sie sich im Zen-Kloster immerzu übergeben musste. Sie war im sechsten Monat schwanger. Bis dahin hatte sie tatsächlich nichts von der Veränderung bemerkt, die in ihrem Körper vor sich ging. Nach dem ersten Schockmoment entschied sie sich, nach Israel zurückzugehen. Itamar und Keren zogen in einen Kibbuz im Süden Israels. Aber vorher musste Keren ihrem Mann schriftlich versichern, dass sie sich ein Jahr lang nicht über das Leben dort beschweren würde. Itamar ahnte damals, dass es Keren schwerfallen würde, das unaufgeregte und glanzlose Kibbuz-Leben anzunehmen. »Ich habe unterschrieben«, Keren lacht. Ihr Sohn Hod wurde geboren, und der beschauliche Kibbuz-Alltag ermöglichte es ihr, die Mutterschaft entspannt und voller Liebe anzunehmen. Aber als das Jahr abgelaufen war, wollte Keren in angenehmer Distanz zu Tel Aviv und auch näher am Meer leben. Die Familie fand ein Haus in Beit Jitzchak, einem Moschav im Hefer-Tal, etwa eine Autostunde nördlich von Tel Aviv. »Hier gibt es keinen

Stress, keine Sorgen, alles ist hier ruhig. Das war das schönste Geschenk.«

Und dann war da ein guter Freund von Keren, der Designer Kedem Sasson. Eines schönen Tages im August 2004 hielt er Keren einen Schlüsselbund unter die Nase und sagte: »Das sind die Schlüssel von meinem Studio. Jeden Tag ab vier Uhr nachmittags kannst du dorthin kommen und deine Sache machen. Hier hast du 100 Meter schwarzen Stoff. Leg' los!« Das war die Geburtsstunde des Labels »Keren Naftali«. Am Anfang ging alles sehr langsam. Keren entwarf gerade mal ein Kleidungsstück pro Monat. Sie verkaufte ihre ersten acht puristisch schwarzen Entwürfe über die Kette »Razili«, die in den zwölf edelsten Einkaufsmalls des Landes Dependancen unterhält und ausschließlich junge, noch unbekannte israelische Designer vertritt. 2005 dann hatte Keren ihr erstes eigenes Studio. In einem alten Lagergebäude in dem Moschav, in dem sie wohnte. Sie kaufte ihre erste Nähmaschine in 18 Raten und stellte Vika ein, eine begnadete Näherin, die Kerens Ideen bis heute kongenial umsetzt.

Inzwischen hat die Modedesignerin ein großes Studio im Kibbuz haOgen, der nur wenige Kilometer von ihrem Wohnort entfernt liegt. Jetzt träumt Keren von internationalem Erfolg und Boutiquen in Europa.

Sie hat das Zeug dazu, es zu schaffen: Sie ist schöpferisch, kommunikativ, beweglich und kühn im Kopf, immer auf dem Laufenden oder »ba injanim«, wie man auf Hebräisch sagt, und hat keinen Respekt vor Autoritäten. Sie ist schlicht im Besitz der israelischen Erfolgsformel.

Lebensrhythmus

Das Leben in Israel folgt einem klar definierten Rhythmus. Er unterscheidet sich vom Lebensrhythmus aller anderen Länder auf der Welt. Der israelische Wechsel zwischen Aktivität und Ruhe wird von den religiösen und kulturellen Traditionen des jüdischen Kollektivs vorgegeben.

Ich habe mich der Andersartigkeit dieses Rhythmus erst langsam angenähert. Irgendwann aber war es geschehen: Ich hatte ihn drin. Wenn man ihn einmal verinnerlicht hat, wird man ihn nie wieder los. Die israelische Frequenz läuft dann parallel zu anderen Frequenzen mit.

Erster bis fünfter Tag: Tempo, *Tachles* und Telefon

In Israel ist der *Ketzev chaim*, der Lebenstakt, spürbar schneller als in Deutschland. Während das Leben in Deutschland im Andante pulsiert, ist der israelische Herzschlag auf ein Presto beschleunigt. Die Israelis denken schnell, begreifen schnell, sprechen schnell. Sie warten ein Satzende nicht ab, wenn sie dessen Inhalt vorausahnen, sondern antworten schon darauf. Sie sind ständig in Bewegung, planen kurzfristig und denken vernetzt.

Manche machen Börsengeschäfte, während sie im philharmonischen Konzert sitzen, andere erledigen per Smartphone ihren Wocheneinkauf bei »Schufersal«, während sie auf dem Spielplatz ihre schaukelnden Kinder anschubsen.

Fotofachgeschäfte liefern Abzüge von heute auf heute, Änderungsschneidereien kürzen Hosen im Laufe desselben Tages und Mosche, mein Lieblingsschuster auf der Dizengoff-Straße in Tel Aviv, repariert meine Absätze immer sofort. *Tschik-*

tschak, wie man in Israel sagt. Auch das Bestellen von Gemüse und Obst funktioniert in Tel Aviv *tschik-tschak:* Die Mitarbeiter einer Farm in Ein HaBsor, das 110 Kilometer südlich von Tel Aviv liegt, rufen mich immer mittwochvormittags an, lesen mir vor, was es gibt, ich bestelle am Telefon, und abends kann ich schon die erste Suppe aus dem frischen Gemüse kochen.

Tschik-tschak steht aber nicht nur für die schnelle Lösung, sondern auch für die einfache und unkonventionelle Lösung. *Tschik-tschak* hat nichts mit Perfektionismus zu tun. Dafür um so mehr mit Pragmatismus.

Einmal wollte ich eine Zeichnung meines Sohnes, die so klein wie eine Streichholzschachtel war, vergrößert auf 30 weiße Kinder-T-Shirts drucken lassen. Zwischen dem Moment, in dem ich die Miniatur zum Scannen brachte, und dem Augenblick, als ich den Anruf bekam, alles sei fertig, vergingen gerade mal 60 Minuten. Ich machte gerade *Sidurim*, Erledigungen, als Michal, die Inhaberin des Geschäfts, mich anrief: »Bist du mit dem Auto unterwegs?«, fragte sie. »Dann brauchst du nicht extra auszusteigen, wenn du die T-Shirts abholen kommst. Ruf mich einfach zwei Minuten bevor du da bist an, dann komme ich raus und bringe sie dir.« Ich bezahlte mit meiner Kreditkarte, deren Nummer ich ihr, während einer roten Ampelphase an einer großen Kreuzung stehend, telefonisch durchgab. Ein paar Minuten bevor ich wieder vor ihrem Geschäft stand rief ich Michal zurück: »Ich bin gleich da«, kündigte ich an, »auf der anderen Straßenseite.« Ich wartete bei laufendem Warnblinker und Motor am Straßenrand. Michal kam aus ihrem Laden, überquerte die Straße, reichte mir zwei große Tüten zusammen mit der Rechnung und dem Zahlungsbeleg durchs heruntergekurbelte Beifahrerfenster, und das war's. *Tschicktschak.*

Die Arbeitswoche beginnt in Israel am Sonntag. Oder eigentlich schon am Samstagabend. Ab »Motza'ei Schabbat«, also ab dem Ausgang des Schabbat, dürfen sich alle wieder mit beruflichen Fragen und den Geschäften des Alltags befassen. Man kann zum Beispiel ohne Bedenken Leute anrufen, um Termine zu vereinbaren. Das ist nicht nur in dringenden Fällen legitim, sondern allgemein üblich. Denn: Warum unnötig Zeit vergeuden mit Warten auf den nächsten Morgen?

Es gilt, keine Zeit mit Unwesentlichem zu vertun. Das Leben ist kurz, und der Aufgaben sind viele. Diese Ethik des Umgangs mit der Zeit ist tief im Bewusstsein der jüdischen Israelis verankert. Sie geht zurück auf die Zeit des »Chazal«, der wegweisenden Religionsgelehrten aus der Zeit von 200 v. Chr. bis etwa 600 n. Chr. Der »Chazal« formulierte ein rabbinisches Gebot, das eben diese Ethik zum Thema hat: »Der Tag ist kurz, der Arbeit gibt es reichlich und die Arbeiter sind faul, sie erhalten reichen Lohn und der Herr drängt.« Sinngemäß hält dieses Gebot den Menschen an, keine Zeit zu vergeuden. Vielmehr soll er das Wesentliche tun und die Thora studieren.

Unter orthodoxen Juden ist es verpönt, Zeit zu vertrödeln. Aber auch säkulare und traditionelle Juden nutzen die Zeit und schöpfen ihre Möglichkeiten voll aus.

Zum Beispiel Itai. Vor zwei Jahren musste ich mich einer kleinen Operation unterziehen und dafür im Vorfeld einen aktuelles Elektrokardiogramm vorlegen, aus dem hervorgeht, dass mein Herz gesund ist. Ich rief in dem medizinischen Labor an, das gleich um die Ecke meiner Wohnung auf der Tel Aviver Gordon-Straße liegt. Die Laborantinnen sagten »Wir kümmern uns darum« und nahmen meine Telefonnummer auf. Drei Minuten später rief mich jemand an, der sich mit »Wie geht's? Hier spricht Itai« einführte. Itai sagte, er könne das Elektrokardiogramm machen und dazu bei mir zuhause vorbeikommen. Wenn ich wolle sofort. Ich war baff und stimmte zu. Von mobilen Laboranten, die wie Handelsvertreter mit ihren EKG-Messgeräten durch die Straßen der Stadt streifen, hatte ich noch nie gehört. Fünf Minuten später fand ich mich auf unserem Wohnzimmersofa liegend mit entblößtem Oberkörper wieder. Itai, den ich noch nie zuvor gesehen hatte, kniete neben mir und platzierte die Saugnäpfe der Elektroden auf meiner Haut. Zwölf Minuten nachdem ich zum ersten Mal in meinem Leben mit Itai gesprochen hatte, drückte er mir ein Stück Thermopapier in die Hand, auf dem mein Herzrhythmus und Kurven von elektrischen Summenladungen verzeichnet waren. In zweifacher Ausfertigung. Itai wünschte mir einen schönen Tag und war weg.

Der Philosoph und Kadima-Abgeordnete Doron Avital sieht die Schnelligkeit der israelischen Reflexe, die Schnelligkeit, mit der Entschlüsse gefasst werden, die Schnelligkeit der Israelis insgesamt kritisch: »Unsere Schnelligkeit ist auch unsere Achillesferse. Wir sind sehr schnell bei der Entwicklung neuer Technologien. Aber was intellektuelle Fragen angeht, verpassen wir manchmal den Anschluss. Wir sind die Ersten unter denen, die den Zug verpassen«, sagt Avital. Israelis nähmen sich oft nicht die Zeit, eine Idee reifen zu lassen. Und am Ende gebe es eine Panne.

Der einzige Ort, an dem in Israel alles verlangsamt ist, ist die Kasse im Supermarkt. Nirgends sonst auf der Welt habe ich so phlegmatische Kassiererinnen erlebt. Sie tauschen sich während ihrer Arbeit ausführlich mit ihrer Kollegin von der Nachbarkasse über das bevorstehende Schabbat-Essen aus, und während sie die Barcodes der Waren vom Laufband scannen, empfehlen sie ihren Kunden noch drei bis sieben Sonderangebote. Schließlich rechnen sie seelenruhig die *Kuponim* ab, die Kaufgutscheine, die ihre Kunden in mühsamer Kleinarbeit aus der Zeitung ausgeschnitten haben. Dass die Schlange der Wartenden schon bis zum anderen Ende des Ladens reicht, versetzt sie keineswegs in Aufregung. Ein erstaunliches Phänomen. Und auch die Kunden dulden diese radikale Entschleunigung ihres Alltags ohne Murren. »Kacha ze ba Aretz«, so ist es eben in Israel.

Als Journalistin habe ich von der Kurzentschlossenheit und Dynamik des israelischen Lebenstempos oft sehr profitiert. Ein Interview für denselben Tag oder den darauffolgenden Tag zu erbitten ist erlaubt. Ein Interview für die darauffolgende Woche anzufragen ist riskant. Zu weit weg. Terminabsprachen, die länger zurückliegen, sind immer nur halb verbindlich und müssen am Vortag noch einmal telefonisch bestätigt werden.

In Israel kann sich immer alles noch mal ändern. Ein Interview am kommenden Donnerstagmorgen? »Wer weiß schon, was in einer Woche sein wird. In einer Woche kann schon alles anders sein!«, das ist der israelische Zugang zum Thema Zeitplanung.

Ein anderer Grund für die hohe Flexibilität bei den Terminabsprachen sind die flachen Hierarchien. Jeder kann jeden ansprechen in Israel. Jeder nennt jeden beim Vornamen. Standesdünkel ist mir selten begegnet.

Wie kurz der Draht zwischen Journalisten und Politikern sein kann, habe ich einmal selbst miterlebt, als ich meinen Kollegen Jaron Dekel im Dezember 2010 beim Moderieren der morgendlichen Kultsendung »Hakol Diburim« (»Alles Gerede«) im Sendestudio von *Reschet Bet*, dem öffentlich-rechtlichen Radioprogramm der israelischen Rundfunkanstalt Kol Israel, erlebte. Jaron Dekel sprach während seiner Sendung mit einer Rezensentin, die ein Buch des Politologen Ilan Ben-Ami über die israelischen First Ladys vorstellte: *Hinter den Großen Männern: Das private und öffentliche Leben der Ehefrauen israelischer Ministerpräsidenten.* In dem Buch findet sich auch ein Kapitel über Sarah Netanjahu. Darin wird ihr Einfluss auf ihren Mann Benjamin kritisch beleuchtet. Einige peinliche Geschichten, die zuvor auch schon in der Tagespresse veröffentlicht wurden, werden hier noch einmal aufgewärmt. Die Rezensentin zitierte einige für Sarah Netanjahu unvorteilhafte Episoden aus dem Buch. Die Sendung »Hakol Diburim« endet pünktlich vor den Zwölf-Uhr-Nachrichten. Um zwölf Uhr und zehn Sekunden, Jaron hatte gerade im selben Moment sein Mobiltelefon angeschaltet, klingelte es schon, und am anderen Ende war – Sarah Netanjahu. Jaron verdrehte die Augen und bedeutete mir, dass es jetzt wohl noch ein Weilchen dauern könnte, ehe wir zum Mittagessen gehen könnten. Sarah Netanjahu schäumte. Sie beschwerte sich ausführlich über die ungerechte Darstellung ihrer Rolle in Ben-Amis Buch. Jaron Dekel zeigte therapeutische Qualitäten und hörte sich alles geduldig an. Auf die Forderung Sarah Netanjahus nach einem weiteren Bericht mit positiver Tendenz ließ er sich nicht ein. Nicht umsonst genießt er den Ruf, ein unabhängiger politischer Journalist zu sein.

Geschadet hat die Besprechung von Ben-Amis Buch in der Sendung »Hakol Diburim« der Karriere von Jaron Dekel jedenfalls nicht. Ehud Barak berief ihn Anfang Februar 2012 zum »IDF Radio Commander«, dem Chef des israelischen Armeeradios *Galei Zahal*.

Ob First Lady oder normaler Bürger, die Israelis reagieren sofort und ohne jede Zeitverzögerung auf Dinge, die ihnen nicht passen. Sie verlieren keine Zeit mit der Abwägung der Vor- und Nachteile einer Beschwerde. Sie sind direkt und schonungslos in ihrer Kritik. Sie sind auch direkt und schonungslos in ihren Fragen und Kommentaren. Von Freunden, aber auch von entfernten Bekannten kann man so freundliche Sätze hören wie »Du hast zugenommen!« Flüchtige Spielplatzbekanntschaften können innerhalb der ersten Minuten fragen: »Wieviel verdienst du?« oder »Was hat eure Wohnung gekostet?« Israelis sind gnadenlos direkt und gnadenlos ehrlich. Das ist für Europäer gewöhnungsbedürftig.

Leichter zu ertragen ist die israelische Direktheit, wenn sie sich als Witz präsentiert und man den Schmerz weglachen kann.

Die Satiresendung »Mazav ha Uma«, (»Lage der Nation«), die mittwochs und samstags abends auf dem privaten Fernsehkanal *Arutz Schtaim* (Kanal Zwei) ausgestrahlt wird, zelebriert zum Beispiel den schnellen Standup-Witz im Vierer-Team: Lior Schlein, Guri Alfi, Orna Banai und Einav Galili zünden zweimal pro Woche ein Feuerwerk zynischer Dreistigkeiten. In der Sendung vom 26. Dezember 2012 spaßten sie beispielsweise darüber, ob in Israel nun Silvester gefeiert werden soll oder nicht. Und wenn ja, wie. Lior Schlein phantasierte: »Ich werde dieses Silvester, wenn keiner schaut, dazu nutzen, die Patrone meiner Nespresso-Maschine mit der Batterie von Schimon Peres zu vertauschen. Dann wird die Kaffeemaschine nie kaputtgehen, und wir alle hätten einen schwarzen und starken Präsidenten.« Einav Galili schloss an: »Die Siedler können Silvester tatsächlich so richtig genießen. Sie sind ja ohnehin daran gewöhnt, sich nicht um Eigentumsverhältnisse zu kümmern. Ohne sich überhaupt auch nur einmal zu fragen, ob das Fest uns gehört!« Und Guri Alfi schlug vor: »Wir, die Juden, können eine Pyjama-Party feiern. Alle ziehen gestreifte Anzüge und Kappen an. Dann öffnen wir die Fenster, genau in dem Moment, in dem alle Christen draußen sich freuen und sagen: ›Erinnert ihr euch?‹«

Mit ihrer direkten Art wollen Israelis manchmal einfach einen Anlass für ein rhetorisches Kräftemessen provozieren. Neulich zum Beispiel bin ich mit meinen Freundinnen Scharon, Meital und Anat in einer Tapas-Bar gewesen. Beim zweiten Glas Tempranillo begannen Scharon und Anat eine Debatte um die Frage, ob Scharon, die irakische Vorfahren, dunkle Haut und tiefschwarzes Haar hat, mein blondes und weißhäutiges Baby entführen und glaubhaft als ihr eigenes ausgeben könnte. Beide versuchten sich möglichst genau daran zu erinnern, was sie vor 20 Jahren im Biologie-Unterricht über die Mendel'schen

Gesetze, dominante und rezessive Gene gehört haben. Scharon, eine erfolgreiche Anwältin und geübt im großen Auftritt vor dem Obersten Gerichtshof in Jerusalem, vertrat die Ansicht, dass sie Dank ihrer polnischen Großmutter theoretisch ein blondes, blauäugiges und weißhäutiges Kind bekommen könnte. Anat, rhetorisch eindeutig weniger trainiert, hielt dagegen. Die beiden redeten sich in Kürze heiß und begannen sich laut anzuschreien. Die Debatte dauerte gefühlte 20 Minuten. Meital blieb unterdessen völlig ruhig, ließ die beiden streiten und trank Tempranillo. Mir wurde heiß und kalt, und ich hatte das Gefühl, ich müsse schlichten. Ich unternahm ein paar erfolglose Versuche, zwischen den Positionen zu vermitteln, schrie gegen die beiden an, kam aber gegen die Wucht dieser beiden Temperamente und ihre leidenschaftliche Begeisterung für ihren absurden Streit nicht an. Um uns herum nahm niemand von dieser rhetorischen Schlacht Notiz. Vor allem wegen der lauten Musik, vielleicht aber auch weil lautes Streiten in Israel nichts Besonderes ist. Irgendwann einigten sich die beiden darauf, dass sie sich nicht einigen konnten, und bestellten erschöpft, aber vergnügt Crème Catalane und Churros.

Israel ist kein Hort der mitteleuropäischen Umgangsformen. Die Kultur des gepflegten Telefonats zum Beispiel hat in Israel schon sehr gelitten. Viele Anrufer stellen sich gar nicht mehr vor, wenn sie anrufen, sondern tragen schnurstracks ihr Anliegen vor. Erst nach hartnäckiger Befragung geben sie die Einzelheiten ihrer Identität preis. Aber jeder Israeli zwischen 8 und 80 Jahren hat ein Telefon. Ein »Najjad«, ein Mobiltelefon, Festnetztelefone sind Luxus. Wenn jemand einen Anruf verpasst hat, ruft er zurück. Auch wenn er nicht weiß, wer sich hinter der Nummer verbirgt: »Hallo, du hast mich vorhin angerufen. Wer bist du?«, muss der Rückrufer dann fragen. »Wer bist *du*?«, fragt der ursprüngliche Anrufer dann oft zurück. Beide müssen sich dann erst einmal selbst vorstellen und identifizieren, damit der andere sich erinnern kann, warum er angerufen hat.

Die Israelis sind in ständigem telefonischen Kontakt miteinander. Außer an hohen Feiertagen wie dem Seder-Abend oder Jom Kippur und am Schabbat sind die Telefone immer auf Empfang.

Sechster Tag: Betriebsamkeit und Müßiggang

Jom Schischi heißt der Freitag auf Hebräisch. Der *Jom Schischi* ist ein Lieblingstag. Schon der Morgen ist eine Verheißung. Eine Verheißung auf eine einzigartige Mischung zwischen Betriebsamkeit und Müßiggang. Im Tel Aviver Zentrum kann man den *Jom Schischi* hören, noch bevor man das Haus verlässt. Am Morgen sind die Straßen leer. Viele Israelis müssen am *Jom Schischi* entweder gar nicht arbeiten oder haben ab mittags frei. Es liegt eine Vorahnung der Schabbat-Ruhe in der Luft. Erst gegen halb zehn, zehn Uhr füllen sich die Straßen mit Autos, die seltener hupen als in der Woche. Die Menschen hetzen nicht mehr, sie eilen. Das Lebenstempo wird vom Presto auf ein Allegro abgebremst.

Der *Jom Schischi* verbindet die Woche mit dem Schabbat. Am *Jom Schischi* wird der Übergang von der Geschäftigkeit zur Ruhe vollzogen, vom Alltäglichen zum Heiligen.

Meist beginnt der *Jom Schischi* mit den sogenannten *Sidurim*, den letzten Besorgungen für das Schabbat-Essen: Brot, Petersilie oder Wein. Die Tel Avivis zum Beispiel ziehen dann mit ihren Tüten weiter in eines der unzähligen Cafés der Stadt. Oder sie gehen in eine der vielen Bäckereien, die in den vergangenen fünf Jahren in der Stadt aufgemacht haben. Das *Zomer* auf der Frishman-Straße, das *Dallal* in der Kol-Israel-Chaverim-Straße in Neve Zedeq oder das *Moulin* auf der Bograshov-Straße zum Beispiel, wo es das französischste Baguette, den italienischsten Espresso und die nettesten Kellner der Stadt gibt. Die Gäste zwängen sich dort an die kleinen Bistrottischchen oder setzen sich auf die Bank auf dem Bürgersteig vor dem Café.

Sehr beliebt sind auch die Kioske auf dem Rothschild-Boulevard, an denen freitags die Menschentrauben wie reife Datteln an einer Palme hängen. Die Kioske sind kleine Buden mit einem Tresen nach zwei oder drei Seiten, an denen Leute, von bunten Markisen überspannt, auf Barhockern sitzen. Um sie herum lassen sich Menschen an kleinen Tischen und auf Bänken nieder.

Am Kiosk, mitten auf dem Grünstreifen des Rothshild-Boulevards, an diesem Ort zwischen Kommen und Gehen machen sich die Tel Avivis die Zeit lang. Zumindest für eine Stunde oder zwei. Wer Kinder hat, holt sie um zwölf vom Kindergarten oder

der Schule ab, fährt nach Hause zum Essen und legt sich zur *Menucha*, der Mittagsruhe, um frisch zu sein für das ausgiebige Schabbat-Essen am Abend im Familienkreis.

In Tel Aviv gibt es immer mehr Leute, die einem Schabbat-Essen in der Familie ein festliches Essen in einem der vielen hochglanzpolierten und durchgestylten Restaurants der Stadt vorziehen. Manche gehen mit ihrer Familie ins Restaurant, andere besuchen zuerst ihre Eltern und treffen sich danach, gegen zehn Uhr Abends, mit Freunden draußen.

Einen Tisch in einem angesagten Restaurant am Freitagabend, dem *Erev Schabbat*, muss man im Vorhinein reservieren, denn die Israelis sind verrückt nach hochklassiger Küche. Sie lieben es, neue Restaurants auszuprobieren und sie danach im Gespräch mit Freunden zu bewerten. In Tel Aviv sind Köche so bekannt wie Popstars. Alle scheinen im Nebenberuf Restaurantkritiker zu sein. Über ein Menü im *Raphael* oder dem *Toto* können sie schwärmen wie ein Verliebter über seine Angebetete.

Die Reality-Show *Master Chef* auf dem privaten Fernsehkanal *Arutz Schtaim* befeuert diese Leidenschaft noch. *Master Chef* ist eine der beliebtesten Sendungen im israelischen Fernsehen. Darin treten Hobby-Köche gegeneinander an und konkurrieren um das beste Menü. Die Jury ist mit landesweit bekannten Küchenchefs besetzt: Haim Cohen, Eyal Schani, Michal Ansky und Jonatan Roschfeld. Sie zelebrieren die Beurteilung jedes Gerichts und jedes Kandidaten mit heiligem Ernst. Die letzte Staffel der Show hat ein Deutscher gewonnen: Tom Franz. Der 39-jährige Anwalt aus dem Rheinland lebt seit fast zehn Jahren in Israel, ist zum Judentum konvertiert und mit einer Israelin verheiratet. Das Finale der Sendung Anfang Februar 2013 erzielte die höchsten Einschaltquoten in der israelischen Fernsehgeschichte. Der Kult ums Essen trägt in Israel mitunter quasireligiöse Züge.

Essen ist unerhört wichtig. Im Essen manifestiert sich das Am-Leben-Sein. Das Essen ist integraler Bestandteil jedes religiösen Festes. Selbstironisch beschreiben viele säkulare Israelis das Gemeinsame aller jüdischen Feste mit dem Spruch: »Man hat versucht uns umzubringen, wir haben überlebt, und deshalb essen wir jetzt.«

Als meine Freundin Eliane mich zum ersten Mal zu Hause besuchte, kam sie mit zwei großen Körben voller Essen. Es war ein *Jom Rischon*, ein Sonntag, kurz nach 12 Uhr mittags, und sie brachte mir die Reste eines mehrgängigen aufwändigen Schabbat-Essens, das sie am Vortag für ihre Kinder und deren Familien vorbereitet hatte. Jetzt sollte ich von allem kosten: Hühnersuppe, Tabule, eingelegte Paprika, gegrillte Aubergine in Tehina, Couscous und gekochtes Rindfleisch. Sie fragte mich: »Wo sind die Teller, wo ist das Besteck?« Wenige Minuten später hatte sie eine Vielzahl von Plastikschüsseln in der Küche aufgetürmt, in denen sie ihr Essen transportiert hatte. Der Tisch war gedeckt, und Eliane ordnete an: »Jalla, jetzt musst du essen!«

Genau in diesem Moment begann meine wenige Monate alte Tochter zu weinen und wollte gestillt werden. Eliane nahm kurzerhand einen Löffel und begann ohne zu fragen mich mit ihren Speisen zu füttern, als wäre ich selbst ein Baby.

Dieses Füttern war zugleich unerbittlich und unwiderstehlich. Zum ersten Mal seit 38 Jahren öffnete ich den Mund in einem Rhythmus, den jemand anders mir vorgab. Ich staunte über mich selbst.

Schabbat: Ruhen und ruhen lassen

»Die Königin Schabbat steigt zu uns herab, heilig und gesegnet. Mit ihr kommen Engel. Sie ist ein Gast des Friedens und der Ruhe«, heißt es in einem berühmten Lied von Chaim Nachman Bialik, dem israelischen Nationaldichter. Die Innigkeit und Feierlichkeit dieses Liedes sind ergreifend. »Wir werden dich ehren, indem wir schöne Kleider tragen, Schabbat-Lieder singen und beten und drei Mahlzeiten essen. Und indem wir ganz und gar ruhen.« Hier sind die elementaren Regeln zusammengefasst, die es am Schabbat zu beherzigen gilt.

Kurz vor Sonnenuntergang versammelt sich die Familie um den festlich gedeckten Esstisch. Die Mutter entzündet die beiden Schabbat-Kerzen ungefähr eine halbe Stunde vor Sonnenuntergang. Dann bedeckt sie ihr Gesicht mit den Händen und spricht das Segensgebet. Erst dann darf sie die Kerzen ansehen. Mit den Kerzen empfängt sie und die ganze Familie das Licht der Thora in ihrem Haus.

Eine fromme Familie geht nach dem Anzünden der Kerzen in die Synagoge. Säkulare oder traditionelle Familien gehen dann zum Essen über. Nach altem jüdischen Brauch werden oft auch Gäste zum Schabbat-Essen eingeladen.

Der Schabbat erinnert an Gottes Schöpfungswerk: »Am siebten Tag vollendete Gott das Werk, das er geschaffen hatte (...) Und Gott segnete den siebten Tag und erklärte ihn für heilig« (Genesis 2, 2-3). Am Schabbat wird aber auch an den Auszug aus Ägypten erinnert. In den Zehn Geboten wird die Bedeutung des Schabbat so erklärt: »Denke daran: Als du in Ägypten Sklave warst, hat dich der Herr, dein Gott, mit starker Hand und hoch erhobenem Arm dort herausgeführt. Darum hat es dir der Herr, dein Gott, zur Pflicht gemacht, den Schabbat zu halten« (Deuteronomium 5, 15).

Der Übergang vom Alltäglichen, der Arbeit und dem geschäftigen Treiben hin zur Ruhe und zum Heiligen soll auch den Übergang von der Knechtschaft zur Freiheit nachvollziehen. Der Schabbat steht für die Erinnerung an diesen Moment der Erlösung und Befreiung aus der Dunkelheit hin zum Licht.

Am Schabbat sind die Regeln des Alltags außer Kraft gesetzt. Die Telefone schweigen. Busse und Bahnen stehen still. Die Flugzeugflotte von El Al bleibt am Boden. Viele säkulare Israelis lassen ihre Autos am Schabbat stehen und gehen zu Fuß oder fahren Fahrrad.

Alle versuchen, auf das Ruhebedürfnis ihrer Nachbarn Rücksicht zu nehmen. Keiner dreht seine Stereoanlage laut auf oder bohrt Löcher in die Wand. Am Schabbat-Morgen kann es mitten im Zentrum von Tel Aviv so ruhig sein wie in einem galiläischen Dorf.

Fromme Juden gehen nicht nur am Freitagabend, sondern auch am Schabbatmorgen zum Gottesdienst in die Synagoge. Säkulare Juden huldigen am Samstagvormittag der Körperkultur. Sie gehen joggen auf der Tayelet, der Tel Aviver Strandpromenade. Sie segeln, betreiben Kitesurfen oder Wellenreiten auf dem Meer, ziehen ein paar Bahnen im Gordon-Pool, dem schönsten Freibad der Stadt, hauen sich beim Matkot-Spiel, einer Art Strand-Tennis, kleine harte Gummibälle um die Ohren oder trainieren ihre Muskeln an den öffentlichen Fitness-Geräten, die an den Stränden zur kostenlosen Nutzung bereitstehen.

Gegen elf Uhr vormittags versammelt sich auf der Promenade am Gordon-Strand eine Gruppe von ungefähr hundert Frauen und Männern zum Volkstanz, den *Rikudei Am*. Sie bauen ein kleines Soundsystem mit mehreren Lautsprechern auf und legen los. Bei jedem neuen Liedanfang wissen alle Tänzer wie auf ein stummes Kommando, welche Schrittfolgen und Figuren jetzt dran sind. Hier tanzen Alte und Junge, Dünne und Dicke, Elegante und weniger Elegante, Gelenkige und weniger Gelenkige in festen Paarkombinationen. Sie bewegen sich so synchron, als führte ein unsichtbarer Regisseur sie an durchsichtigen Fäden.

Ein Musiktitel löst den anderen ab. Und das drei bis vier Stunden lang.

Ich habe sie mir oft angesehen, die Schabbat-Tänzer auf der Strandpromenade. Es schien mir, als würde hier das Ideal des israelischen Kollektivs geprobt. Eines Kollektivs, in dem alle die Spielregeln verinnerlicht haben, das alle glücklich macht und ihnen ein Gefühl starker Zugehörigkeit vermittelt.

Wer am Schabbat nicht tanzen, joggen oder schwimmen geht, sucht den Park oder macht einen Ausflug in eines der vielen Naturreservate des Landes.

Mich verwundert immer wieder, dass die Einzigen, die sich nicht an die kommunikative Schabbat-Ruhe halten, keineswegs gottlose Heiden, sondern die Mitarbeiter des Büros des Ministerpräsidenten sind. Sie verschicken am Schabbat SMS, um zum Beispiel darauf aufmerksam zu machen, dass die Rede Netanjahus vor der Vollversammlung der Vereinten Nationen jetzt auf der Facebook-Seite des Prime Ministers Office nachzulesen ist. Aha. Gut zu wissen! Schließlich ist morgen wieder Sonntag, der erste Tag einer neuen Woche.

Schluss

Als ich im November 2012 nach Berlin zurückkehrte, stand ich erst einmal unter Schock: Ich hatte ganz vergessen wie es ist, dieses maßlose Grau, das allem und jedem den Glanz nimmt, die Düsternis, die das Aufstehen am Morgen zu einer Übung in Selbstdisziplin macht, und die Kälte, vor der die Menschen sich mit schwerer Kleidung schützen müssen.

In Tel Aviv bedeutet November, morgens Wolljacke über T-Shirt, mittags nur T-Shirt, geschlossene Schuhe statt Flip-Flops und ab und an – wenn in guten, nämlich regenreichen Jahren einzelne sintflutartige Regenfälle die Straßen der Stadt in rauschende Bäche verwandeln – Gummistiefel. Die Kinder singen Jubellieder, wenn meist zum Neujahrsfest *Rosch Haschana* im September nach sechs oder sieben Monaten der erste Regen fällt. Das Hebräische hält für ihn sogar einen eigenen Namen bereit: *Ioreh* heißt er. Auch wenn es mal regnet, was in Tel Aviv an durchschnittlich 40 bis 50 Tagen im Jahr vorkommt, bricht davor oder danach die Sonne durch die Wolken.

Wie schwer es werden würde, dieses mitteleuropäische Winterleben ohne Licht und ohne Farben, hatte ich mir in Tel Aviv nicht wirklich vorstellen können. Denn die selbstverständliche Wärme und das gleißende Licht Israels befördern das Leben im Hier und Jetzt.

Dann aber, nur zehn Tage nach unserer Landung in Berlin, am 15. November 2012, rannten unsere Freunde in Tel Aviv mehrmals täglich wegen Bombenalarms in den nächstgelegenen öffentlichen Bunker. Und weil die zweijährigen Freunde meiner Tochter in ihrem früheren Kindergarten noch nicht so schnell rennen und die beiden Kindergärtnerinnen nicht sechs Kinder gleichzeitig auf den Arm nehmen können, flüchteten sie sich ins Treppenhaus. In den zweiten Stock. Dort sollen die Tel Aviver

Gebäude am stabilsten sein. Wir telefonierten viel mit unseren Freunden in Israel und sprachen täglich mit unserem Freund und Kollegen Ahmed Jounis, der im Gaza-Streifen lebt. Sein Haus blieb von den Bombardements der israelischen Luftwaffe verschont, aber seine Familie und er zitterten vor Kälte, weil der Strom ständig ausfiel und vor Angst sowieso.

Unter dem Eindruck dieser Nachrichten waren wir dankbar, im kalten Novembergriesel angekommen zu sein. In Deutschland, dessen Existenz niemand infrage stellt und das von seinen Nachbarn vielleicht nicht unbedingt geliebt, aber doch geschätzt und respektiert wird. Mein Mann und ich waren vor allem unserer beiden Kinder wegen froh, in diesen Tagen nicht in Israel zu sein. Wir waren dankbar, dass unsere Kinder während unserer Zeit in Tel Aviv nie erleben mussten, wie es ist, in Gefahr zu sein.

Ich selbst aber fühlte mich auf eine nur schwer zu beschreibende Weise schuldig, dass ich meine Freunde auf beiden Seiten im Stich gelassen hatte und in einem so schwierigen Moment nicht bei ihnen war. Viele deutsche Freunde riefen uns in diesen Novembertagen an oder schickten E-Mails und fragten, ob wir das Land »rechtzeitig« verlassen hätten. In diesem »rechtzeitig« steckte eine Distanz, die ich so nicht mehr empfinde.

Israel ist für mich ein Zuhause geworden. Ein Zuhause, in dem es Menschen gibt, denen ich sehr verbunden bin. »Hast du Familie in Israel?«, wurde ich oft von Israelis gefragt. Wenn ich diese versteckte Frage nach meiner Religionszugehörigkeit mit »Nein« beantworte, dann schiebe ich inzwischen meistens ein »es fühlt sich aber so an« hinterher.

Wenn mich jemand fragen würde, warum ich mich in Israel so zuhause fühle, dann hat es sehr stark mit dem Gefühl des Angenommenseins zu tun. Als ich im Frühjahr 2012 in der Deutschen Botschaft in Tel Aviv einen neuen Reisepass beantragen wollte und meinen noch gültigen Pass vorzeigte, bat man mich um die Vorlage meiner Einbürgerungsurkunde aus dem Jahr 1986. »26 Jahre nach meiner Einbürgerung wollen Sie meine Einbürgerungsurkunde sehen?«, fragte ich die Konsularbeamtin fassungslos. »Aber hier ist doch mein gültiger Pass!« Das reiche nicht aus, sie müsse auf der Vorlage der Einbürgerungsurkunde bestehen, erklärte mir die Beamtin trocken. »Ich habe nicht die geringste Ahnung, wo diese Urkunde sich befindet«, sagte ich in ein deutliches Crescendo verfallend. »Von der Einbürgerungsurkunde gibt es nur eine Ausfertigung«, erwiderte die Beamtin und setzte nach: »und die müssen Sie beibringen.« Nach panischem Durchwühlen sämtlicher Dokumentenmappen, die wir in Tel Aviv bei uns hatten und mehreren aufgeregten Telefonaten mit meinen Eltern, fand meine Mutter schließlich das Papier, das besagte, dass ich nicht mehr Belgierin, sondern amtlich beurkundete Deutsche sei. Ich bekam meinen Pass und hatte endlich auch die Geschichte, die zu meinem Nationalgefühl passte: Deutsche kann man eben nicht werden, als Deutsche muss man geboren werden. Die Szene in der Deutschen Botschaft in Tel Aviv illustriert mein bis zu jenem Tag immer diffus gebliebenes Gefühl, dass so viel sich meine Eltern auch um Integration und Spracherwerb bemühten und so assimiliert ich selbst auch lebte, wir eben im Sinne des deutschen Urgrunds nie wirklich würden ankommen können in Deutschland. Wir würden immer Fremde bleiben. Ganz anders in Israel: Zwar ist das israelische Innenministerium ein denkbar unwirtlicher Ort für Menschen, die Visa beantragen wollen. Aber nie wurde ich für das Erlernen einer neuen Sprache so reich belohnt wie für das Erlernen des Hebräischen. Letztlich auch im Innenministerium. Das Hebräische hat mir eine Welt aufgeschlossen.

Ein Buch über Israel braucht einen Schlusspunkt. Wie jedes andere Buch auch. Die Begegnung mit Israel nicht. Eher einen Doppelpunkt.

Anhang

Glossar

Am Israel Volk Israel

Alija Einwanderung von Juden aus der ganzen Welt nach Israel

Aschkenasim Aschkenasische Juden; der Begriff bezeichnet bis heute die Gruppe der Juden, die Nachfahren der seit dem Ende der Spätantike im 5. Jahrhundert n. Chr. in West-, Mittel- und Osteuropa ansässigen Juden sind; ab dem 16. Jahrhundert teilte sich das aschkenasische Judentum in ein west- und ein osteuropäisches Judentum. Das Jiddische ist die Sprache der aschkenasischen Juden. Bis heute wird es von vielen orthodoxen und streng religiösen aschkenasischen Juden innerhalb und außerhalb Israels gesprochen. Die Aschkenasim sind heute die zahlenmäßig stärkste Gruppe innerhalb des Judentums. Weltweit werden sie auf rund 8,5 Millionen geschätzt.

Bar Mitzwa Religiöse Mündigkeit eines Jungen im Alter von 13 Jahren

Bat Mitzwa Religiöse Mündigkeit eines Mädchens im Alter von 12 Jahren

Brit Mila Beschneidung, wörtlich: Bund der Beschneidung

Chag/Chagim Religiöses Fest / Religiöse Feste

Challa Schabbatbrot

Chalutz/Chalutzim Pioniere

Chanukka Acht Tage dauerndes jüdisches Fest zum Gedenken an die Wiedereinweihung des Zweiten Tempels in Jerusalem im Jahr 164 v. Chr.

Charedim Streng Religiöse, wörtlich: Gottesfürchtige

Chassidim Wörtlich: die Frommen; die verschiedenen chassidischen Bewegungen befolgen jeweils strenge religiöse Lebensregeln, stellen hohe moralische Ansprüche an sich selbst und pflegen eine mystische Tradition; die bedeutendste chassidische Gemeinschaft der Gegenwart ist die wetlweit schnell wachsende Chabad-Bewegung.

Chazal Wegweisende Religionsgelehrte aus der Zeit 200 v. Chr. bis etwa 600 n. Chr.

Chupa Hochzeitsbaldachin

Chutzpe/Chutzpah Dreistigkeit, Unverschämtheit

Dunam Ein Dunam entspricht 1000 m^2

Erev Chag Beginn eines religiösen Festes am Vorabend, wörtlich: der Abend des Festes

Erev Schabbat Beginn des Schabbat am Freitagabend bei Sonnenuntergang

Grüne Linie Demarkationslinie zwischen Israel und den von Israel im Sechstagekrieg besetzten Gebieten, also dem Westjordanland, dem Gaza-Streifen, den Golan-Höhen und der Sinai-Halbinsel

Halacha Jüdisches Religionsgesetz

Hatikv Israelische Nationalhymne; seit 1897 Hymne der zionistischen Bewegung; Hatikva bedeutet auf Deutsch die Hoffnung

Jeschiva Talmudschule, an der meist männliche Studenten die Thora und den Talmud studieren

Jischuv Jüdische Bevölkerung Palästinas vor der Staatsgründung Israels

Jom Rischon Sonntag, wörtlich: Erster Tag

Jom Scheni Montag, wörtlich: Zweiter Tag

Jom Schlischi Dienstag, wörtlich: Dritter Tag

Jom Revi'i Mittwoch, wörtlich: Vierter Tag

Jom Chamischi Donnerstag, wörtlich: Fünfter Tag

Jom Schischi Freitag, wörtlich: Sechster Tag

Jom Schabbat Schabbat, Siebter Tag, Ruhetag; nach dem biblischen Gebot dürfen die Juden an diesem Tag nicht arbeiten. Der Schabbat beginnt wie alle Tage im jüdischen Kalender am Vorabend, also am Freitag, und dauert bis zum Eintritt der Dunkelheit am darauf folgenden Samstag.

Moschav Genossenschaftlich organisierte Siedlung, deren Güter teilweise Privateigentum, teilweise Kollektiveigentum sind.

Mozaei Schabbat Ausgang des Schabbat, Samstagabend

Jom Hazikaron Tag des Gedenkens an die gefallenen Soldaten

Jom Haschoa Holocaust-Gedenktag

Jom Kippur Versöhnungsfest

Kaschrut Jüdische Speisegesetze

Kibbuz Ländliche Kollektivsiedlung mit geteiltem Eigentum und basisdemokratischen Strukturen

Kippa Kopfbedeckung für männliche Juden

Ktuba Ehevertrag

Miluim Reservedienst bei der Armee

Menucha Mittagsschlaf

Mischpacha Familie

Mizrachim Wörtlich: »Östliche«; in Israel werden die aus dem Nahen Osten, der arabischen Welt und Asien stammenden Juden als Mizrachim bezeichnet. Auch die persischen, bucharischen, kurdischen, die indischen, aber auch die kaukasischen und georgischen Juden werden als Mizrachim bezeichnet. Der Begriff ist eine Neuschöpfung, die vor der Gründung des Staates Israel nicht gebräuchlich war. Häufig werden die Sfaradim im Sprachgebrauch unter Mizrachim subsummiert. Die Sfaradim lehnen diese Kategorisierung allerdings vehement ab. In den mizrachischen Gemeinden gab es eine Vielzahl judäo-arabischer Dialekte wie zum Beispiel das Moghrabi oder das Dzhidi oder Judäo-Aramäisch. Im Jahr 2004 lag das durchschnittliche Einkommen der Aschkenasim rund 36 Prozent über dem der Mizrachim.

Moschav Genossenschaftlich organisierte, ländliche Siedlung

Nayad Mobiltelefon

Nationalreligiöse Der Begriff geht zurück auf den Namen der Partei Mafdal. Der Name Mafdal ist eine Abkürzung von Miflaga Datit Leumit, was zu Deutsch so viel heißt wie Nationalreligiöse Partei. Die Mafdal wurde 1956 gegründet und bestand bis zum Jahr 2008. Sie vertrat die Interessen der religiösen Zionisten. Die Mafdal war zwischen 1992 und ihrer Auflösung im Jahr 2008 an jeder Regierung beteiligt. Ursprünglich war sie eine Partei der politischen Mitte, entwickelte sich aber im Lauf der Jahre zunehmend zu einer rechtsnationalen Partei, die sich immer enger mit der Siedlerbewegung verbündete. Die religiös-zionistische Bewegung ist eine orthodoxe Gruppe innerhalb der zionistischen Bewegung. Sie glaubt an die Notwendigkeit und Bedeutung eines jüdischen Staates im Land Israel, in dem seine Bevölkerung die göttlichen Gebote befolgt. Der spirituelle und ideologische Gründer der religiös-zionistischen Bewegung war der Rabbiner Avraham Isaak Kook. Kook betrachtete den Zionismus als Teil des göttlichen Plans, an dessen Ende die Ankunft des Messias steht. Heute sammeln sich die Anhänger des religiösen Zionismus um die Partei Habait Hayehudi, was auf Deutsch so viel wie Jüdisches Haus bedeutet.

Nedaber! Wir sprechen uns!

Ole Chadasch / Olim Chadaschim Neueinwanderer

Pessach Eines der wichtigsten jüdischen Feste. Es erinnert an den biblischen Bericht vom Auszug des Volkes Israel aus Ägypten

Purim Jüdisches Fest, das an eine biblische Erzählung aus dem Buch Esther erinnert. Demnach wollte Haman, der höchste Regierungsbeamte des persischen Königs Xerxes I. (hebräisch: Achaschverosch), alle Juden im persischen Reich an einem einzigen Tag ermorden lassen. Königin Esther rettet durch Gebet und Fasten das jüdische Volk aus der Gefahr.

Rosch Haschana Jüdisches Neujahrsfest

Schavuot Jüdisches Wochenfest, das etwa 50 Tage nach dem Pessachfest gefeiert wird

Schas-Partei Der Name Schas ist eine Abkürzung des Namens Sephardische Thora-Wächter; die Schas-Partei ist eine streng religiöse israelische Partei, die vor allem die Interessen der religiösen sephardischen Juden vertritt. Schas hat sich 1984 von der streng religiösen, aber aschkenasisch dominierten Partei Agudat Israel abgespalten. Geistliches Oberhaupt der Schas-Partei ist der Rabbiner Ovadja Josef, der früher auch sephardischer Oberrabiner Israels war.

Schiva Siebentägige Trauerwoche nach dem Tod eines Angehörigen

Schma Israel Wichtigstes Gebet des Judentums, das seinen monotheistischen Charakter zum Ausdruck bringt, wörtlich: Höre Israel!

Sechstagekrieg Krieg zwischen Israel und seinen arabischen Nachbarstaaten Ägypten, Jordanien und Syrien vom 5. bis 10. Juni 1967. Als Ägyptens Präsident Gamal Abdel Nasser die Meerenge von Tiran zwischen der Südspitze des Sinai und Saudi-Arabien für die israelische Schifffahrt sperrte, atta-

ckierten israelische Luftstreitkräfte am 5. Juni 1967 ägyptische Luftwaffenbasen. Israel wollte damit einem Angriff der
arabischen Staaten zuvorkommen. In Reaktion auf Israels
Luftangriffe in Ägypten griff Jordanien Westjerusalem und
Netanja an. Israel konnte während des sechstägigen Krieges
die Sinai-Halbinsel, den Gaza-Streifen und das Westjordanland, die historische Altstadt von Jerusalem und die Golan-
Höhen unter seine Kontrolle bringen. Wenige Monate nach
Ende des Sechstagekrieges, am 22. November 1967, verab-
schiedeten die Vereinten Nationen die Resolution 242. Diese
Resolution unterstreicht das Recht aller Staaten im Nahen
Osten, frei von Akten der Gewalt und Drohungen innerhalb
sicherer und anerkannter Grenzen in Frieden zu leben. Außerdem wurde Israel zum Rückzug aus den besetzten Gebieten
aufgefordert. Israel leistete der Resolution 242 nicht Folge.
Stattdessen begann es, mit Staatsmitteln Siedlungen in den
besetzten Gebieten zu bauen. Nach dem Friedensschluss von
Camp David gab Israel 1982 die Sinai-Halbinsel an Ägypten
zurück.

Seder-Mahl Das rituelle Festmahl zum Auftakt des Pessach-
Festes; wörtlich: Ordnungs-Mahl, denn das Festmahl folgt
einer rituellen Ordnung. Es wird aus der Pessach-Haggada
gelesen und gesungen. Die Pessach-Haggada preist Gott dafür, dass er Israel aus der Knechtschaft in Ägypten befreit und
in das Gelobte Land geführt hat. Das Seder-Mahl ist das
wichtigste Familienfest im Judentum.

Sfaradim Sephardische Juden; als Sfaradim bezeichnen sich die
Nachfahren der Juden, die bis zu ihrer Vertreibung von der
Iberischen Halbinsel nach dem Erlass des sogenannten Al-
hambra-Edikts 1492 in Spanien und der Einführung der In-
quisition 1531 in Portugal lebten; ein großer Teil floh ins
Osmanische Reich, wo sie freudig und ohne Bedingungen
aufgenommen wurden; viele siedelten sich auch in Marokko,
Tunesien und Algerien an. Auch im griechischen Thessaloniki
entstand eine große sephardische Gemeinde. Die sephardische Liturgie im Gottesdienst unterscheidet sich maßgeblich
von der der Aschkenasim. Die Sepharden stellen neben den
Aschkenasim in Israel einen eigenen Oberrabiner.

Sidurim Besorgungen, Erledigungen

Sukkot Siebentägiges Laubhüttenfest

Talmud Der Talmud ist die mündliche Thora. Er fasst die rabbinischen Diskussionen zu halachischen, also gesetzlichen Fragen sowie haggadischen Elementen, also erzählerischen Ausschmückungen der fünf Bücher Mose zusammen. Ursprünglich mündlich überliefert, wurde der Talmud zwischen dem 6. und 7. Jahrhundert verschriftlicht.

Tanach Die hebräische Bibel bestehend aus der Thora (Weisung), den Nevi'im (Propheten) und Ktuvim (Schriften).

Te'udat Zehut Personalausweis

Tfillin Gebetsriemen

Thora Die fünf Bücher Mose, der erste Teil des Tanach, der hebräischen Bibel

Tu b'Schwat Jüdisches Neujahrsfest der Bäume im Februar

Zabre In Palästina, später in Israel geborene Juden

Zahal Zahal ist die Abkürzung von »Zva Hahagana le Israel«, zu Deutsch: »Armee zur Verteidigung Israels« oder Israelische Verteidigungsstreitkräfte.

Zionismus Der Begriff Zionismus bezeichnet eine politische Ideologie und eine Bewegung, die Ende des 19. Jahrhunderts in Europa entstand und deren Ziel die Errichtung eines jüdischen Nationalstaats in Palästina war; der Zionismus von heute bezieht sich auf den Erhalt und die Sicherung des Staates Israel.

Literatur

Avraham Burg: Hitler besiegen. Warum Israel sich endlich vom Holocaust lösen muss. Frankfurt am Main 2009. – Avraham Burg, der Sohn eines deutschen Holocaust-Überlebenden, bescheinigt dem Israel von heute Militarismus, Rassismus und eine Besessenheit vom Trauma der Schoa. Israel dürfe nicht Geisel der Erinnerung an die Schoa bleiben. Es müsse sich befreien von der genetischen Definition der Zugehörigkeit zum Judentum. Er fordert, Selbstvertrauen, Offenheit und Toleranz müssten zur Grundlage israelischer Identität werden.

Sebastian Engelbrecht: Beste Freunde. Als Deutscher in Israel. Leipzig 2013. – Der Kirchenhistoriker und Journalist Sebastian Engelbrecht hat ein Buch geschrieben über das »Wunder der Freundschaft«, das zwischen nichtjüdischen Deutschen und jüdischen Israelis in Israel gedeiht. Er hat fünf Jahre lang als ARD-Hörfunk-Korrespondent aus Israel berichtet.

Michael Krupp: Die Geschichte des Staates Israel. Von der Gründung bis heute. Gütersloh 2004. – Der Judaist und Experte für rabbinische Literatur Michael Krupp beschreibt die Entwicklung des israelischen Staates und seiner Kultur. Krupp ist selbst ein Pionier der deutsch-israelischen Beziehungen. 1959 hat er als einer der ersten nichtjüdischen Deutschen nach der Schoa in Israel geforscht und gelebt. Die Qualität dieses Buches lebt von seinem persönlichen Blick auf die israelische Geschichte.

Ders. (Hrsg.): Die Pessach Haggada. Illustrierte Ausgabe. Vokalisierter hebräischer Text mit Übersetzung und Kommentar in Deutsch. Jerusalem 2006. – Michael Krupp hat eine handliche und sehr sorgfältig edierte Ausgabe der Pessach-Haggada vorgelegt, die jeweils rechts den hebräischen Text und links die deutsche Übesetzung enthält. Ein kleiner, aber feiner Anmerkungsapparat erleichtert das Verständnis.

Israel Meir Lau: Wie Juden leben. Glaube, Alltag, Feste. Gütersloh ⁴1997. – Rabbiner Lau und sein Bruder Naftali überlebten als Einzige ihrer Familie die Schoa im Konzentrationslager Buchenwald. 1945 wanderten sie nach Israel ein. Dieses Buch des Oberrabiners von Tel Aviv ist ein Standardwerk. Es erklärt präzise und verständlich die Grundlagen der jüdischen Religion und Tradition.

Sari Nusseibeh: Es war einmal ein Land. Ein Leben in Palästina. München 2008. – Der Philosoph und Präsident der arabischen Al-Quds-Universität in Jerusalem, Sari Nusseibeh, schildert in dieser Autobiografie auf leidenschaftliche Weise die äußere und innere Welt, in der er aufgewachsen ist und bis heute lebt. Mit Blick auf den Konflikt zwischen Palästinensern und Israelis plädiert Nusseibeh für eine Annäherung an den jeweils »Anderen«. Die Überwindung des Dualismus zwischen dem »Uns« und dem »Ihnen« sei Voraussetzung für Hoffnung auf eine friedliche Zukunft.

Amos Oz: Eine Geschichte von Liebe und Finsternis. Frankfurt am Main 2004. – Amos Oz verflicht hier eine Vielzahl unterschiedlicher Erzählebenen, persönliche Erinnerungen und Anekdoten, autobiografische Erzählung und historische Rekonstruktion zu einem ergreifenden Epos.

Shlomo Sand: Die Erfindung des jüdischen Volkes. Israels Gründungsmythos auf dem Prüfstand. Berlin 2011. – Der im österreichischen Linz als Sohn jüdisch-polnischer Überlebender der Schoa Geborenen wuchs in Israel auf und lehrt Geschichte an der Universität Tel Aviv. Mittels einer Kritik des Begriffs der Nation und der »Mythohistorie« dekonstruiert Sand die Legitimierung der israelischen Nationalstaatlichkeit mit der Bibel. Außerdem versucht Sand die Historizität des jüdischen Exils und der Befreiung aus der ägyptischen Gefangenschaft zu widerlegen. Er zieht auch gegen die ethnische Definition des jüdischen Kollektivs zu Felde und setzt ihr das aktive Bekenntnis durch Konversionen entgegen. Das Buch versucht die Vorstellung von der Vergangenheit radikal umzukrempeln.

Ari Shavit: Mein gelobtes Land. Triumph und Tragödie Israels. München 2015. – Der israelische Journalist Ari Shavit legt hier eine Erzählung der Geschichte und Gegenwart Israels vor, die mitten hineingeht in die existenzielle Spannung zwischen Besetzung und Bedrohung, Verwundung und Verwirrung.

Danke!

Danken möchte ich hier ausdrücklich den Menschen, die sich mir in den ungezählten Begegnungen, Gesprächen und Interviews, die diesem Buch zugrunde liegen, geöffnet haben und mir ihre Gedanken und Empfindungen anvertraut haben. Ich danke unseren israelischen und palästinensischen Freunden, die uns hineingelassen haben in ihr Herz, die ihr Leben, ihre Freude und ihren Schmerz mit uns geteilt haben und uns jetzt zeigen, dass die räumliche Distanz nur temporärer Natur und auf viele verschiedene Weisen überwindbar ist. Ich danke meinem Sohn, der mir die Türen zur hebräischen Sprache geöffnet hat. Ich danke meiner Tochter, deren Werden und Wachsen von unseren Freunden in Tel Aviv so liebevoll und begeistert begleitet wurde und die als echte *zabarit* ihr Leben lang einen ganz eigenen Zugang zu Israel haben wird. Vor allem aber danke ich meinem Mann, der mich nach Israel geführt hat.

Basisdaten

Fläche	20 991 km² (Israelisches Kernland; Deutschland: 357 121 km²)
Bevölkerung gesamt	8,615 Millionen (2016; Deutschland: 82,2 Mio)
Davon jüdisch	6,334 Millionen (44 % der weltweit 14,3 Millionen Juden leben in Israel)
Davon arabisch	1,757 Millionen
Andere	371 000
Bevölkerungsdichte	373,2 Einwohner pro km² (Ende 2016; Deutschland: 229,6)
Durchschnittsalter	29,8 Jahre (30,9 bei Frauen, 28,7 bei Männern), 28,9 % der Bevölkerung sind zwischen 15 und 34 Jahre alt, 28,3 % sind jünger als 14 Jahre, 87,6 % sind jünger als 64, nur 9,9 % sind älter als 64
Kinder	3,13 Kinder pro jüdischer Familie (2015); bei der Geburt des ersten Kindes waren die jüdischen Mütter im Durchschnitt 30,3 Jahre alt 3,13 Kinder pro arabischer Familie (2015); bei der Geburt des ersten Kindes waren die arabischen Mütter im Durchschnitt 27,6 Jahre alt
Einwanderung	27 908 Neue Einwanderer (2015), 16 % mehr als in 2014, 53 % der Neuen Einwanderer kamen 2015 aus Russland und der Ukraine, 24 % aus Frankreich, 9 % aus den USA. Seit Gründung des Staates Israel 1948 sind 3,2 Millionen Menschen nach Israel eingewandert, 42 % von ihnen wanderten im Jahr 1990 und danach ein.
Einkommen:	2352 Euro brutto pro Monat (Ende 2016)

Erwerbslosigkeit	4,6 % (Ende 2016; Deutschland: 4 %)
Bruttoinlandsprodukt:	290,45 Milliarden Euro, 2,78 % Wachstum des realen BIP (Stand 2016; Deutschland: 3134 Mrd. Euro, 1,8 %)
Währung	Neuer Israelischer Schekel (NIS)
Staatsoberhaupt	Präsident Reuven Rivlin (seit 2014)
Regierungschef	Ministerpräsident Benjamin Netanjahu
Wahlbeteiligung	72,3 % bei den Wahlen zur Knesset am 17.3.2015
Größte Städte	Tel Aviv-Yafo mit 433 000 Einwohnern (2523 Millionen Einwohner in der Region), Jerusalem mit 865 700 Einwohnern (1058 Millionen Einwohner in der Region), Haifa mit 278 900 Einwohnern (981 300 Einwohner in der Region).
Amtssprachen:	Hebräisch, Arabisch

Quelle: Zentrales Büro für Statistik der Israelischen Regierung (CBS) Stand 2016, Statistisches Bundesamt Stand 2016.

Bezirke Israels (Kernland)

1 Nordbezirk
2 Haifa
3 Zentralbezirk
4 Tel Aviv
5 Jerusalem
6 Südbezirk

◉ Bezirkshauptstadt

Westjordanland seit 1967 von
Israel besetzt, teilweise unter
Selbstverwaltung

Gaza-Streifen von 1967–2005
von Israel besetzt, seitdem unter
Selbstverwaltung

LIBANON

*Hermon
(2814m)*

SYRIEN

Naharija

Tzfat

*Golan-Höhen
(1981 von
Israel annektiert)*

Akko

*See
Genezareth*

Haifa

Tiberias

1

Nazareth

Afula

2

Chadera

Dschenin

Netanja

Tulkarm

Nablus

Herzliya

3

Bnei Brak

4

Tel Aviv-Jaffa

Holon

Westjordanland

Bat Jam

Rischon Lezion

Ramleh

Ramallah

Jordan

◉ **Amman**

Rehovot

Jericho

Aschdod

Qumran

Jerusalem

5

Aschkelon

Bet Schemesch

Bethlehem

Mittelmeer

Kirjat
Gat

Gaza

*Totes
Meer*

Gaza-Streifen

Hebron

Chan Yunis

Masada

◉ **Beerscheva**

Dimona

Negev

6

JORDANIEN

Mizpe
Ramon

ÄGYPTEN

Jotvata

Eilat

0   50 km

N

*Golf von
Akaba*